口絵1（2章） 仮面舞踊マニ・リムドゥ〔野外民族博物館リトルワールド〕

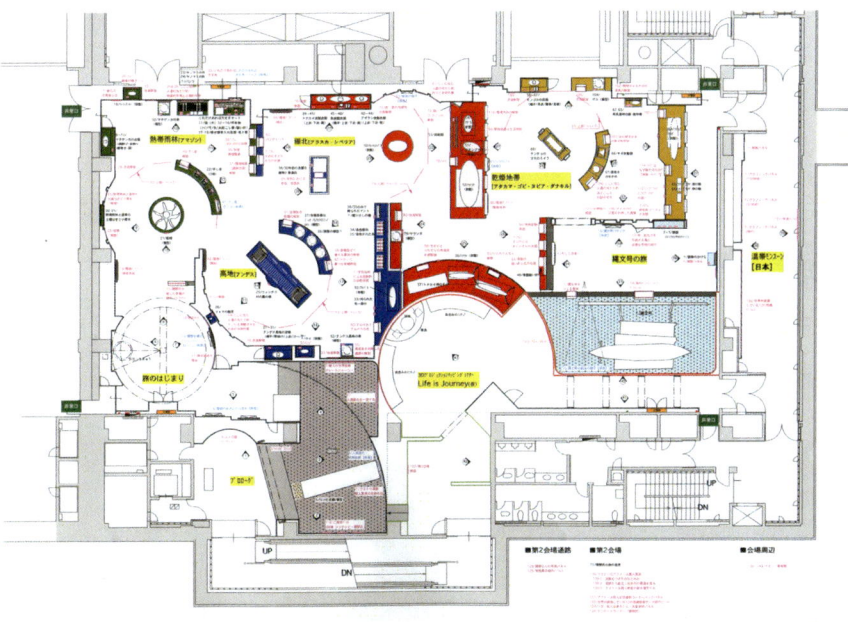

口絵2（5章） グレートジャーニー展の空間構成〔国立科学博物館〕

口絵3(5章)　青を基調とした,高地(アンデス)の展示空間〔グレートジャーニー展〕

口絵4(6章)　アマゾンの羽飾り〔国立民族学博物館の企画展〕

博物館展示論

稲村哲也

（新訂）博物館展示論（'16）
©2016　稲村哲也

装丁・ブックデザイン：畑中　猛

まえがき

　博物館展示論は，学芸員資格のための必須科目の一つで，「展示」の理論と実践について学ぶ科目である。しかし，現実には学芸員の職は限られている。一方で，博物館の社会的な役割は益々大きくなり，社会一般に博物館展示の理解を広めることの重要性も増している。つまり，博物館学とりわけ「博物館展示論」の教養としての役割も高まっているといえよう。そこで，この科目の構成として，技術的側面よりも実際の展示のあり方，すなわち，展示のコンセプトとその具現化，展示のメッセージや政治性といった点をより重視することにした。それによって，博物館関連のほかの科目との相互補完性も高め，理解をより深めるとともに放送大学の特色を最大限に活かすこともできると考えたからである。

　多面的な事例を紹介するため，現場に精通した9名の研究者に各章の執筆をお願いした。以下に各章のテーマをまとめておく。本文を熟読し，放送教材もしっかり視聴して，それぞれの事例に込められた課題を捉えていただきたい。

　1章・2章では，博物館と展示のさまざまな分類基準，展示のメッセージ性等について概説したあと，筆者（編著者）が，その開設に携わった野外民族博物館リトルワールドを例に，博物館の構想，展示のコンセプト，それを実際の展示として表現する過程について紹介する。3章では，九博（九州国立博物館）での勤務経験もある東博（東京国立博物館）の井上洋一氏が両館を比較して展示の特徴を述べる。東博が西洋の大博物館をモデルとした建物優先型の博物館であった（現在は新たな方向を目指している）のに対し，九博は当初から「文化交流」をテーマとするコンセプト優先型の博物館である。4章では，博物館情報学に精通

する近藤智嗣氏が，博物館のリニューアルの現状，目的，内容等について概説したあと，2つの科学博物館の事例を紹介する。5章では，医師・文化人類学者でもある関野吉晴氏が，自らの壮大な冒険旅行「グレートジャーニー」の企画を特別展として具現化した過程を紹介する。6章では，文化人類学研究者の池谷和信氏が，みんぱく（国立民族学博物館）での研究成果に基づく展示実践について論じる。また，みんぱくの「モノで語る」（モノを通じてメッセージを伝える）展示を美術館で「モノに語らせる」（モノ自体を鑑賞する）展示として表現した実験的な試みも紹介する。7章では，筆者が，近年その役割が重要になっている大学博物館の設立の経緯などを述べるとともに，4つの国立大学と2つの私立大学の博物館を比較する。8章では，筆者が国立歴史民俗博物館，東北歴史博物館などを取り上げ，展示の政治性等について論じる。9章では，沖縄文化の研究と展示実践に携わってきた園原謙氏が，沖縄県立博物館を中心に沖縄独自の歴史と深くかかわる博物館の変遷について論じる。また，沖縄のほかのさまざまな博物館についてもコラムで紹介する。10章では，長年アイヌ文化研究と展示実践に携わってきた出利葉浩司氏が，2度の改訂を経た北海道博物館の展示を取り上げ，アイヌ民族の展示の有り方について論じる。また，北海道のほかの6つの博物館についてもコラムで紹介する。

 11章以降は海外の博物館を取り上げる。11章では，出利葉氏が先住民文化を展示するカナダの2つの博物館を取り上げ，先住民自身の視点や展示における協働などについて論じる。12章では，アンデス考古学を研究する鶴見英成氏がペルーの博物館を取り上げ，それぞれの特徴，研究者と地元民の協働，国際協力，博物館と地域アイデンティティ等について述べる。13章では，文化人類学研究者で日本展示学会元会長の高橋貴氏が，ドイツ，イギリス，ベルギーの博物館の先進的・実験的な事例を

挙げ，ヨーロッパの博物館の新たな方向性を探る。14章では，アフリカをフィールドとする文化人類学研究者の亀井哲也氏が，主に南アフリカの3つのカルチュラル・ビレッジを比較し，アパルトヘイトの歴史とかかわる博物館と「国民」意識について論じ，アフリカの博物館の新しい方向性についても紹介する。15章では，筆者がインドネシア国立博物館と国民意識について述べたあと，モンゴルにおける社会主義から民主主義への移行に伴う博物館展示の変化について論じる。

　上にあげた各章の分担執筆者に加え，次の方々にコラムをお願いした。8章で地域直結型博物館の展示について中牧弘允氏（吹田市立博物館館長）と牧野由佳氏（知多市歴史民俗博物館等元学芸員），9章で沖縄海洋文化館について後藤明氏（南山大学教授），11章で北米の博物館における先住民の展示について本多俊和氏（放送大学客員教授），12章でペルーの国立シカン博物館について篠田謙一氏（国立科学博物館副館長），15章でブータン王国の国立博物館について栗田靖之氏（国立民族学博物館名誉教授），以上の6名である。

　また，篠田謙一氏とアートディレクター池田英雄氏（デザインオフィス　イオ）に5章本文の執筆にご協力いただいた。このように多数の執筆者による本書の編集のため井上学氏には格別のご尽力をいただいた。放送教材制作では，榎波由佳子プロデューサー，藤井雅弘ディレクターをはじめスタッフの方々に多大のご尽力をいただいた。各地でのロケ，スタジオ収録でも，ご出演いただいたゲストをはじめ，関係の方々に大変お世話になった。ここにお名前を挙げることができない方々を含め，本書は多くの方々のご協力の賜物である。心より謝意を表したい。

2015年11月
稲村哲也

目次

まえがき　　稲村哲也　3

1　展示論とは・展示の構想と具現化
　　　　―リトルワールド本館展示　　｜ 稲村哲也　11
　　1．はじめに―博物館展示論　11
　　2．博物館を構想する　17
　　3．本館展示のコンセプトとその具体化　21
　　4．実現された展示を見る　28

2　現地調査と展示の具現化
　　　　―リトルワールド野外展示　　｜ 稲村哲也　32
　　1．はじめに　32
　　2．アイヌ・コタン建設とその意義　33
　　3．ネパールの仏教寺院　40
　　4．ペルー・アシエンダ領主邸　46

3　国立博物館の展示
　　　　―東京国立博物館と九州国立博物館
　　　　　　　　　　　　　　　　　｜ 井上洋一　53
　　1．国立博物館　53
　　2．東博と九博の平常展示　58
　　3．よりよい展示をめざして　65
　　4．まとめ　69

4 博物館のリニューアル
   ―国立科学博物館と静岡科学館　｜ 近藤智嗣　71

1．はじめに　71
2．博物館リニューアルの現状　72
3．国立科学博物館の事例　76
4．静岡科学館る・く・るの事例　79
5．リニューアルに関連して考えるべきこと　82
6．まとめ　86

5 特別展の構想と具現化
   ―科博のグレートジャーニー展　｜ 関野吉晴　88

1．特別展を組み立てる　88
   コラム　私のグレートジャーニー　関野吉晴　93
2．展示のつくり方　94
3．展示の工夫　100

6 民族文化の展示
   ―国立民族学博物館の舞台裏　｜ 池谷和信　107

1．はじめに　107
2．常設展示の試み―アフリカと日本　109
3．企画展示の試み―アマゾンの「生き物文化」　115
4．民族学博物館の未来―美術館と博物館の相互交流　121

7 大学博物館の展示とその役割
―国立大学と私立大学　　　　　　　　稲村哲也　125

1. はじめに―大学博物館の起源と現在　125
2. 新たな「大学総合博物館」の意義と理念，役割　127
3. 東大と京大の博物館とその展示コンセプト　134
4. 私立の大学博物館　140

8 歴史系博物館の展示
―国立歴史民俗博物館と地方の博物館
　　　　　　　　　　　　　　　　　　　稲村哲也　145

1. はじめに　145
2. 国立の歴史系博物館　145
3. 地方の歴史系博物館　152
　- コラム①　吹田市立博物館　中牧弘允　156
　- コラム②　知多市歴史民俗博物館　牧野由佳　158

9 沖縄の博物館
―固有の歴史と戦争体験をめぐる博物館展示
　　　　　　　　　　　　　　　　　　　園原　謙　162

1. はじめに―県立の博物館と資料館　162
2. 沖縄の博物館誕生の秘話と足跡　163
3. 平和祈念資料館の戦争体験記憶を伝える展示　173
4. 沖縄の博物館がめざすこと　177
　- コラム①　沖縄の博物館　稲村哲也　179
　- コラム②　沖縄海洋文化館　後藤　明　183

10 アイヌ民族と北海道の博物館
――展示をめぐる立場と視点　｜ 出利葉浩司　186

1．はじめに　186
2．北海道開拓記念館とはどういう博物館か　186
3．初代の常設展示とアイヌ文化の展示『先住の人びと』　187
4．常設展示改訂と第二世代のアイヌ展示『アイヌ文化の成立』　194
5．第三世代の常設展示はどのようなものになったのか　199
6．終わりに――この章のまとめ　201
　コラム　アイヌ民族を展示する博物館　稲村哲也　203

11 北米の博物館
――カナダ，アルバータ州の博物館を中心に　｜ 出利葉浩司　210

1．はじめに　210
2．グレンボウ博物館で起こった出来事　212
3．先住民とともにつくる展示――グレンボウ博物館では　213
4．先住民の価値観を取り入れる
　　――ロイヤル・アルバータ博物館では　217
5．終わりに――この章のまとめ　223
　コラム　先住民と博物館　本多俊和　225

12 南米の博物館
――ペルーにおける考古学と博物館　｜ 鶴見英成　229

1．はじめに――アンデス文明の遺産　229
2．ペルー国立考古学人類学歴史学博物館　235
3．天野博物館・天野プレコロンビアン織物博物館　239
4．クントゥル・ワシ博物館　242
5．まとめ　248
　コラム　ランバイエケの国立シカン博物館　篠田謙一　248

13 ヨーロッパの博物館
　　　―ミュージアム展示の新たな方向性

　　　　　　　　　　　　　　　　　　　　　| 高橋　貴　252

　　1．負の遺産　252
　　2．新しい展示の考え方　256

14 アフリカの博物館
　　　―南アフリカの野外博物館を中心に

　　　　　　　　　　　　　　　　　　　　　| 亀井哲也　270

　　1．はじめに　270
　　2．カルチュラル・ヴィレッジ　274
　　3．アフリカでの展示上の新たな試み　282
　　4．まとめ　286

15 アジアの博物館
　　　―インドネシアとモンゴルの博物館を中心に

　　　　　　　　　　　　　　　　　　　　　| 稲村哲也　288

　　1．はじめに　288
　　2．インドネシアの国立博物館　289
　　3．モンゴルの博物館
　　　　―社会主義から民主主義・市場経済への変革のなかで　292
　　　　コラム　ブータン国立博物館　栗田靖之　302

索　引　307

1 | 展示論とは・展示の構想と具現化
―リトルワールド本館展示

稲村哲也

《目標&ポイント》 博物館展示の概要について整理したうえで，事例をとおして，博物館の構想から展示の具現化までの過程を知り，展示のコンセプトがどのように展示として表現されていくのかについて学ぶ。
《キーワード》 博物館の分類，展示の分類，コンセプト，メッセージ，展示の政治性，テーマ，展示の階層構造，ジオラマ

1．はじめに―博物館展示論

（1）博物館の展示

　展示は博物館活動の根幹を占めるものであり，実践としての展示は，構想から施工までの一連のプロセスであり，さまざまなソフトと技術の総合である。現場での経験をとおして学ぶことも多く，とくに技術的なことは机上で習得できるわけではない。「まえがき」で述べたように，博物館展示論では，実際の展示にかかわってきた研究者による事例を重視するという方針をたてた。それによって，学芸員らが伝えたいメッセージ（伝達内容）が展示にどのように表現されるのか，そこにはどのような課題があるのか，といった展示論の本質的な命題について考え，学んでほしいからである。展示の基本的な理論や知識や技術も，事例のなかに組み込んでいるので，事例を通じて学びとっていただきたい。
　そもそも，理屈や概念といったものは，事例や実践の脈絡のなかでこそ，実質的な理解に到達することができる。これは，筆者の文化人類学

のフィールドワークの経験を通じた確信であり，また，展示はフィールドワークに通じる実践的営みだと考える。博物館展示論の科目は，文化人類学における「民族誌」（フィールドワークの成果の包括的な記述）にあたるものと位置づけられる。それによって，博物館概論をはじめとするほかの科目との重複を避け，より相互補完的な関係を築くことができる。したがって，この科目では技術的なことよりソフトの部分をより重視する。

　事例をとおして展示の理論と実践を学んでいく，というのがこの科目の基本コンセプトだが，事例に入る前に，展示に関する基本の枠組みや用語を最小限整理しておきたい。

（2）博物館展示のさまざまな分類

　まず，博物館の種類についてだが，展示内容を基準とした分類として，総合博物館（人文科学と自然科学の両分野にわたる資料を総合的な立場から扱う博物館），人文系博物館，自然系博物館に大きく分類できる（水嶋　2010）。人文系博物館は美術系と歴史系に分けられる。美術系には美術館，彫刻館など，歴史系には歴史，考古，民族，民俗などの博物館が含まれる。自然系博物館は自然史系と理工系に分けられる。自然史系には自然史博物館のほか，動物園，植物園，水族館などが含まれる。理工系には，科学館，産業館などが含まれる。博物館の分類には，ほかにもさまざまな基準がある。たとえば，設立主体を基準とすれば，国立博物館，公立博物館（県立，市立など），大学博物館，企業博物館，私立博物館などに分類できる。

　現在の博物館の祖型は，15-17世紀の王侯貴族が宮廷内に設けた「珍品陳列館」や「驚異の部屋」に遡る（さかのぼ）ことができる（吉田　2011）。そこでは自然と人工の宝物が雑然と陳列されるだけだった。体系的に整理さ

れた展示が登場するのは，18世紀に成立した博物学（自然界の整理の学）の影響による（前掲書）。それ以来，さまざまな展示手法が発達してきた。

展示手法の分類は多様であるが，それについて整理しておこう。まず展示期間を基準として，恒常的に展示が行われる常設展示（総合展示，平常展示などとも呼ばれる），期間限定の展示（特別展示，企画展示，季節展示など）に分類できる。展示形態による分類としては，資料を固定して置く通常の展示のほかに，動態展示（資料を動かして機能をわかりやすくする），参加展示，体験展示，ハンズオン（手に取れる）展示，実演展示などがある。資料の配置による分類としては，時間軸展示（歴史，自然史など），空間軸展示（空間的位置関係などによる），プロセス展示（生産プロセスなど），構造展示（複合するモノのつながり・構造を示す），生態展示（自然環境の一部を切り取ってきたようにグループでみせるジオラマ，歴史系ではある時代を再現して見せるジオラマなど），分類展示（分類・整理して並べる），比較・対照展示（異種のものを比較・対照させることで特徴を際立たせる），象徴展示（特別なものをシンボリックに配置する）などがある（里見 2014）。

展示の分類は，ほかにもさまざまな基準のたて方がある。たとえば青木豊に依拠すれば（青木 2000），展示の意図の有無（羅列／展示），資料の基本的性格（提示型／説示型），学術的視座（単一学域／複合学域／総合学域），資料の組み合わせ（単体展示／集合展示／構造展示）など，さまざまな分類基準がある。「資料の組み合わせ」を基準とした分類のなかで，「集合展示」は同じものを集めて展示するやり方，（先の里見の分類にもある）「構造展示」は関連する資料の組み合わせによって機能を明らかにするやり方である。一次資料であるモノ（展示資料）と二次資料（解説，図表，写真，映像，模型，ジオラマなど）の組み合わ

せも多様である。

　こうした分類の仕方は研究者によって異なり，学会等で統一されているわけではない。さらに，近年の特徴として，双方向コミュニケーションを重視する傾向がある。デジタル技術の革新によって多様な手法が開発されているが，一方で従来型の対面による参加型・体験型の重要性も見直されている。

　資料の一定のまとまりによってコーナーが設定される。各コーナーのコンセプトを明確にすることは重要だが，さらに，コーナー間の関係も重要である。それが展示全体のコンセプトと合致しなければならない。各コーナーのコンセプトのつながり，全体の流れを，展示のストーリーということができる。これは，展示の動線とも関係する。時間軸展示の場合は，展示コーナーの順番に沿って移動してもらう強制動線とすることがふつうである。ただし，一定の自由度を確保することもある。空間軸展示の場合には，観覧者の自由に任せる自由動線をとることが多いが，混乱を避けるため，あるいは展示空間の構造によっては強制動線とすることもある。展示のコンセプトによって，強制動線と自由動線をさまざまに組み合わせることもできる。

　さらに展示の階層構造も重要である。階層構造とは，展示ストーリーにおける「章だて」（章・節・項）のようなものと考えれば理解しやすい。これについては次節で具体的なリトルワールド本館の展示によって，大・中・小テーマの階層を理解していただきたい。

（3）メディアとしての博物館

　根幹にかかわる展示の類型として，「モノに語らせる」のか「モノで語る」のかという課題が重要である。前者は，典型的には単体の資料を鑑賞する展示，後者は構造展示や組み合わせ展示により「内容」を伝え

る展示である。これは，歴史的視点からみれば，かつてヨーロッパで流行した「貴重なモノ」「珍奇なモノ」を飾る陳列館は「モノに語らせる」タイプであり，博物館の発展とともに，モノの背景にあるコト（メッセージ）やストーリー（モノ語り）を発信する「モノで語る」展示が重視されるようになってきた。

先の青木の基準の「展示の意図の有無（羅列／展示）」は，そうした博物館の歴史を反映した分類といえる。ただし，この類型は資料の「基本的性格（提示型／説示型）」ともおおいに関連する。現代でも，貴重な芸術品などの場合は，単体で展示されそれ自体の価値を鑑賞することが重視される。一方，最近では，美術館の場合でも，鑑賞型展示ではなく，美術品群をとおして「メッセージを伝える」という解説型展示も少なくない。

コト（メッセージ）を発信することの重要性に対し，モノそのものの重要性，そして観覧者による自由な想像と創造を重視する考えもあり，「モノに語らせる」のか「モノで語る」のかは，展示のコンセプトの対照的な類型として，意識的に捉えることが重要である。この類型については，3章の東京国立博物館と九州国立博物館の対比，6章の国立民族学博物館の常設展示と実験的な企画展「イメージの世界」との対比，そして7章の東京大学総合研究博物館と京都大学総合博物館の対比でも，着目してほしい。さらに，5章の国立科学博物館の特別展「グレートジャーニー」は，「はじめにコンセプトありき」あるいは「はじめにストーリーありき」で，それにあわせてモノを集めたという事例である。「モノで（ストーリーを）語る」展示の極端な事例として捉えると興味深い。

「メッセージを伝える」という観点からみれば，博物館を一つのメディアとして捉えることができる。村田麻里子が「空間メディアとしての博物館」の観点から博物館の歴史を包括的に論じている（村田　2014）。

それによれば，日本の博物館は，西洋近代型ミュージアムを，国家の主導によって，立派な建造物と設備，行政的な人的組織とともに，完璧な制度として体現させた。その最大の特徴は機能性にあり，だからこそ，日本の国公立の博物館は，殖産興業→国体論の宣伝と国威発揚→ファシズム解体と戦後民主主義の徹底と，社会状況に応じて発信するメッセージを容易にかつ機能的に変容させることができた。さらに，高度経済成長期になると，県単位で次々と設立された博物館は，地方の「豊かさ」の象徴となったが，それも達成されると，博物館が伝達すべきメッセージの不在をもたらした。21世紀にはいると，グローバリゼーションの浸透，メディア社会の到来，観光産業の成熟により，博物館のメッセージの受け手が「市民」から「消費者」へと拡大し，その存立基盤が，行政から消費社会へと転換を起こしている，とする。

　博物館の歴史は『博物館概論』で主に扱うが，個々の博物館の事例を通じて，博物館の「メッセージ性」をみていくうえで，以上のような国家レベルでの大きな流れをふまえておくことは重要である。

　さて，本科目として取り上げる事例は，4章と5章の科学博物館以外は，主として歴史系博物館である。本科目で重視する「展示のメッセージ性」や「展示の政治性」を理解するためには，もっともふさわしいジャンルだからである。理工系，美術系に関心のある受講生にとっても，こうした課題は重要なので，しっかり学んでほしい。

　さっそく次節から本論の事例紹介に入るが，筆者が開設に携わった「野外民族博物館リトルワールド」（1983年オープン）を例にとり，博物館が先達によりどのように構想され，それに基づいて，筆者自身がどのような展示コンセプトをたて，それをどのように具体化したのかについて，本館展示を中心に紹介する。江上波夫氏ら先達が語る構想は，今や貴重な記録であるとともに，今日の博物館の方向性を考えるうえでも示

唆に富む。そこで，できるだけ生の記録も記載しておきたい。

なお，コンセプトという用語は，「概念」「理念」などと訳されるが，多様な意味で使われる。ここでは，「展示のコンセプト」を，「何を，どのような意図で，どのように伝えるか」という一連の「考え」というような意味で使用する。そこには，「ほかの考え」との「差異化（ちがいをはっきりさせる）」の意識がある。

2. 博物館を構想する

（1）野外民族博物館リトルワールドの概要

野外民族博物館リトルワールドは，愛知県犬山市と岐阜県可児市にまたがる丘陵地に位置し，総面積は約100ヘクタール（未使用の用地を含めると123ヘクタール）の広さをもつ。広大な野外展示場とともに本館展示室があり，本館の建設面積は 9,600m^2 で，展示部門面積は約 5,000 m^2 である。なお，1983年3月の開館当初は「人間博物館リトルワールド」という名称だったが，まもなく現在の名称に変更された。

野外展示場では，文化の多様性を示すことに重点がおかれ，実物大の家屋が，付随する生活用具などとともに展示されている。

本館展示は，人類の基本的特性を理解することを目的として，「進化」「技術」「言語」「社会」「価値」の5室を中心に常設展示がなされている（図1-1）。収蔵資料は約5万点で，そのうち約6千点が展示されている。常設展示のほかに，エントランスホールを中心に，テーマ展が行われ，多目的ホール等で，随時，講演会，リトルワールド・カレッジ，体験学習会などが実施される。

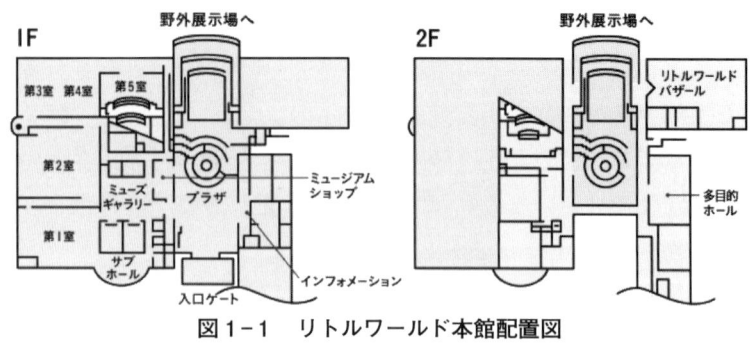

図1-1　リトルワールド本館配置図

（2）民族学博物館設立構想の始まり

　リトルワールドの設立には大阪万博が契機となった。1967年にその検討が始められ，翌68年に「人間博物館」構想が発案され，69年に資料収集・調査活動が開始された。発案者は，名古屋鉄道株式会社会長の土川元夫氏であった。同氏は渋沢敬三氏と親しく，民族学への理解が深かったという。

　万博開催は1970年だが，1964年の東京オリンピック開催を機に万博開催の世論が盛り上がり，1965年に国際博覧会条約に加盟し，同年，博覧会国際事務局に申請して受理されている。名古屋鉄道は，すでに1956年に日本モンキーセンター，1965年に博物館明治村を犬山市に開設し，大きな評価を得ていた。そこで，万博で建てられる世界各国の建物を移築・保存しようというのが，最初の発想だったようである。

　梅棹忠夫氏（元国立民族学博物館館長）の『館長対談』（梅棹編　1980）で，大貫良夫氏（リトルワールド館長）が，当時の経緯について話している。

　具体的な計画をつくることになって，名鉄の土川氏は，文化人類学者の泉靖一氏（元東京大学教授，当時東大アンデス調査団団長）に相談し

た。名鉄では，当初「リトルヨーロッパ」でというようなことを考えていたが，「もっと世界的なことをやりなさい」ということになった。また，万博が始まってみると，建物は超近代的なものばかりで，民族的な色彩がない。そこで，「もっと民族性を色濃く出した人間博物館という性格のものにしたい」という考えができてきた。泉氏とともに民族学博物館設立を推進していた梅棹氏は，当時の経緯について次のように語っている。「いちばん最初の段階で，泉さんに，『実はこういうことを考えているんだ。おまえもひと口のれ』といわれて，リトルワールド計画にもひきずりこまれたんです」。「日本に民族学博物館を是が非でもほしいんだ。名鉄ならやるだろうという読みが，泉さんにはあったんです。そこで，国立と名鉄と，二本レールで走ろうということになった。泉さんはもちろん国立民族学博物館の推進役である。それと同時に，名鉄のリトルワールドの推進役でもあった」。

　結果的に，国立と私立の両方が実現し，前者は研究を中心とする博物館，後者のリトルワールドは学術的ベースのうえに娯楽的な要素も重視した博物館として誕生する。梅棹氏いわく，「日本にとっては両方とも必要なんだ。おなじ民族学博物館であるけれども，ぜんぜんタイプが違う。民博のほうは学術研究機関であるし，これは諸文化を一つの建物の中へ全部収容する。リトルワールドのほうは野外博物館でしょう」。

（3）基本構想の展開

　泉靖一氏は，その右腕として，東大アンデス調査団のメンバーとして活躍していた大貫良夫氏（当時東京大学助手）をリトルワールドに送りこんだが，泉氏は1970年に急逝した。その後任には，東アジア考古学・歴史学者の江上波夫氏（東京大学名誉教授，当時古代オリエント博物館館長）が常務理事として着任し，同氏と大貫氏の間で，展示の基本構想

が練られていった。

　大阪万博の後，財団法人リトルワールドが1971年に設立され，江上氏，大貫氏が自ら，また世界各地でフィールドワークに携わる文化人類学研究者らに依頼し，民族資料の収集が進められた。1975年，季刊「人間博物館リトルワールドニュース」が発刊され，その1号で，江上氏は，人間の理解，異民族間の共生への思いを博物館構想に託している（江上　1975）。その思いは，40年を経た現在においても，そのまま通じる思想であり，氏が託した博物館の使命はますます大きくなっているといえよう。

　人類の歴史上，現代ほど人類的な視野にたつ人間観，民族・文化観が必要とされる時代はかつてないであろう。2回の世界大戦を経過してわれわれ現代人に与えられた歴史的教訓の一つは，各民族，各国家，各文化間の相互的理解と信頼が，前提としてなければ，政治も，法律も，外交も，国際会議も，社会運動も，経済的援助も，軍事的圧力も，文化交流もそれらの方法だけでは，各民族・国家・文化間のいかなる問題も何ひとつ解決し得ないということである。解決しえないどころか，それらの方法はかえって相互の不信感を深めるにすぎない場合が少なくない。それに最近では，人類対自然というよりいっそう大きな問題がわれわれの前に無気味な巨雲のように立ち現れはじめた。すなわち自然環境破壊の問題，公害の問題，資源枯渇問題，食糧問題，人口問題等が急を告げるに至って，人類の滅亡さえ口にされるようになった。

　こうした現代的な問題意識から，大貫良夫氏とともに，展示の基本コンセプトとして，生物としてのヒトと文化創造者としての人間との両面

をもつ人類を総合的に取り扱う本館と，世界各地の民族・文化を地域別に配置し，それぞれの文化的特徴・民族的個性を浮かび上がらせることによって，主として人類の多様性を取り扱う野外展示場が構想された。

　具体的には，本館で，人類の共通性として，5つのテーマが設定された。すなわち「進化—ヒトのはじまり」「技術—生きるための工夫」「言語—ことばの世界」「社会—人とのつながり」「価値—こころの宇宙」である。一方，野外は，多様な環境に適応して発達してきた多様な文化の形態を示すため，地域的に区分し，それぞれの特徴をもった家屋を，生活用具を伴って展示するという構想がたてられた。

3．本館展示のコンセプトとその具体化

　筆者は，オープンの2年前の1981年にリトルワールドに学芸研究員として就職した。大貫良夫氏がその2年前に東京大学に助教授としてもどり，鹿野勝彦氏（現金沢大学名誉教授）が学芸部の主任として現場の指揮をとっていた。着任早々，筆者は，本館の5つの展示室のうち，3室（言語）と4室（社会）の展示を任され，2室（技術）と5室（価値）の一部も担当した。それからオープンまで，鹿野氏を中心に，展示会社のデザイナーらを含めた企画会議で議論を繰り返しながら，プラン作りが進められた。

　構想から開館までは，おおむね，次のような手順で進められる。

　基本構想→基本計画→展示基本設計→展示実施設計→展示製作施工

　筆者が就職した時には，基本構想が1968年に始まってから，すでに13

年が経過していた。そして、展示基本設計までがほぼ固まっていた。展示は、主に本館と野外からなり、本館は5つの大テーマによる5室に分け、野外は世界を8つの地域別ゾーンに分け、建物を移築または復元して、家具・民具とともに展示するというものである。

本館の各展示室（大テーマ）は次のように構想された。

1室（進化）の展示は、進化の時代順にコーナーを配列する、いわゆる時間軸展示とし、動線は強制動線とした（図1-2，1-3）。まず、導入の「ヒトのなかま　サルのなかま」コーナーで、サルからヒトが分化する進化系統樹を示して、「猿人から新人へ」コーナーへと導く。「猿人から新人へ」コーナーは「猿人」「原人」「旧人」「新人」の各小コーナーに分け、それぞれ、頭骨化石と石器のレプリカ、生活の模型ジオラマを展示している。次いで、新人の文化の例として、「氷期のくらし」コーナーでマンモスの牙で造られた家、さらに「旧石器時代後期の芸術」としてラスコーなどの洞窟絵画を、通りぬける洞窟の壁に映写している。洞窟を抜けると、「ヒトの進化と文化の発展」コーナーとして、人類誕生から現代までの地球上の人

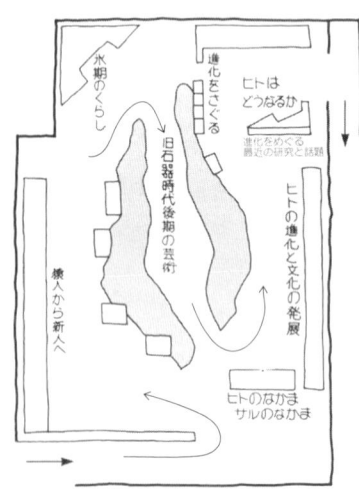

図1-2　本館1室「進化」
　　　　配置図

図1-3　本館1室

の進化および移動・拡散を表す巨大なIT制御の世界地図が設置された。さらに、「進化をさぐる」で、考古学研究（発掘）の方法を表す模型ジオラマ、最後の「ヒトはどうなるか」で、人類の近代化による（悲観的な）未来を予測する映像を展示している。1室は、研究の進展をどう反映させるか、また巨大な装置の更新などの課題を現在抱えている。動線のタイプとしては、時間軸展示に適した強制動線とした。

次の2室（技術）は、まず、導入部の通路に「きびしい自然のなかで生きる」として、2つの狩猟民族の生活を表すジオラマ、すなわち、熱帯への適応を表すサン民族の生活と、極北への適応を表すイヌイットの生活が展示された。2室全体は広々としたスタジアムのような空間で、自由動線とされ、「着る」、「食べる」、「すまいと道具」、「採集・狩猟・漁労」、「牧畜」、「農耕」、「運搬・交換」のコーナー（中テーマ）が設定され、そこに世界の多様な民族の民具が比較できる形で配列された（図1-4、1-5）。各コーナーには、小テーマとして、「アマゾンの狩猟と魚とり」、「極北の狩猟民」、「アフリカの乾燥地域の採集狩猟民」など、地域毎のモノのまとまりが配置された。これらは、集合展示であり、比較・対照展示でもある。また、各コ

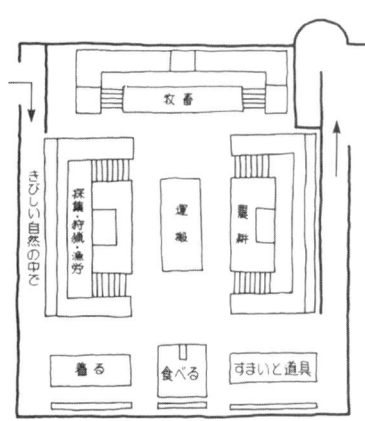

図1-4　本館2室「技術」配置図

図1-5　本館2室

ーナーに，選択ボタンをもった，現地民族映像を映すテレビが配置された。

　3室（言語）は，筆者が担当したが，言語本来の機能である「音声言語」を基本とするという命題が与えられ，その具体化に苦労した。結局，「かたり伝える文化」，「文字と文化」，「世界のことば」，「世界の文字」などを中テーマとして想定し，2つの区画に分けた（図1-6，1-7）。手前の区画では，その中央に，「こんにちは」として，映像で挨拶のさまざまな場面を流す仕掛けを置いた。そのコンテンツは詩人の谷川俊太郎氏に依頼した。そして，導入展示・象徴展示として，北米インディアンのストーリーテラーの人形を配した。「かたり伝える」コーナーとして，電動の民話の紙芝居装置や，「話す楽器」として情報伝達に使われる実物資料を展示し，アフリカのトーキング・ドラムを実際に叩いてもらう参加型展示も加えた。奥の区画では，「世界のことば」として，ドーム状空間の中心と壁面に，現地語を話す人と，その人の生活環境や自然環境が映し出され，ドームの世界地図にその場所が示される，という仕掛けを展示会社に考案してもらった。

　4室（社会）は，「人のつながり」がテーマで，文化人類学の中心テ

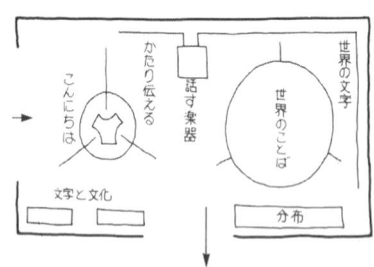
図1-6　本館3室「言語」配置図

図1-7　本館3室

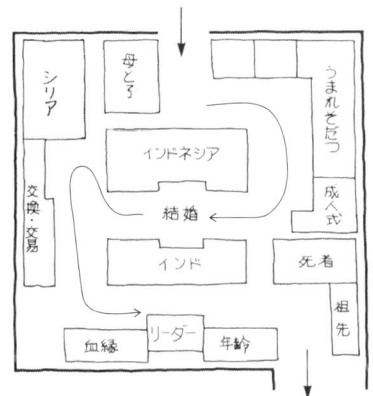

図1-8 本館4室「社会」配置図

図1-9 本館4室

ーマそのものといってもよい（図1-8，1-9）。そこで，この展示室のコンセプトをつくるため，人類学の教科書を読み返した。一方で，実物がなければ展示が成立しないため，10年以上かけて多くの研究者が集めた資料の「資料カード」と収蔵庫に収められた収蔵資料を見て回った。そして，タテ軸に「人の一生」を設定し，ヨコ軸に「人のつながり」を想定し，それをクロスさせるという基本コンセプトをたてた。「人の一生」のテーマは，誕生，育児，遊びと学習，成人式，結婚式，葬式，祖先崇拝とした。誕生，成人式，結婚式，葬式，祖先祭祀は通過儀礼でもある。まず，導入展示・象徴展示として「母と子」コーナーを設け，母と子の衣装の民族衣装を8対の人形に着せて展示した。続く「うまれそだつ」コーナーでは，諸民族の育児用具・おもちゃなどを比較展示の形で配置した。「結婚」は，実物資料のなかで，華やかなインド（グジャラート州）の結婚式とインドネシアのバリ島の結婚式などの場面展示を設定した。「死者」では台湾と沖縄の葬儀の場面展示とした。

「インドの結婚式」「インドネシア・バリの結婚式」のコーナーは，「結婚」（中テーマ）の下に位置づけられる「小テーマ」である。つまり，「社

会」展示室では，展示の階層構造としては，大テーマ（社会）の下に，2つの軸（人の一生，人のつながり），その下に中テーマ，小テーマが位置づけられる。結婚式などの場面展示は，先にあげた分類では，構造展示の一種である。「うまれそだつ」「成人式」などでは，集合展示，比較・対照展示とした。これは，コンセプトと展示素材としての資料との兼ね合いの結果である。

　タテ軸「人の一生」は，展示のストーリーでもあり，全体として時間軸展示であり，動線は強制動線とした。そして，ヨコ軸の「人のつながり」は，「結婚」のあとに挿入する形にした。中テーマとしては，「交換・交易」（メラネシア地域の交易，ヤップ島の石貨・貝貨など），「血縁」（北米北西海岸先住民族の氏族とトーテムなど），「リーダーシップ」（ニューギニアのビッグ・マン，中南米の杖(つえ)を持つ役人など）などを取り上げた。ここでは，中テーマの下に具体的な地域や民族の事例を「構造展示」と写真パネル，解説パネル，映像などで表現した。

　5室（価値）の展示の内容は，呪術・宗教，芸能，芸術などで，自由動線だが，全体として神殿を階段で上っていくような構造になっている（図1-10，1-11）。韓国の仮面劇，ボリビアのカーニバルなどの場面展示のコーナーと，アフリカの呪術，ニューギニアの仮面や彫像など，呪

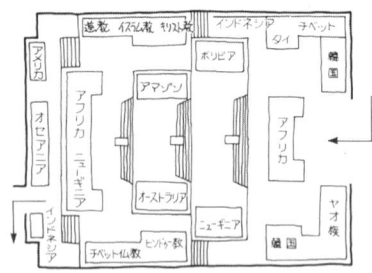
図1-10　本館5室「価値」配置図

図1-11　本館5室

具や仮面を並べる集合展示のコーナーの両方を併立させている。「チベット仏教」,「ヒンドゥー教」など宗教のコーナーは,儀礼・宗教用具,神像,宗教画などの多種の資料群によって特定宗教のイメージを構成するという意味では構造展示にあたるが,場面展示ではない。さらに,大型の木彫などの単体展示もあり,これは象徴展示でもある。この展示室は,観覧者の感性や想像力を喚起することを狙いとし,そのため,広い階段状の空間のなかで自由に動くことができ,ゆっくりと鑑賞することも可能となっている。

　以上,本館展示のコンセプトとその展示内容について述べてきた。展示室によって,展示パターンが大きく異なり,各展示室のなかでも多様な展示手法が組み合わされていることが理解されたと思う。展示のメッセージの受信者は,小学生以上のあらゆる人を想定している。リトルワールドは,娯楽の施設でもあり,遊びに来たついでに展示を見るという人も想定している。そういう観覧者に,多様な民族文化の面白さを知っていただきたい。そして,その多様性の底に通じる人類の共通性に気づいてくれたら嬉しい。そういう考えのもとに,展示全体に,文字解説は最小限にするという方針がとられている。5つの部屋は,展示コンセプトや動線のタイプに従って,デザインが大きく異なっている。最後の5室（価値）は,神殿のような荘厳さをデザインのコンセプトとしている。照明も同様に,展示室によって大きく異なる。2室（技術）は,展示物全体が見渡せるように,全体照明が明るく設定されているが,5室（価値）では全体照明は暗くし,スポット照明によってコーナーごとの荘厳さを演出している。こうして,飽きずに展示を見ていただき,感性と想像力によって,個別の民族文化を理解していただくとともに,人類の共通性への関心と理解を促す展示をめざしている。

4. 実現された展示を見る

　大貫良夫氏が中心となって展示基本構想が練られた博物館リトルワールドは，鹿野勝彦氏を中心に，11名の学芸・研究員によって展示が行われ，1983年にオープンした。具体化された展示はどのように受け入れられたのであろうか。開館後に同館を訪問した作家の桐島洋子氏のエッセイが残されている（桐島　1986）。多様な来館者のなかでも，とくに優れた感性をもった理解者で，一般化はできないだろうが，民族博物館展示の受けとられ方の例として興味深いので，一部を引用しておこう。

　＜意識から消えた国家や民族の境界＞
　……展示室に進むと，突然タイム・トンネルに吸いこまれたように人類の起源までさかのぼり，猿人から新人に至る進化の過程をたどりはじめる。
　かつて学校で習ったときには何の実感もなく通り過ぎたものだが，ここでは原始生活の情景を復元したミニチュアやアニメーション映像などをダイナミックに組み合せた立体的展示の流れに乗って，人類の長い長い旅をいきいきと追体験することができた。そして，今さらながら，「はるばると来つるものかな」という感慨に浸ったのである。
　次は「生きるための工夫―技術」の展示室である。ここでは「着る」「住む」「運ぶ」とか，「採集」「狩猟」「漁労」「牧畜」「農耕」などのテーマ別に集められたおびただしい道具類が，健気に懸命に生きてきた人類の知恵と努力を，なによりも雄弁に物語っている。
　素朴な手作りの民具というのは，どうしてこんなにも魅力的なのだろう。今どきのしたりげなグッド・デザインなど及びもつかない洗練の極致をみる思いに，私は舌を巻き通しだった。

現代の先端的な科学技術も勿論凄いものだが，あそこまでいくと加速度がつき過ぎたような怖さがつきまとう。その点，しなやかに自然と協調した古い民具に綴る絶妙なバランス感覚こそ，人間のもっともたのむにたる部分に触れたように私を安堵させてくれるのだ。
　第三室は「ことばの世界―言語」の部屋である。
　天井から吊るされたテレビのなかで中国人が中国語を話しはじめると，その背後の世界地図で中国語使用地域が赤ランプで示され，またほかのテレビには中国の風景が映しだされるという三位一体の視聴覚展示が刻々と変化して，世界各国の言語が次々に登場する。
　この待った無しのめまぐるしさが，実に言語という〝いきもの〟にふさわしい。言語を頭だけでなく全身全霊で受けとめようとするこの姿勢こそ，日本の外国語教育に欠けているものだと思った。
　第四室は「人のつながり―社会」を考える部屋である。社会を成立させてきた人と人とのつながりが，人生の節目節目を切口にして視覚化され，たとえばインドの華麗な婚礼を眼のあたりにすることもできるのだ。
　そして最後の「こころの宇宙―価値」の部屋は，大団円にふさわしい圧巻だった。
　ここは宗教，儀礼，芸能をめぐる展示室だが，精霊のざわめきが溢れるようなその摩訶不思議な雰囲気は，展示を超えて，私たちを宇宙の祭りに招き入れるのである。
　階段状に設計された広い空間は，そのまま荘厳な祭壇であり，文字通り八百よろずの神々がここで一堂に会して，和やかな饗宴を繰りひろげているようだ。
　さまざまな戦いのなかでも，宗教戦争はもっとも深刻な終わりのない戦いになることが多いが，こうして宴を共にしてみれば，どこにそ

れほど険悪に対立する要素があるのかと怪訝に思われるほど似たもの同士なのである。

　この〝呉越同舟〟は神々の部屋に限らず，リトルワールド全域に共通する愉しい特色であり，この〝世界〟を巡り歩く間に，国家や民族の境界は私の意識から消えていた。

　要するに誰もが地球人なのだ。たまたまちょっと住む地域がちがい，言葉や容姿や習慣がちがっても，その〝ちがい〟を大集合させてみると，むしろ共通項のほうが色濃く浮び上って来て，結局同じ根っこの人間であることがつくづくとよくわかるのである。

　僅かな時間に大変な旅をしてしまったものだ。魔法の絨毯に乗ったように時空間を自由に超えて駆け巡ることもできたし，鏡の国のアリスのように思いがけない角度から世界を覗き見ることもできた。それはこの博物館の極めて充実した映像機能に負うところが大きい。

　父祖の生活の知恵や伝統的な習俗を訪ねる旅に，もっとも現代的な乗物を駆使したという感じで，新旧世代の連帯も叶ったような気がする。古い酒を新しい皮袋で飲むのもよいものだ。

参考文献

青木豊「Ⅱ展示の分類と形態」加藤有次，鷹野光行，西源二郎，山田英徳，米田耕司（編）『新版・博物館講義　第9巻博物館展示法』pp. 31-73（2000）

井上靖・江上波夫（対談）「文化を識ることの重要性と面白さ」『PANORAMA 2001』vol. 2, pp. 6-9

梅棹忠夫（編）『博物館の世界―館長対談』（中公新書　1980）

江上波夫「人間博物館リトルワールドについて」『人間博物館リトルワールドニュース』1号，pp. 3-4（1975）

桐島洋子「"世界の故郷"を訪ねて」『PANORAMA 2001』Vol. 2, pp. 2-5

里見親幸『博物館の理論と実践』（同成社　2014）

水嶋英治「博物館の種類」日本展示学会『展示論―博物館の展示をつくる―』pp. 14-15（雄山閣　2010）

村田麻里子『思想としてのミュージアム――ものと空間のメディア論』（人文書院　2014）

吉田憲司「2　博物館の歴史」『博物館概論』pp. 36-58（放送大学教育振興会　2011）

2 | 現地調査と展示の具現化
―リトルワールド野外展示

稲村哲也

《目標&ポイント》 野外博物館の設立の事例をとおして，調査や収集の実際，さまざまな人との協力，状況に応じた判断など，博物館の展示活動全般に通じる事項について考察しよう。

《キーワード》 アイヌ・コタン，シェルパ，仏教寺院，チベット仏教，アシエンダ，インディオ（先住民），日本人移民

1. はじめに

　博物館の展示の実現の背景には，忍耐を要する綿密な調査や収集活動，そして，確固たるコンセプトと，一方で状況に合わせた柔軟な判断も必要とされる。世界で，自国の建物を集めて展示する野外民俗博物館は少なくないが，世界中の建物を集めて展示するという博物館は，リトルワールド以外に例がない（図2-1）。建物ごとそっくり展示するという大胆な構想の具体化の過程には，さまざまな克服すべき課題がある。ほかの博物館とは異なるとはいえ，博物館の発想の転換にもつながるユニークな側面もあり，紹介する意義は小さくない。

　ここでは，筆者が担当した3つの事例，アイヌのコタン（村），ネパール・ヒマラヤの仏教寺院，ペルーのアシエンダ（大農園）領主邸を取り上げる。それぞれに特徴的で，三者三様の事例である。しかし，本物に近い「文化」を再現すること，そのためには現地をよく知り，現地の人の考えを尊重し，できるだけ現地の人びとの協力を得ることが重要で

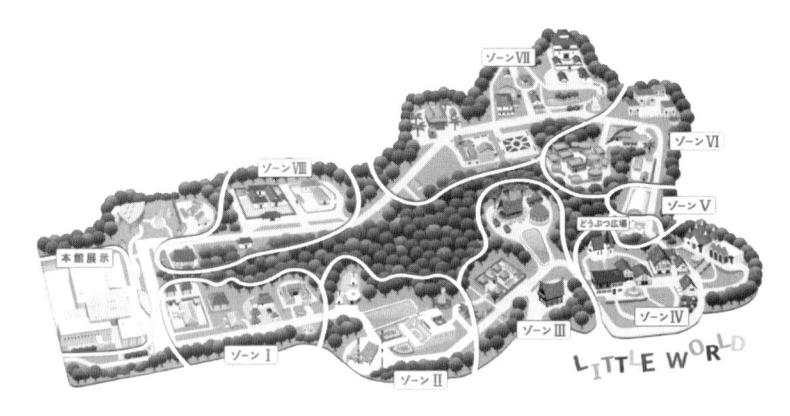

		ゾーンI	ゾーンII	ゾーンIII	ゾーンIV	ゾーンV	ゾーンVI	ゾーンVII	ゾーンVIII
本館展示	野外展示	石垣島 アイヌ 台湾	ティピ ナバホ トリンギット ペルー	バリ島 トバ・バタック ヤップ サモア	ドイツ フランス イタリア	世界の テント村	ニャキュウサ ンデベレ アフリカンプラザ カッセーナ	ネパール インド トルコ タイ	韓国 農家 韓国 地主 山形

図2-1　リトルワールド全景図

ある。そうした考えが三者に通底していること，一方，目的の達成のためには，臨機応変な戦略が求められることなどを学んでほしい。いずれにせよ，現地の人びととのコミュニケーションが基本で，それが展示そのものにも「コミュニケーション効果」としてあらわれる。

2．アイヌ・コタン建設とその意義

（1）アイヌ・コタンの建設

　野外展示の「アイヌのコタン」は，リトルワールド開館の後，1984年に18番目の家屋として建設した（**図2-2**）。大塚和義氏（当時国立民族学博物館助教授）の仲介で，北海道沙流郡平取町二風谷の萱野茂氏（当

図2-2 アイヌのコタン

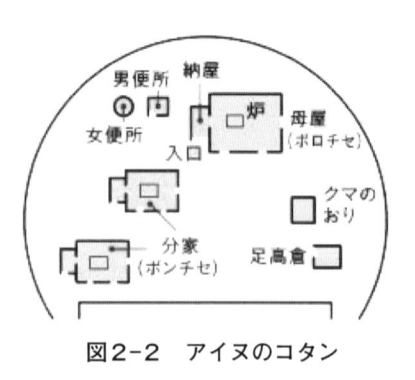

時「萱野茂二風谷アイヌ資料館」館長，のちに参議院議員）にお願いして，実現したものである。1981年，二風谷に萱野氏を訪ね，建設依頼の快諾を得たあと，チセ（家）に一晩泊めていただいたことを，懐かしく思い出す。もちろん，このチセは資料館の野外展示として建てられていたものであった。萱野氏によれば，萱の壁の家屋は明治の終わりころには無くなり，萱葺の屋根は昭和40年頃には無くなった。同氏が子どものころは，板壁に萱の屋根を葺いた家に住んでいて，萱に蜂が子を産みつけて，そこに残されていたハチミツを舐めた，という。

　リトルワールド野外展示場に建設したアイヌのコタンは，明治期を想定して復元したものである。復元されたアイヌのチセは，北海道では二風谷や白老など各地にあるが，北海道以外では，国立民族学博物館の屋内展示にあるのみで，野外の家屋としてはリトルワールドが唯一のものである。

　リトルワールドが開館した当時は「北海道旧土人保護法」（明治32年成立）がまだ生きていた。コタンが竣工したあと，萱野氏は次のように述べた（萱野ほか　1984）。「野外で，しかもほかの外国の建物の中に混じって，アイヌの家を建てさせてもらった。これが私の一番いいたい

ことの一つで，アイヌの家もようやく国際的に認知され，肩を並べることができるようになった。しかも母屋だけでなく分家も2棟，いってみれば小さなコタンが一つできあがったわけですからね。うんとよろこんでいます」。

アイヌ・コタンの建設は，家の材の調達から始められた。柱には腐りにくいドスナラやエンジュ，桁（けた）や梁（はり）にはハンノキ，ヤチダモ，カツラが使われた。萱野氏いわく。「木の種類も知らないシャモ（和人）にはごまかしもきく。けれど，アイヌが自信をもって造るのだから，自分に対してうそ偽りのない，納得のできる材料を1本1本選んでもってきました」。

年配の貝沢市太郎氏，若手の貝沢貢男氏，川奈野武敏氏，藤田憲幸氏らが建設に従事した（図2-3）。家屋の耐久性を考慮して，基礎はコンクリートでつくり，そこに桁をたて，その上に梁を載せる。屋根は，両端にケトゥンニという三脚を立て，そこに棟木を渡せば，全体の構造ができあがる。そこに垂木（たるき）をシナの縄で縛って組んでいき，四隅から萱の束を葺きあげる。

母屋と2軒の分家のほかに，男便所，女便所，高床の穀蔵，クマ檻，そして，母屋の東側にヌササン（祭壇）を設置する。最後に，家の中央の炉に枯葉を敷きつめ，小石を敷き，さらに砂を入れて，アペソプキカラ（火の神の寝床）を完成した。チセノミ（新築祝い）では，炉に火をたき，家に魂を入れ，東西の屋根裏にヨモギの矢を放ち，チセコロカムイ（家の守り神）を迎えた。こうした一連のアイヌ・コタン建設の過程は，一般に公開され，チセノミも公開で実施された。

萱野氏は「柱たてに始まり，萱葺まで経験するのはめったにない機会です。それを皆でやれたこと。できあがったものを博物館で見せるだけでなく，実際に建てて次の世代に技術を継承させる一つの機会を，リト

図2-3　アイヌ・コタンの建設（休憩中）。萱野茂氏をリーダーとする二風谷のみなさん。

ルワールドは与えてくれました。ほんとうに楽しいです」と言ってくださった。氏は，その10年後の1994年にアイヌとして史上初の参議院議員となり，「日本にも大和民族以外の民族がいることを知ってほしい」と，国会でアイヌ語による質問を行った。1997年に，「アイヌ文化の振興並びにアイヌの伝統等に関する知識の普及及び啓発に関する法律」（通称「アイヌ新法」）が成立し，それに伴い，アイヌの同化を目的とし，アイヌ固有の慣習などを禁じた「北海道旧土人保護法」が廃止となった。

(2)「先住民族サミット」アイヌモシリ2008

2008年7月に洞爺湖でG8サミットが開催されたが，その機に平取町（びらとり）と札幌市で「先住民族サミット」アイヌモシリが開催された。統括代表は，萱野茂氏の息子さんで「萱野茂二風谷アイヌ資料館」現館長の萱野志朗氏であった。

筆者は25年ぶりに平取町を訪れ，先住民族サミットに参加した。平取町公民館の壇上に11ヶ国21民族の代表とアイヌの代表が並んだ。萱野志

朗氏のあいさつのあと，フィリピンの先住民族イゴロットの女性であり，国連「先住民族問題に関する常設フォーラム」議長のヴィクトリアさんの基調講演があった。「G8サミットで，世界経済の建て直し，金融市場安定化，環境問題・気候変動への対処，世界的食糧危機，アフリカ問題，紛争解決と平和構築などが話し合われるのは，たいへん結構なこと。ただし，すべてG8の国々が招いた問題です」と述べ，環境保全のためには，先住民族のライフスタイルや文化の尊重が重要で，それが世界を救う，という明快な主張を唱えた。ついで，各国の少数民族招聘者のスピーチが続いた。自然の乱開発や新自由主義的経済政策に対抗する「母なる大地」という考えが，多くのスピーチに通底していた。通常の国際シンポジウムと異なる点は，発表者の間での相互理解と共感が強く感じられることであった。

　翌日は，3つの分科会が開催された。筆者が参加した教育・言語分科会では萱野茂二風谷アイヌ資料館の別館で，発表者と参加者が車座となってウコチャランケ（話し合い）が行われた。萱野志朗氏のアイヌ語教室，ノルウェーのサーミ，およびニュージーランドのマオリの言語教育の実情などが発表され，個人的な体験に踏み込んだ語りや，ユカㇻの朗誦，サーミの歌，マオリのパフォーマンスなどでおおいに盛りあがった（図2-4）。

　先住民族サミットについてやや詳しく述べてきたが，その理由は，世界の先住民族の連携した活動の事例として重要だということのほかに，博物館展示論の脈絡においても，アイヌの萱野茂氏自身が設立したミュージアムでウコチャランケが継承されていることが，生きたミュージアムの活動として意義深いと考えるからである。

図2-4　ウコチャランケでマオリ民族のハカ（戦士のダンス）が演じられた。

（3）アイヌ・コタンの改築と「先住民族サミット in アイチ」

　「先住民族サミット」アイヌモシリ2008のあと，萱野志朗氏らはWIN-Ainu（世界先住民族ネットワーク・アイヌ）を結成して，活動を継続した。筆者は，「先住民族サミット」の楽しい雰囲気と意義にいたく感服し，萱野志朗氏を愛知県立大学（前職）に招いて講演をお願いした。そして，偶然にも，リトルワールドのアイヌ・コタンの母屋の傷みが進んでいたため，萱野志朗氏にその改築を依頼することになった。2010年2月から始まった改築工事は，学芸員の宮里孝生氏が担当し，萱野氏の統括のもとに，26年前に若手メンバーとしてコタン建設に携り，今や長老の域に達した貝沢貢男氏が現場の指揮をとった。その過程は一般に公開されながら進められた。

　2010年の秋，名古屋で生物多様性条約（BDC）第10回締約国会議（COP10）が開催されたが，この機に，WIN-Ainuと愛知県立大学と朝日新聞社の共催で，「先住民族サミット」in アイチ2010を開催することが決まった（稲村　2011）。

ここでは，活動の詳細は述べないが，会場の一つとして野外民族博物館リトルワールドを選んだことに触れておきたい。リトルワールドの新築のアイヌ・チセのなかで，多くの先住民族と研究者，市民が参加して，カムイノミが行なわれた（図2-5）。さらに，北米北西海岸先住諸民族の一つであるトリンギット（クリンギット）のストーリー・テラーのボブ・サム氏による口承も，野外展示場のトリンギット家屋の中で行われた（図2-6）。参加したWIN-Ainu事務局長（当時）の秋辺日出男氏いわく（秋辺　2011）。「そこで，アイヌの儀式カムイノミが貝沢貢男エカシを司祭に執り行われた。やっぱり儀式は良いね！自分たちのルーツに対する畏敬を表現しアイデンティティの確認とともに自分たちの血と肉体に宿る魂の再活性化活動を促すエネルギーの補給になる。それはほかの参加者，とくに先住民族同士には何も言わなくても伝わる共通体験で，続くクリンギットの家屋でボブ・サムの語りの儀式でも同じ感覚に浸った時間だった。カムイが一緒に居た」。

図2-5　野外展示のアイヌの家で行われたカムイノミ

図2-6　トリンギット家屋内で行われたストーリー・テリング

3. ネパールの仏教寺院

(1) 現地調査と寺院復元過程

　リトルワールド開館の翌年から，野外展示場にネパールの仏教寺院（図2-7）を復元建設するプロジェクトを担当することになった。ちょうど就職した鏡味治也氏（現在金沢大学教授）にも補佐してもらった。このプロジェクトは，鹿野勝彦氏（当時主任研究員，現在金沢大学名誉教授）が計画したが，同氏が金沢大学に転出することになり，筆者が引き継いだのである。

　復元家屋の建設に先だって，何度か現地調査を実施した。調査地はネパール東部ソル・クンブ地区で，エベレストの南麓地域である。そこに復元のモデルとして選定されていたタキシンド村の寺院があった。雨季の8月の調査では，現地に飛ぶ小型機の便がないため，現地まで5日間の徒歩での行程だった。現地調査では，鹿野氏の長年の友人であるソナム・ギャルツァン氏から全面的な協力を得た。ソナム氏は，子どものころはタキシンド寺で修行を積んだが，青年期に還俗し，1976年にイタリア登山隊のサポートとしてエベレストを登頂した経験があり，当時すでに，シェルパ社会のリーダーの一人となっていた。

　タキシンド寺は，周辺のシェルパ民族の住民によって信仰されている

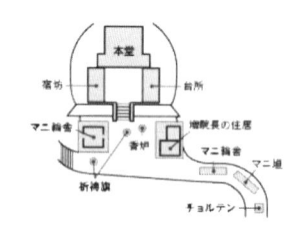

図2-7　復元したネパールの仏教寺院

図2-8　復元のモデルとなったネパールの寺院

　チベット仏教ニンマパ（古派）の寺院である。寺院としては小規模のほうだが，その中枢部だけでも，寺院本殿に主僧宿坊，マニ輪堂，仏塔を含めると，かなりの規模であった（図2-8）。寺院は，標高約3,000メートルの山麓に位置し，僧院と尼僧院を宿坊が取り囲み，そこから深い峡谷とそのむこうの白い峰々が望まれる。寺院の内壁にびっしりと極彩色で描かれたマンダラや仏画の強烈な印象に圧倒される。調査は寺院の宿坊に泊まりこんで行った。

　調査では，建築士の中村孝義氏と，カトマンズで知り合った岩下力男氏の協力をえて，寺院の実測調査を中心に行った。岩下力男氏は，以前にエベレストビュー・ホテル（宮原巍氏経営）の建設に従事した経験をもつ長野県上田市の大工さんである。現地調査で，木材は日本で調達し，現地人の大工を招いて建築に協力してもらうなどの方針をたてた。

　次の現地調査では，発注してあった仏壇透かし彫り，装飾布，じゅうたんなどの寺院の付属品，シェルパ民族の生活用具や仏具の収集，仏像の鋳造依頼などに加え，シェルパの大工の招聘（しょうへい）などが主な目的であっ

た。

　1984年9月，棟梁のテンジン・フェルゲイ氏をはじめとする4名の大工が来日し，寺院復元工事が着工した。テンジン氏も元タキシンド寺の僧侶で，還俗して結婚し，大工となった。着工の前には，テンジン氏が祭司となり，護摩を焚き，シェルパ式の儀礼が行われた。その後は，日本の建築基準法にのっとった近代工法で，基礎工事と構造壁の立ち上げが行われた。木造部分と屋根はシェルパ式につくることに決め，シェルパの大工さんたちが，上田市の岩下建設に住み込みで，木部加工に従事した。こうして，日本の近代技術とシェルパ式の伝統技術とのハイブリッド建築により，外見は現地そのままの寺院が，1985年3月に竣工した。

（2）寺院壁画再現の準備過程

　1985年度からは寺院内の壁画復元の事業を進めた。現地の仏画絵師の招聘準備のため，再び現地へおもむいた。前回までの調査期間中に面識をもった絵師たちに会い，制作を依頼し渡航手続きをすすめた。パギャルツァン師をリーダーとする10名の絵師たちと，賄いのため3名の女性が来日することになった。

　壁画の制作にあたって，まず絵具の選定が問題となった。というのは，シェルパの絵師たちは，インド産の合成絵具を使うようになっていたからである。合成絵具は安くて，描きやすいという利点があるが，天然絵具独特の落ち着いた色調はなく，時間の経過とともに脱色するという大きな欠点がある。半永久的に壁画を残したい博物館では，単純に現地と同じ手法でやればいいというわけにはいかない。

　絵具の選定の問題を検討するため，リーダーのパギャルツェン師とその息子プルバ氏夫妻の3名だけを，第一陣として招いた。さらに，カト

マンズ在住のネワール民族の絵師であるイシュワリ・カルマチャリャ氏を技術指導のため招いた。同氏は，古来の伝統的技法を受け継ぐネパール屈指の絵師の一人である。彼は，独学で日本語を学び，インドのラダック地方の古寺の壁画を調査した日本の調査団に参加した経歴ももっている。

　またネパール絵画の伝統技法が日本画の技法と似ていることから，京都の日本画の先生に指導を依頼した。知人の内山武夫氏（元京都近代美術館館長）を通じ，京都芸術短期大学の畠中光享氏と箱崎隆昌氏の指導を受けた。ところが，偶然にも，両氏はイシュワリ氏が参加したラダック調査団のメンバーであった。ネパールのプロジェクトでは，こうした幸運な偶然がいくつも重なり，不思議な気分になったものである。

　検討の結果，古い伝統に基づき，すべて天然の絵具を用いることに決まった。京都の絵具問屋で絵具の選定を行い，イシュワリ氏に技術指導をしていただいた。

　ネパールの現地の寺院は，壁が石積みで立ちあげられ，内壁，天井，柱，床が木造である。下地は白土をニカワ（動物の皮を煮つめた顔料定着剤）で溶いたものを，木地に直接塗って整えられている。しかし，これでは，表面に樹脂などが浮いてしみができやすく，絵具の定着も悪い。そこで，リトルワールドでは，日本画の技法を取り入れ，表具師に板壁に和紙を貼ってもらい，その上に胡粉（焼いた貝殻の粉）をニカワで溶いて塗ることにした。この方法はネパールの絵師にとってはもちろん未経験のことであったが，パギャルツェン師に絵の試作を行ってもらい，好評だったため実行に移した。

（3）チベット仏教のマンダラと壁画制作

　チベット仏教は，インドにおこった仏教が7世紀ごろからヒンドゥー

教やタントラ，ヨーガなどの影響を受けながら金剛乗仏教（日本では密教と呼ばれる）として発達し，それが8世紀後半からチベットに伝わり，チベットとヒマラヤ地方で今日まで受け継がれているものである。金剛乗仏教は，即身成仏，すなわち生きた身で悟りの境地を得ることを究極の目標とするが，そのために人間の視覚や聴覚などの感覚を重視する。極彩色のマンダラや仏画は，仏陀や神々の世界を描いたものであるが，自己を聖なる世界に同化させる冥想修行において，視覚的な役割を果たすものである。チベット仏教の神界は極めて多様かつ複雑であり，男女が交わった形の男女合体尊（歓喜仏）や，恐ろしい形相の忿怒尊が中心を占めているのが大きな特徴である。

　1986年10月，ネパールから第二陣として8名の絵師とその賄いの世話をする2名の女性が到着した。相談の結果，主にパギャルツェン師ら3名の師匠格が下絵を担当し，ほかの絵師たちが彩色を担当することになった。本堂に描かれる仏陀や神々の種類は200種以上にのぼるが，それらは経典に従って正確に描かれる。パギャルツェン師は50年の経験をもち，ネパールで30以上の寺院をてがけた最高の絵師の一人である。下絵は，手製の定規やコンパスを使って構図を決め，鉛筆で描き，ついで墨で輪郭を描いてゆく。各尊のポーズや手に持つ法具，色などは経典に詳細に記されており，それに基づいて正確に描くことが重要である。

　彩色は，まず背景の空，雲，水，山などから描かれ，ついで下絵の色指定に従って，尊像が彩色されていく（図2-9）。衣の紋様などが重ね描きされたあと，最後に目が入れられ完成する。1年後の1987年11月，寺院の内壁が極彩色のマンダラと仏画で埋めつくされ，3年にわたったネパールの仏教寺院の復元が完成した。完成後，ネパールから10名のラマ僧を招き，落慶法要を実施していただき，門外不出だった仮面舞踊マニ・リンドゥも演じていただいた（口絵1）。

図2-9　壁画の制作（左は六道輪廻図）

　日本に滞在中，若かったプルバ氏夫妻に待望の赤ちゃんが生まれた。名づけを頼まれたため，ネパールと日本の希望を結ぶという意味で「結希（ゆき）」という名前をつけた。日本語が上手になったプルバ氏には，完成後もリトルワールドの寺院で展示の解説をしてもらった。奥さんのマヤさんには，結希ちゃんを育てながら，中庭で機織をしてもらった。
　プルバ氏とマヤさんの一家は，来館者の人気の的となって，多くの友人ができ，彼らがネパールに旅をするきっかけともなった。プルバ・マヤ・ファミリーは，以後10年にわたって，春から秋にかけて来日し，リトルワールドに貢献していただいた。展示分類でいえば「実演展示」ということになろうが，博物館を媒介としてのファミリーと来館者・友人たちとの交流・コミュニケーションは，そういう展示用語で表現できるものではない。博物館における「異文化コミュニケーション」とでも表現しておけばいいかと思う。

4. ペルー・アシエンダ領主邸

(1) チャンカイ谷のアシエンダ

　1985年，リトルワールドにペルーのアシエンダ（大農園）を復元することが決まった（図2-10）。筆者はそれ以前から，中南米地域の野外展示家屋の第一候補としてアシエンダを考えていた。それは，アシエンダが，植民地時代から近年に至るまで，旧スペイン領アメリカにおけるもっとも重要な社会制度の一つであり，現在の社会にも大きな影響を残していること，また，アシエンダが一つの自己完結的世界を成し，さまざまな文化要素を内包していることなどの理由による。ペルーでは，農地改革によってアシエンダが解体してから20年近くが経過していたが，当時の記憶が残されている間に早急な調査が望まれた。機会あるごとに旧アシエンダを訪ねたが，かつては栄華をきわめた領主の館も，無残に荒れ果てているところが多かった。またたいていは，リトルワールドでの復元のためには規模が大きすぎた。が，ある時，チャンカイ谷のカキという名の旧アシエンダを訪ねた。リマから海岸地帯を北上し，砂漠の丘陵地を1時間ほど走ると，太平洋に注ぐ河川によって形成された海岸谷が見えてくる。そこがインカ文明以前から古代文化が栄えた肥沃な谷チャンカイである。

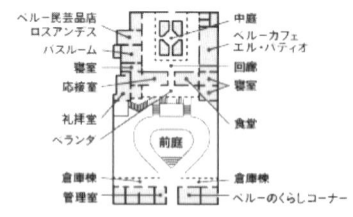

図2-10　ペルーのアシエンダ

図2-11　現在のアシエンダ

　谷を遡り畑の中をまっすぐに伸びる並木道を走ってゆくと，正面に連続アーチが美しい白亜の館が見えた（図2-11）。前庭に入ると，7つのアーチのベランダへ左右からの階段によって導かれる。ベランダからは村の家並や見渡す限りの綿畑が展望できる。かつては，アセンダード（領主）がこの場所から，広大な領地と小作人たちの仕事ぶりを眺めたのであろう。中庭回りはかなり荒れているが，原形は十分とどめている。「復元のモデルはこれだ」という直観がひらめいた。自然の丘を利用して建てられ，豪壮な印象を与える。建物の規模はおよそ35×70メートルで，リトルワールドの敷地内でも，丘を利用してうまく収まりそうであった。正面ベランダの左手には鐘楼のある小さなカトリック礼拝堂が付随していて，その内壁にはキリストの誕生を描いたフレスコの宗教画が残されていた。

（2）アシエンダの歴史
　1492年にコロンブスが「新大陸」（アメリカ大陸）を「発見」した時，メキシコや南米アンデス地域にはアステカ，インカなどの絢爛たる古代帝国が栄えていた。しかしインディオ（先住民）たちは，武装したスペ

イン人たちが続々と海を渡ってやって来ると，それまで見たこともなかった馬や銃や大砲を操る白い人間たちを神と思い込んだこともあり，あっけなく征服されてしまった。それからインディオにとって長い悲劇の歴史が始まった。

　征服された土地の住民は，初め，エンコミエンダ（委託制）という制度によって征服者たちに割り当てられた。エンコメンデーロ（委託された者）は，植民地政府に対し軍務を負う代わりに，インディオたちを徴用し，租税を取り立てることができた。彼らは農園や鉱山にインディオを動員して莫大（ばくだい）な富を得た。しかし，虐待と酷使，インフルエンザ，天然痘などヨーロッパからもち込まれた病気によってインディオ人口が減少したため，この制度は衰退する。

　代わって16世紀末頃に成立するのが，住民の使役ではなく，土地の領有・経営によって利益を得るアシエンダ制である。広大な農地や牧草地を獲得した地主は，インディオや，後に労働力の不足を補うため導入されたアフリカ系奴隷を使って，農耕や牧畜を行い，莫大な利益を上げた。奴隷解放の後，ペオン（小作人）制となるが，ペオンは身分的には自由で給料も支払われたものの，生活必需品の掛け売りによる借金で縛られることが多かった。アシエンダでは衣食住が自給され，カトリック教会も含め生活に必要な施設が揃（そろ）っており，一つの自己完結的小社会を成していた。そのなかで領主（地主）は絶対的権力を握っていた。

（3）日系人の協力

　調査中，実に半世紀にわたってアシエンダ・カキで小作人として働いたという日系二世のナカムラさんと知り合うことができ，このアシエンダがおおいに日本人ともかかわりをもっていることがわかった。チャンカイの最初のアシエンダはカトリック修道会が所有していたが，20世紀

になって銀行家のムヒーカ家の所有となった。小作人は，従来，インディオと黒人，ついで中国人クーリー（苦力）であったが，19世紀末から日本人移民が加わった。そのころ，アシエンダはヤナコナ（分益小作）という制度が大勢を占めるようになっていた。ヤナコナは，地主が生産手段（土地，農具，種子など）を供与し，小作人が収穫物の一部を収める制度で，新たに開墾した場合は小作農地を増やすことができた。日本人のなかにはヤナコナによって農地を増やし，次第に成功する者が出てきた。その筆頭が広島出身の第一航海移民（1899年移住）の岡田幾松である。そして1925年，チャンカイに洪水が起こり，農地が大打撃を受けたのを契機として，ムヒーカ家は日本人の岡田にアシエンダを賃貸して経営を任せた（図2-12）。岡田は日本人が農地を増やすことを奨励し，1940年頃にはチャンカイ谷のアシエンダの多くは日本人の分益小作地となった。岡田は6つのアシエンダを経営するに至り，「綿花王」と呼ばれるようになった（図2-13）。しかし，第二次世界大戦勃発により，政府は日本人の資産を没収し，アシエンダから日本人が排除された。その後は再びムヒーカ家の直接経営が続いたが，1969年の農地改革でアシエ

図2-12　岡田が経営したアシエンダ・カキと棉畑

図2-13　岡田経営の2つのアシエンダの支配人と花嫁。2人の花嫁は，岡田の姪で，日本から呼び寄せられた。

ンダは解体した。

（4）アシエンダ復元工事と資料収集

　復元工事着工を2ヶ月後に控えた1986年7月の現地調査で，建築家による実測図の完成，工法の検討，建築材の決定と購入・輸入ルートの確保，付属教会などの壁画制作の画家の選定，そして展示資料の収集と，きわめて多岐にわたる活動を行った。

　建物の構造は，現地はアドベ（干乾しレンガ）造りであるため，移築は不可能であり，鉄筋コンクリートによる形態復元という方法をとらざるを得なかった。だが，建築部材や付属品はできる限り現地のものを使うように努力した。木製の柱，梁受け，ドア，窓などは現地の大工に発注してつくらせ，鉄製の大扉，窓格子は，現地の家屋解体屋で中古を買い取り，加工した。飾りタイルは現地のタイル屋に発注したが，色調を落とし古い様式に近いものにした。照明器具もすべて現地調達し，石造りの噴水池も現地で製作した。

　民族博物館で民族資料の収集を行う場合，生業用具，生活用具，儀礼用具などを網羅的に集めることが理想とされる。それらは，現地調査において，おおむね研究者の目の届くところにある。ところが，アシエンダは，都市文化と農村文化，ヨーロッパ文化と土着文化，上層社会と下層社会，世俗的生活とカトリック信仰，これらの総体としての「文化」をもっている。また，アシエンダはペルーでは1969年の農地改革によって解体し，コオペラティーバ（共同農場）となった。カキでも，旧領主の邸宅は小学校の先生などのアパートとして使われ，豪華な家具などはすべて持ち去られていた。ほかのアシエンダの旧領主で邸宅を維持している人もいたが，その家具を譲り受けることなどまず不可能であった。

　限られた予算内で最大限効果的な展示を展開するため，アシエンダの

ための収集は，綿密な事前計画と新たな戦略に基づいて行う必要があった。展示の時代設定は1969年の農地改革の直前とした。まず，邸宅の各部屋がどのように使われていたかを知る必要があった。これは，邸宅を没収された苦い記憶をもつ旧領主の協力が得られなかったため，予想以上に困難であった。そこで，現地協力者のペルー人建築家とともに，ほかのアシエンダを参考にして，部屋ごとの展示品リストをつくり，家具などの配置図を作製した。その後の資料収集では，農具や馬具は農村で収集し，家具などはリマ市内で行った。骨董屋（こっとう）や，遺産相続のため競売に出ている旧家を回ったり，新聞に「買い広告」を出して応募者の家を訪ねたり，市内を歩き回って必要なものを買い集めた。当時ペルーでは，極左組織のテロにより治安が悪化しており，旧邸宅からセキュリティの高いマンションに転居する傾向があり，大型家具などの売り手があったことで収集が可能となった。もっとも入手困難だったのが便器とカマドだったが，最後にリマの泥棒市でみつけることができた。

　富裕な領主たちは，ヨーロッパ各地から贅沢（ぜいたく）な品々を盛んに輸入した。したがって，アシエンダ領主の家には，何世紀にもわたるさまざまな時代の，さまざまな国のさまざまな様式（バロック，ロココなど）のものが蓄積・混在していた。そのため，アシエンダの内部は，さながら「ミニ世界家具博物館」の様相を呈したのであった。

　後日，在日ペルー大使館勤務の公使ご夫妻がリトルワールドを訪問したことがあった。夫人は，ムヒーカ家の出身だった。野外展示場のアシエンダ邸に入ると，「子どもの頃，ここに住んだことがあります。家具も昔のままですね」と感嘆の声をあげられた。もちろん家具調度があとで収集したものであることは，すでに述べたとおりである。

参考文献

秋辺日出男「せかい SATO（里）フェスタ『先住民サミット in あいち2010』に参加して」『共生の文化研究』5 号，pp. 14-15（2011）

稲村哲也・鏡味治也「海を渡った仏教寺院」『季刊民族学』37号，pp. 99-109（1986）

稲村哲也「タキシンドへ——ヒマラヤの人と僧院の生活」『季刊民族学』38号，pp. 78-91（1986）

稲村哲也「綿花王・岡田幾松——ペルー日本人移民とアシエンダ」『季刊民族学』88号，pp. 44-55（1999）

稲村哲也「『先住民サミット in あいち2010』を企画・実践して」『共生の文化研究』5 号，pp. 14-15（2011）

稲村哲也『遊牧・移牧・定牧——モンゴル，チベット，ヒマラヤ，アンデスのフィールドから』（ナカニシヤ出版　2014）

萱野茂・大塚和義・大久保有子「アイヌの住まい」『リトルワールド』6 号，pp. 8-13（1984）

3 | 国立博物館の展示
―東京国立博物館と九州国立博物館

井上洋一

《目標＆ポイント》 独立行政法人国立文化財機構が設置する「国立博物館」のなかでも，1872（明治5）年に創立され，もっとも長い歴史と伝統を誇る東京国立博物館と，もっとも新しい考え方に基づき平成17（2005）年に開館した九州国立博物館の平常展示を取り上げ，それぞれの展示の概要や展示室の構造を理解したうえで，展示の意味を考察する。
《キーワード》 平常展，総合文化展，テーマ展，文化交流展，建物優先型，コンセプト優先型，モノに語らせる，モノで語る

---

1. 国立博物館

（1）国立博物館とは

　日本の場合，「国立博物館」は，その設置形態によって主に①国直轄，②独立行政法人，③大学共同利用機関法人が設置する博物館の3つに分類できる。ただし狭義には，文化財保護法に規定される②の「独立行政法人国立文化財機構」が設置する博物館を意味する。

　独立行政法人は国が提供していた行政サービスをより柔軟に実施するために国から独立した組織である。「独立行政法人国立文化財機構」は，東京国立博物館，京都国立博物館，奈良国立博物館，九州国立博物館の4博物館を設置し，有形文化財を収集し，保管して国民の観覧に供するとともに，この4博物館と東京文化財研究所，奈良文化財研究所（同研究所には平城宮跡資料館・飛鳥資料館もある），アジア太平洋無形文

化遺産研究センターの計7施設にて文化財に関する調査および研究等を行うことにより，貴重な国民的財産である文化財の保存と活用をはかることを目的としている。

このほか，「国立」を冠した施設には，①では文化庁関連として「国立近現代建築資料館」があり，②では文化庁関連として「独立行政法人国立美術館」の国立西洋美術館・国立近代美術館（東京・京都）・国立国際美術館・国立新美術館，文部科学省関連では「独立行政法人国立科学博物館」の国立科学博物館，財務省関連では「独立行政法人国立印刷局」の国立印刷局博物館（お札と切手の博物館）などがある。③に関しては，国立民族学博物館・国立歴史民俗博物館が該当する。また，国立大学が設置する博物館など，「国立」を冠していないが国に由来する博物館は多種多様な形で全国に点在している。

(2) 東京国立博物館の概要

東京国立博物館（以下，「東博」と記す）は，東京都台東区上野公園内にある日本最古の博物館である。1872（明治5）年3月10日，文部省博物局が湯島聖堂大成殿において最初の博覧会を開催したことを機に，「文部省博物館」として発足。博物館は開館後間もなく内山下町（現・内幸町）に移転，次いで明治15年に上野公園に移り，現在に至っている。140年あまりの間，東博所管はその時代の施策に従って文部省・内務省・宮内省そして戦後再度文部省へ移り，その後，文化財保護委員会・文化庁へと変わり，21世紀となった2001（平成13）年には独立行政法人化され，現在「独立行政法人国立文化財機構　東京国立博物館」となっている。こうした過程で東博は大規模な組織の改変が行われてきた。

東博は，現在，わが国を代表する総合的な博物館として日本を中心に広く東洋諸地域にわたる文化財を収集・保管して展示するとともに，調

査研究および教育普及事業等を行うことにより，文化財の保存および活用をはかることを目的として，さまざまな活動を行っている。

　一般の博物館における平常展（常設展）にあたる「総合文化展」は，館の収蔵品(総数115,653件，うち国宝87件・重要文化財633件　2014（平成26）年3月31日現在)，寄託品を展示するもので，館の展示事業の中核をなす。近年の調査研究の成果や新発見資料の紹介など，学術的意義も考慮した展示を行っている。年間300回程度の展示替えを実施し，常時約6,500件の文化財を展示・公開している。

　東博の総合文化展の特徴は，本館・東洋館・法隆寺宝物館・平成館・黒田記念館という5つの分館型の展示室から構成されている点にある（図3-1）。こうした形態の国立博物館はほかにはない。これは東博が古くから皇室との関係が深く，皇室の慶事を記念して各館が建設されてきた歴史とも深くかかわっている。各展示館の内容は次のようになっている。

本館：「日本美術の流れ」と題した縄文時代から江戸時代までの時代別展示（2階）と，彫刻や陶磁などの分野別展示（1階），企画展示で構成している。

東洋館：「東洋美術をめぐる旅」をテーマに，中国，朝鮮半島，東南アジア，西域，インド，西アジア，エジプトなどの日本以外の地域の美術と工芸，考古遺物を展示している。

平成館：考古展示室（1階）は，日本の旧石器時代から江戸時代までの考古遺物を展示し，企画展示室（1階）では特集や教育普及事業に関連した展示などを行っている。

法隆寺宝物館：1878（明治11）年，奈良の法隆寺から皇室に献納され戦後国に移管された宝物300件余りを収蔵・展示している。

黒田記念館：日本近代洋画家の黒田清輝（1866-1924）の作品を収蔵・

本館 　　　　　　　　　　　東洋館

平成館

法隆寺宝物館 　　　黒田記念館

表慶館

図3-1　東博の6つの展示場

展示している。

　なお，もう一つ表慶館という建物ではかつて，日本考古の展示を行っていたが，その展示が平成館に移動したため，近年は特別展会場ならびに休憩場所として活用されている。

(3) 九州国立博物館の概要

　九州国立博物館（以下，「九博」と記す）は，福岡県太宰府市の太宰府天満宮に隣接した旧境内地に位置する（図3-2）。東京・京都・奈良

に次ぐ4番目の国立博物館として，2005（平成17）年10月16日に開館。ほかの国立3博物館が百年以上の歴史をもった美術系博物館であるのに対し，九博は「日本文化の形成をアジア史的観点から捉える」という基本理念をもつ歴史系博物館として誕生した。東京国立博物館がわが国を代表する歴史・美術・考古の総合系博物館，京都国立博物館が京都を中心とする日本文化，奈良国立博物館が仏教美術を中心とする博物館である。一方九博は「文化交流」を博物館の個性にしたいと計画され，福岡県立アジア文化交流センターとの共同運営の形態をとる，ほかの国立博物館とは大きく異なる，ユニークな博物館である。その個性を生かすために九博ではあえて平常展示室ではなく「文化交流展示室」と称し，約4,000m^2の空間で日本とアジアとの文化交流の歴史を紹介している。展示は，旧石器時代から近世末期（1850年頃の開国）までを対象とし，各時代の基本的な内容からなる「基本展示」とさらに踏み込んだテーマに焦点をあてる「関連展示」の二層の展示で構成される。年間300回程度の展示替えを実施し，常時約800件の文化財を展示・公開している。収蔵品は493件（うち国宝3件・重要文化財29件　2014（平成26）年3月

図3-2　九博全景

31日現在）とほかの国立博物館に比べ圧倒的に数が少ない。それゆえ，約 4,000m^2 の展示スペースを埋めるためには他機関から資料の借用をお願いせざるを得ない状況にある。なお，1 階の無料ゾーンには，わが国と歴史的なつながりをもつアジアを中心とする各地の民俗を子どもから大人まで楽しく学べる，体験型展示室「あじっぱ」も設けている。

2．東博と九博の平常展示

（1）東博の総合文化展

（a）本館

展示室は地上 2 階，地下 1 階から構成される。かつてはすべてが分野別展示であったが，2005（平成17）年からは 2 階の第 1～10室は，考古・工芸・彫刻・絵画・書跡といった各分野の優品を統合させ時代を追った展示となっている。具体的には『日本美術の流れ』を全体のテーマとし，第 1 室「日本美術のあけぼの─縄文・弥生・古墳」「仏教の興隆─飛鳥・奈良」，第 2 室「国宝室」（絵画か書跡の国宝 1 点のみを交替で展示），第 3 室「仏教の美術─平安～室町」「宮廷の美術─平安～室町」「禅と水墨画─鎌倉～室町」，第 4 室「茶の美術」，第 5・6 室「武士の装い─平安～江戸」，第 7 室「屏風と襖絵─安土桃山～江戸」，第 8 室「暮らしの調度」「書画の展開─安土桃山～江戸」，第 9 室「能と歌舞伎」，第 10室「浮世絵と衣装」という大テーマを設け，展示を行っている。さらに特別室として高円宮コレクション室を設け，高円宮両殿下が収集された根付を展示している（図3-3）。

一方，1 階の第11～19室は，分野別展示となっており，第11～16室には彫刻，漆工，金工，刀剣，陶磁，民族資料（アイヌ，琉球），歴史資料が展示されている。また，第17室にはほかの博物館にはみられないも

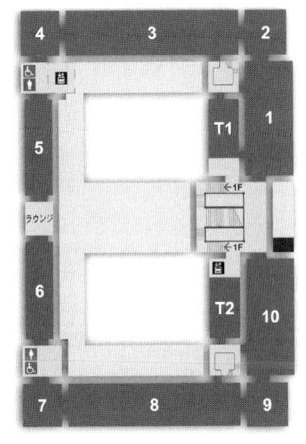

図3-3　本館2階の展示室の構成

◀1～10は第1室～第10室，T1・T2は企画展示を行う特別室を表す。

▶11～20は第11室～第20室，T4・T5は企画展示を行う特別室を表す。

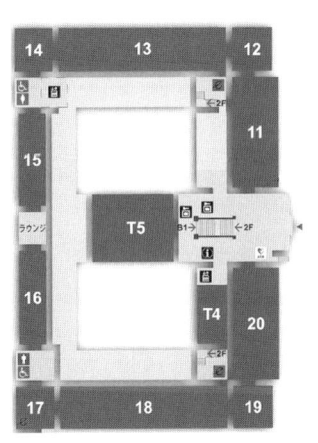

図3-4　本館1階の展示室の構成

のだが，博物館が果たしている役割の一つ，作品の保管にかかわる博物館科学の展示コーナー「保存と修理」を設ける。第18室には「近代の美術」を展示。第19室には体験型学習コーナー「みどりのライオン」がある。第20室にはミュージアムショップを設ける（図3-4）。このほか，2階には特別1・2室，1階には特別4・5室があり，企画展示が行われている。そして地下1階にも教育普及スペースとして「みどりのライオン」を開設し，多彩なワークショップを展開している。

(b) 東洋館

　地上5階，地下1階から構成される立体型回廊式の展示室からなる。近年のリニューアルに伴い各階に停止するエレベーターを新設したためにこれまでの平面型回廊式では不可能であった動線の自由度が確保されることとなった。東洋館全体は『東洋美術をめぐる旅』をコンセプト

に，中国，朝鮮半島，東南アジア，西域，インド，西アジア，エジプトなどの美術と工芸，考古遺物を地域ごとに小テーマを設け展示。具体的には以下のような構成をなす。1階は第1室「中国の仏像」，2階は第2室「オアシス2　旅の案内所」，第3室「インド・ガンダーラの彫刻」・「西域の美術」・「西アジア・エジプトの美術」，3階は第4室「中国文明のはじまり」，第5室「中国の青銅器」・「中国　墳墓の世界」・「中国の陶磁」・「中国の染織」，第6室「オアシス6　アジアの占い体験」，4階は第7室「中国の石刻画芸術」，第8室「中国の絵画」・「中国の書跡」・「中国文人の書斎」，5階は第9室「中国の漆工」・「清時代の工芸」，第10室「朝鮮の磨製石器と金属器」・「朝鮮の王たちの興亡」・「朝鮮の陶磁」・「朝鮮の仏教美術」・「朝鮮時代の美術」，地下1階は第11室「クメールの彫刻」，第12室「東南アジアの金銅仏」・「インド・東南アジアの考古」・「東南アジアの陶磁」，第13室「アジアの染織」・「インドの細密画」・「アジアの民族文化」，そして高精細画像を用いてさまざまな文化財を紹介するTNM & TOPPANミュージアムシアターを併設している。

（c）平成館

　平成館の1階には「日本の考古―発掘された日本の歴史―」の展示室を設けている。ここでは日本歴史の具体像を考古遺物をとおして語る試みを展開している。展示の基本は通史展示とテーマ展示の二層からなる。通史展示は展示室の周囲に廻る壁付きケースを利用して旧石器時代から江戸時代までを，12のセクション（旧石器時代：1氷河期の日本列島に暮らした人びと―道具作りのはじまり―，縄文時代：2自然環境の変化と定住生活―土器の出現とその変遷―，弥生時代：3大陸との交流と稲作のはじまり―農耕社会の土器―，古墳時代：4政治的社会の成熟―宝器の創出―・5ヤマト（倭）王権の成立―宝器の生産―・6巨大

古墳の時代―鉄器生産の増大―・7地方豪族の台頭―倭風化の進展―・8終末期の古墳―古代東アジア文化の浸透―，歴史時代：9律令国家の幕開け・10祈りのかたち―山岳信仰と末法思想―・11中世のこの世とあの世・12江戸から掘り出されたモノ）に分けて日本の歴史を概観できるようになっている。一方，テーマ展示は展示室中央の背中合わせのケースと覗き・行灯ケースを使い，旧石器時代から江戸時代までの出土遺物のなかに，特色あるテーマを選び出し，通史展示と互いに補完し合うような展示を展開している。また，一定期間ごとに別テーマで特集展示を行うコーナーもある。さらに，展示室の入口部正面には埴輪(はにわ)で唯一国宝に指定されている武人埴輪1点をシンボリックに展示している。

　かつて表慶館で行っていた，考古資料としての一括性を重視するとともに，資料の比較展示を重視したこれまでの古典的な考古展示から美術的観点を加味した考古展示へと移行したともいえる。

（d）法隆寺宝物館

　1878（明治11）年に奈良・法隆寺から皇室に献納され，戦後国に移管された宝物300件あまりを収蔵・展示。正倉院宝物と双璧をなす古代美術のコレクションとして高い評価を受けるこれらの文化財は，地上2階からなる展示室に分野別に展示されている。1階は第1室「灌頂幡(かんじょうばん)」，第2室「金銅仏・光背・押出仏」，第3室「伎楽面」（年3回，約1ヶ月ずつ展示），2階は第4室「木・漆工」，第5室「金工」，第6室「書跡」・「染織」という構成で展開される。

（e）黒田記念館

　黒田記念館は，洋画家黒田清輝の遺言により，その遺産で建てられ，1928（昭和3）年に竣工，同5年に帝国美術院附属美術研究所とし

て開所。所蔵する黒田清輝の油彩画約130点，デッサン約170点，写生帖などを，特別室と黒田記念室で展示している。

　東博の展示室の構造は，基本的に回廊式となっている。これは建物の構造と大きくかかわっている。すなわち建物が先にでき，これに合わせて展示を考える建物優先型である。この傾向は歴史が古い博物館であればあるほど強い。東博の本館はその典型といえる。これは東博自体がヨーロッパの大博物館・美術館を手本としたためでもある。欧米では古い建物を博物館として再利用した例も多数見受けられる。こうしたパターンでは，展示室の周囲には壁付きケースが廻り，適宜立ちケースや覗きケースが配置されるのが一般的である。

　東博本館のような長大な壁付ケースでの展示は，来館者にモノの存在感を与える効果があるが，一方，来館者にとっては1点1点の作品に集中できず，疲労感も生じ展示全体が散漫な印象として映る場合もある。それゆえ，東博では壁付ケース内に仕切りを設けたり，目玉作品をよりクローズアップさせるためバックパネルを設けたり，壁紙や展示台の色を部屋ごとに変化させたりして展示室にリズムを設け，さらにカッティングシートをガラス面の上部に貼り，来館者の視線を低く誘導するなど，来館者がそれぞれの作品に集中できるような試みを行っている。

（2）九博の文化交流展

　全体のテーマを『海の道，アジアの路』とし，展示室中央のプラザを取り込むように，時代順に以下のような5つの大テーマを軸に展示は展開されている（図3-5，3-6）。

Ⅰテーマ：縄文人，海へ（旧石器時代〜縄文時代）
　東アジア各地に広がる旧石器時代の特徴的な石器や，縄文時代の広域

図3-5　九博文化交流展示室

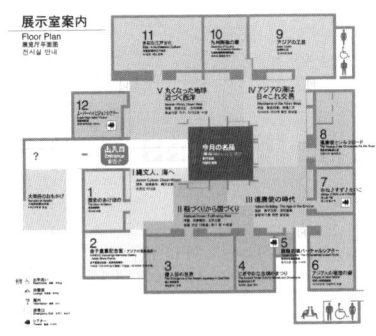

図3-6　九博文化交流展示室のフロアーマップ

交流の様子を土器や石器などから示す。また，装身具や祭祀具によって，その当時の装いや祭祀の様子などについても展示する。
Ⅱテーマ：稲づくりから国づくり（弥生時代～古墳時代）
　この時代に普及した稲作，多数の渡来品とともに埋葬された弥生時代の王たち，また古墳時代になって渡来した焼き物や騎馬文化，そして海を越えて広がる海洋豪族の活躍，といったテーマを紹介する。
Ⅲテーマ：遣唐使の時代（古代：奈良～平安時代）
　日本が遣唐使をはじめ東アジア諸地域との外交や交易をとおして，律令や仏教を受け入れ，古代国家を築いていく過程を紹介するとともに，工芸品や書跡などの文物をとおして唐文化の影響と和風化への展開など，古代日本における中国文化の受容のあり方を浮かび上がらせる。
Ⅳテーマ：アジアの海は日々これ交易（中世：鎌倉～室町時代）
　モンゴル帝国の伸張とアジア各国への襲来や，海を越えた禅僧たちの文化交流のありさま，国際貿易商人たちの盛んな交易活動などを，天目茶碗や漆器などの唐物をはじめ，さまざまな資料・作品などを使って紹介する。

Vテーマ：丸くなった地球　近づく西洋（近世：安土桃山〜江戸時代）
　大航海時代に伴うヨーロッパ勢力の東漸とともに，日本を含む東アジア・東南アジアの海域は，地球規模の世界システムに組み込まれる。キリスト教や鉄砲の伝来を受けて成立した江戸幕府は，対外的窓口を松前・対馬・長崎・薩摩（琉球）の4つの口に限った。にもかかわらず，盛んな文物・人間・情報の出入りがみられたことを紹介する。また，この頃までに成熟していた，沖縄（琉球）・アイヌなど，地域に特徴的な民族文化も積極的に展示する。
　中央プラザを中心に，こうした5つのテーマを設けた基本展示空間の周囲にはサテライト状に大小12の展示室が巡り，そこでは基本展示の各テーマからさらに一歩踏み込んだ関連展示が展開され，分野別展示やトピック展示の空間として活用されている。この5つのテーマをIからVの順に巡れば，時代を追ってわが国の文化交流史が理解でき，自由動線のためすぐに各テーマに飛ぶことも可能である。また，時代を超えた作品の比較も容易にできる構成になっている点では，来館者にとっては回廊式とは異なり目的直結型の展示空間といえる。

　九博の展示の特色は，コンセプト優先型といえよう。本来，博物館の展示室は，学芸員と建築家が綿密な事前協議を重ねつくり上げるべきものである。すなわち，展示コンセプトを明確にしたうえで展示室の構成を考え，展示ケースも配置されるべきである。この点九博は，外部有識者の意見もふまえながら学芸員が展示コンセプトを明確化し，各テーマのあり方を建築家に伝え，結果として自由動線を基軸に置いた基本展示と関連展示の二層構造が巧みに建築に反映されたものといえよう。大切なのは学芸員が何をどのように展示したいかという明確な意思をもつことである。

この基本展示と関連展示は，ともに大テーマの下に中・小テーマおよび細目テーマの階層で構成され，交流史を多角的視点で捉える配慮もなされている。ただ来館者のなかにはこの自由動線に戸惑い，動線の明確化を要求する来館者もままみられる。こうした反応は自由動線を前提としつつも，よりわかりやすいサイン計画を提示すべきことをも浮き彫りにしている。

3. よりよい展示をめざして

（1）「展示」の意味

　博物館での資料公開すなわち「展示」は，きわめて重要な博物館における教育活動である。学芸員は資料のもつ魅力，そしてそれらがもつ歴史的・文化的背景をわかりやすく来館者に伝えなければならない。一方，来館者はそこから多くを学び，豊かな感性を育むことになる。その経験は結果として成熟社会に生きる人びとの生涯学習支援へとつながっていくのである。逆に来館者にとって，展示によってもたらされる資料の価値と豊かな心の獲得は，精神的豊かさや生活の質の向上を重視する平和で自由な成熟社会を根底で支える哲学を創造するための重要な営みともいえる。成熟社会における人びとの多様な営みに対し，博物館の果たす役割はきわめて重要なものである。

　資料を単に並べるだけでは展示とはいえない。そこにはある一定の理念・目的に基づく「物語」の存在が欠かせない。この物語を書くのはもちろん学芸員である。そして学芸員はその物語を舞台芸術へと仕上げるのである。学芸員はまさにこの舞台監督ともいえる存在である。役者たちの個性を見出し，意のままに舞台を演出する舞台監督と同様，個性に富んだ資料たちをシナリオにうまく当てはめ，展示を魅力的に演出する

のが学芸員である。すべては来館者のために。このように，展示にはすぐれたストーリー性とともにそれを構成するにふさわしい資料が必要不可欠なのである。

また，舞台演出はその舞台装置とも深い関係をもっている。この舞台をどのように美しく飾り，どのように整えるのか。それは博物館において，資料をどのような展示ケースに，どのような展示台，演示具を用い，どのような高さ・角度で展示するかという作業に置き換えられる。

（2）展示コンセプトの具現化

展示コンセプトの具現化には，展示ケース，照明，作品との距離，作品の高さや角度，そして作品解説のあり方などを検討しなければならない。

（a）展示ケース

近年リニューアルを行った東博の東洋館では，展示ケースの仕様を以下のように定めた。①展示ケース自体の存在感を消させる金属フレームなしの構造，②うつり込みが少なく，ガラスの存在を意識させない高透過低反射ラミネートガラスを使用，③安全対策として飛散防止フィルムの貼り付け，④ケース内の温湿度を一定に保つ高い気密性能を確保したエアタイトケースとした。こうした展示ケースを採用することで各分野のさまざまな作品をより細部まで観察できるとともに，作品全体の魅力がより実感できるようになった。

（b）展示照明

展示における光，照明は，その資料が本来もっている情報を引き出すとともにその美を演出するという重要な役割を果たしている。これまで博物館照明は，自然光にはじまり，白熱電球・蛍光ランプ・ハロゲンラ

ンプ・光ファイバー照明・LED（発光ダイオード）・有機ELとめまぐるしい技術革新のなかで変わり続けてきた。また文化財保存の観点から照度を制限し，さらに人工光線から有害な紫外線や赤外線を制御する技術も進化し，博物館における展示照明は多様化・複雑化を極めている。国立博物館の学芸員たちはふだんから関連する企業と協力し，つねに新しい展示照明のあり方も研究している。

（ｃ）展示解説

　学芸員は舞台監督に加え，その資料の価値を広く一般に知らしめる物質文化の翻訳者でもある。そのために学芸員は，資料の詳細な観察とさまざまな調査研究を行い，資料のもつ学術的情報を収集・分析する必要がある。また，その芸術性を感受する感性を磨くことも忘れてはならない。

　資料の価値を人びとに伝える方法はいくつかある。展示の場合は，「解説」がそれにあたる。このほか，ギャラリートークや講演会でのレクチャー，博物館のさまざまな出版物，研究論文なども挙げられよう。これらのうち，端的に来館者にその価値を伝えるには，学芸員が直接，ギャラリートークなどの機会を利用して行うのがよい。しかし，そこに参加できる人びととの人数や時間の制約からそうした機会は限られたものにならざるを得ない。そこで重要となるのが，展示資料の脇に置かれる「解説」である。この解説は題簽（だいせん）に盛り込まれる情報と作品解説とに分かれる。前者には名称・時代・作者・出土地・地域・材質・所蔵者といった基本情報が盛り込まれる。この基本情報においても，時代の決定，作者の認定等には学芸員の深い見識が必要となる。一方，後者には学術情報・芸術性などをとおして作品がもつ歴史的・文化的価値が記載されることが望まれる。そしてそれは学術用語の羅列ではなく，一般の来館

者にとってわかりやすい解説でなければならない。

　国立博物館として国際化対応は重要な課題である。テーマ解説は日・英・中・韓の4ケ国語対応となっているが，個々の作品解説の多言語化はまだ十分ではない。しかし，作品解説の多言語化はパネル等の巨大化または複数化を伴うことから，作品そのものの存在感を矮小化しかねない。また，展示空間を解説文が占領する事態にもなりかねない。そこで音声ガイドが有効となる。目で作品を追い，言語を選び耳で解説を聞く。来館者は作品のさまざまな情報を確認しながら作品の鑑賞に集中できるという利点がある。このほか，近年急速に技術革新が進む携帯端末を用いた解説システムが多数開発され，世界の博物館で利用されている。こうしたシステムの導入にはかなりの予算と手間が必要となるが，真の国際化を求めるのであれば，そのための努力を怠ってはならない。

（3）「モノに語らせる」か「モノで語る」か

　解説は極力少なく（あるいはまったくなく），モノのもつ魅力を最大限に引き出す。これは美術展示が主流であり，実物主義による古典的展示を行ってきた東博の一つの展示形態であり，ある一時期の見識でもあった。展示資料の1点1点をじっくり見せることは重要である。しかし，単に資料を展示ケースに押し込めるだけで，その資料自体に「モノの価値」を語らせることは実質的には不可能である。こうした感覚は研究者（専門家）を対象とするものであって，そこには一般市民への配慮は希薄であったといわざるを得ない。現在東博はこの考え方から脱却し，新たな展示を模索・実践しているが，まだまだ「モノに語らせる」博物館は少なくない。われわれは展示をとおし，一般市民に「モノで語る」ことの重要性をもっとアピールしていかなければならない。

4. まとめ

　東博は「美と知と憩い」を謳い，九博は「学校よりもおもしろく，教科書よりもわかりやすい」をスローガンに掲げる。そこには両博物館の成り立ち，歴史そして収蔵品数の圧倒的な違い，地理的環境の差異などが色濃く反映されている。しかし，両者は国立博物館として真の意味で国を代表する博物館でなければならない。

　博物館の価値が何より博物館資料の存在によって保証されることは，世界の著名な博物館の例をみても明らかである。しかし，この博物館資料を学術的に理解し，適切に保管し，明確な理念・目的をもったうえで効果的な展示がなされなければ，その価値は失われ，博物館が広く国民から支持される社会教育施設にはなり得ないことも明白である。

　一般の人びとにそのモノの価値が認識されなければ，人びとの目にとまることもなくなりモノは後世へ伝わらない。モノがもつ価値の認識と継承こそが成熟社会には必要不可欠となる。一般の人びとにとって，その価値を認識する場，それこそが博物館である。この点，国立博物館はその任の重さを十分に理解しつつ，展示活動を行うべきである。

　文化国家を標榜する日本。しかし，その実態は欧米に比べるとまだまだ未成熟といわざるを得ない。いまこそ国立博物館は各地方博物館とのネットワークの強化をはかり，その理念を広く共有することで日本社会全体の成熟度を上げることに寄与すべきである。それこそが成熟社会に生きる人びとの生涯学習を支えることにつながっていくことを，われわれは改めて確認しておく必要があるだろう。

参考文献

青木　豊『博物館展示の研究』（雄山閣　2003）
青木　豊編『人文系博物館展示論』（雄山閣　2013）
井上洋一「博物館資料の活用」『博物館学　Ⅰ　博物館概論＊博物館資料論（新博物館学教科書）』（学文社　2012）
九州国立博物館　http://www.kyuhaku.jp/
東京国立博物館　http://www.tnm.jp/
日本展示学会編『展示論―博物館の展示をつくる―』（雄山閣　2010）

4 | 博物館のリニューアル
―国立科学博物館と静岡科学館

近藤智嗣

《目標&ポイント》 博物館の展示は，規模の差はあるにしても何らかの形でリニューアルされていくのが一般的である。博物館にとってリニューアルはなぜ必要なのか，リニューアルする際に考えなければいけないことは何か，本章では，これらの疑問に対して事例をもとに考えてみる。
《キーワード》 リニューアル，自然科学系博物館，メンテナンス

1. はじめに

　博物館のリニューアルと聞くと，展示施設の老朽化対策という理由が，思い浮かぶのではないだろうか。老朽化は，参加体験型展示（ハンズオン）展示の場合，とくに深刻な問題であると予想される。そこで，本章では，参加体験型展示を含む自然科学系博物館を事例として取り上げることにした。「国立科学博物館」と「静岡科学館る・く・る」におけるリニューアルの規模が異なる2つの事例である。

　本章では，まず，博物館におけるリニューアルの全体像を把握するため，全国のリニューアルの数や目的等を資料から探る。次に，2つの事例から，リニューアルの際に考えなければいけないこと，作業しなければいけないこと等を抽出する。最後に，筆者が携わった展示から，今後のリニューアルの技術について検討する。これらをとおして，博物館リニューアルの現状・課題・将来を探るのが本章の目的である。

2. 博物館リニューアルの現状

(1) 博物館のリニューアルと展示のリニューアル

　本項では，博物館におけるリニューアルの定義を考えてみる。一般的に博物館のリニューアルという時は，新規開設ではなく一定期間が過ぎた既設博物館の増改築や改装の総称を指す場合が多い。この場合，ミュージアムショップや休憩室等の展示室以外の改装も含まれることになる。ただし，特別展や企画展といった期間限定の展示は，定期的に変更されることが前提なのでリニューアルとは呼ばない。展示室以外のリニューアルも博物館にとっては重要であるが，本科目は「博物館展示論」なので，展示に関連するリニューアルを主に取り扱うことにする。

　展示のリニューアルという時は，常設展示の更新を指す場合が多いが，故障した展示物の修理や老朽化した展示室の壁の改装等は含まない。これらは，メンテナンスとして維持管理に含まれるからである。つまり，展示のリニューアルという時は，常設展示の内容・コンセプト・手法のいずれかの変更を伴う改装ということになる。

(2) リニューアルの現状

　博物館におけるリニューアルの全体像を把握するため，本項では，統計的なデータから数量的に捉えてみる。まず，基本的な知識として，全国の博物館施設の数は，2011（平成23）年10月現在で5,747館となっていることを頭に入れておこう。これは，文部科学省の社会教育調査によるもので，博物館1,262館，博物館類似施設4,485館の合計である。1987（昭和62）年以降増加していたのが，近年はほぼ横ばいとなっていることがわかる（図4-1）。

第1章　博物館のリニューアル　73

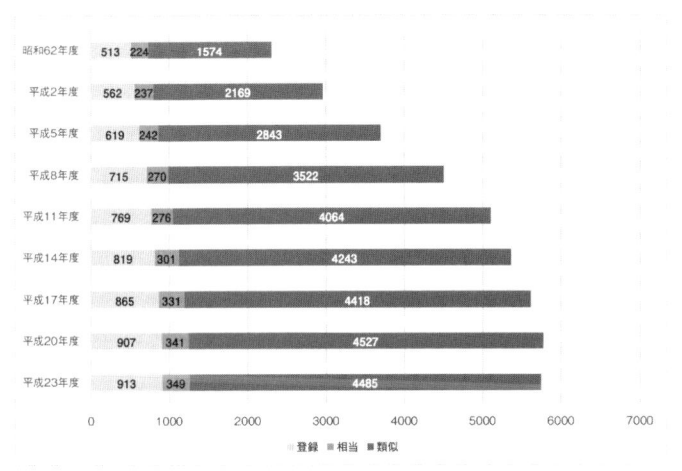

年度	登録	相当	類似
昭和62年度	513	224	1574
平成2年度	562	237	2169
平成5年度	619	242	2843
平成8年度	715	270	3522
平成11年度	769	276	4064
平成14年度	819	301	4243
平成17年度	865	331	4418
平成20年度	907	341	4527
平成23年度	913	349	4485

図4-1　博物館数の推移

　次に，リニューアルした博物館の数は，丹青研究所が発行している季刊ミュージアムデータに詳しい調査結果が公表されている。図4-2は，そこに掲載されたデータのうち，新規に開設された博物館数とリニューアル・オープンした博物館数を筆者が年度毎のグラフにしたものである。開設博物館数（●で表示）は，2001年度当初は，リニューアル館数（○で表示）を大きく上回っていたが，開設館数の減少とリニューアル館数の上昇が2006年度まで続き，そこで逆転している。2007年度と2008年度では両者とも減少し，その後は上昇傾向という推移をたどっているが，いずれにしても，2006年度以降はリニューアル館数が開設館数を上回っている。季刊ミュージアムデータが母数としている博物館数には，先述の社会教育調査の総博物館数に含まれていない施設も入っているため母数は異なるが，近年の博物館業界においてリニューアルがいかに重要かがうかがえるデータである。

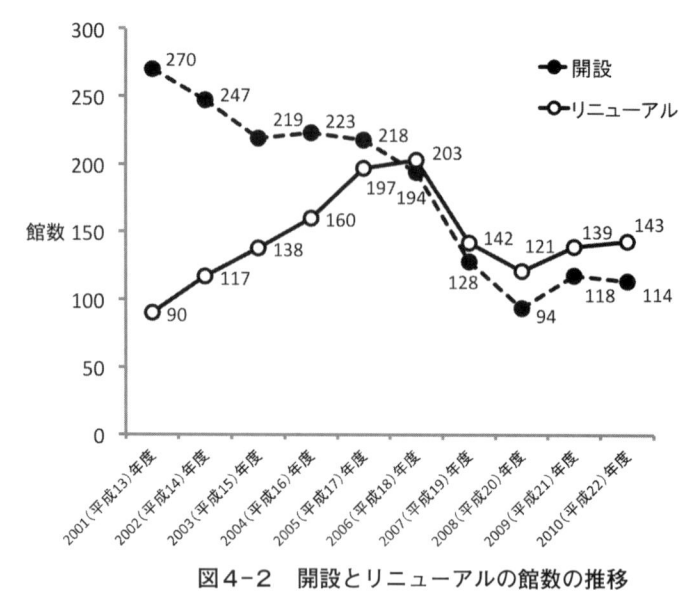

図4-2　開設とリニューアルの館数の推移
〔出典：丹青研究所 Museum Data（http://museumdata.ne.jp/museumdata/）〕

（3）リニューアルの形態と目的

　リニューアルと一口にいっても，その規模や種類は多様である。季刊ミュージアムデータの2002年度から2010年度までの9年間の内訳をまとめたのが図4-3である。「展示室改装」「展示室増設」「館内全面改装」（展示の改装を含む）を合わせると66.7％となり，リニューアルの過半数が展示にかかわる改装であることがわかる。

　リニューアルの目的は，展示，施設，サービス，その他に分けることができ，季刊ミュージアムデータに挙げられている主なものを表4-1にまとめた。ただし，リニューアルの目的は，その時代の社会的背景，展示論や学習理論によって変化していくと思われる。

　今後は，障害者差別解消法が2013（平成25）年に制定されたこともあ

り，バリアフリー化，ユニバーサルデザイン，ハンズオン展示等が，リニューアル時にさらに増進されていくことになるだろう。

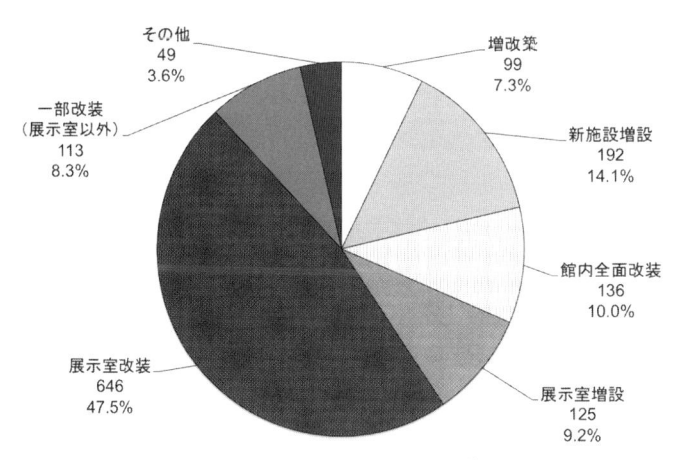

図4-3 リニューアルの形態

その他 49 3.6%
増改築 99 7.3%
新施設増設 192 14.1%
館内全面改装 136 10.0%
展示室増設 125 9.2%
展示室改装 646 47.5%
一部改装（展示室以外）113 8.3%

〔出典：丹青研究所 Museum Data（http://museumdata.ne.jp/museumdata/）〕

表4-1 リニューアルの目的

分類	リニューアルの目的
展示	・参加体験型施設へのリニューアル ・開館後の資料・情報・研究成果の蓄積に基づいた展示の更新 ・時代に即した展示内容や展示手法に取り組んだ改装 ・見やすさ・わかりやすさ・親しみやすさに留意したリニューアル
施設	・施設のバリアフリー化 ・施設・設備の老朽化対策
サービス	・新たな機能や役割を果たすための施設や館内設備の改修 ・来館者サービスの向上（ショップ，飲食施設，休憩施設）
その他	・周年事業や記念年 ・新たな交通インフラの整備（開通・開業） ・NHK 大河ドラマ等と関連した観光促進事業

（4）入館者数の変化

　リニューアルを評価する一つの指標として，入館者数の増加が考えられる。季刊ミュージアムデータの2007年度・2008年度の資料では，リニューアル実施前と実施後の入館者数の変化が示されている（丹青研究所）。3つの選択肢による回答で，有効回答数146館のうち，「増加傾向」が82館（56.2％），「ほぼ変化なし」が40館（27.4％），「減少傾向」が24館（16.4％）となっている。有効回答に限った割合であるが半数以上が増加傾向で，一定の効果は示されていると考えられる。

3. 国立科学博物館の事例

（1）リニューアルの経緯

　国立科学博物館は，1871（明治4）年に文部省博物局が湯島聖堂内に設置した展示場を起源とし，現在，上野本館にある日本館は，1931（昭和6）年に「東京科学博物館」として竣工された建物である。1949（昭和24）年には，文部省設置法により「国立科学博物館」が設置され，その後2001（平成13）年に独立行政法人と運営形態が変わり現在に至っている。

　現在の国立科学博物館上野本館は，日本館と地球館という2つの建物で構成されている。日本館は，上空から見ると飛行機の形をした建物で，2008（平成20）年には，国の重要文化財にも指定されている。地球館は，1999（平成11）年に，現在の地球館の一部（新館Ⅰ期工事）の常設展示が公開され，2004（平成16）年には，地球館全体がグランドオープンしている。

　今回のリニューアルは，この1999（平成11）年にオープンした地球館の一部（新館Ⅰ期工事）であり，15年を経過した2014（平成26）年9月

1日から2015（平成27）年7月頃までが改修工事とオープン準備期間となった。図4-4の上部中央に工事区域と斜線で示された地球館の約1／3の展示場が対象である。また，地球館は，地上3階，地下3階と6フロアあるが，地下2階を除く5フロア分がリニューアルの対象となった。老朽化したエスカレーターの改修工事も同時に行われた。

(2) リニューアル前の展示

　ここでは，リニューアル前の展示の一部を紹介する。2階と3階は，「たんけん広場」であり，自由に操作できる実験装置や直接手に触れることができる実物標本による参加体験型展示

図4-4　改修工事中の告知
〔出典：国立科学博物館 Web ページ〕

であった。図4-5は3階の「発見の森」で，関東の雑木林を再現したジオラマの中を来館者が歩き回りながら，そこに埋め込まれた展示物を体験していくものであった（国立科学博物館ニュース）。1階は「海洋生物の多様性」で，魚やサンゴの多数の実物標本が壁や天井に設置されていた。図4-6は，クロミンククジラの実物骨格（下顎はレプリカ）の口が開閉する複雑な実際の動きを再現した展示装置である。

図4-5　たんけん広場「発見の森」（3階）

図4-6　海洋生物の多様性（1階）

　地下1階は「恐竜の謎を探る」展示室で，骨格標本が林立している（図4-7）。近年の恐竜研究の進歩はめざましく，恐竜展示では新しい学説を取り入れた更新が必要になってきていた。

図4-7　恐竜の謎を探る（地下1階）

（3）新しい学説による展示の更新

　ここで，新しい学説による展示更新が必要な理由を説明しておく。図4-8はジュラ紀後期の肉食恐竜アロサウルスで，1964年に日本で初めての恐竜全身骨格として展示された国立科学博物館の実物化石標本である。図4-8左は，2007年の「帰ってきたアロサウルス展」の時の写真で，右は2011年の「恐竜博2011」の時の写真である。左は尻尾を垂らし起き上がっているが，右は尻尾を張って前のめりになっているのがわかる。現在は右の姿勢が定説になっているため，左のまま展示しておくと来館者に誤解を与えることになりかねないのである。図4-8右は，同じ骨格標本の姿勢が組み直されたものである。

図4-8　最新学説による骨格復元の組み直し

(4) リニューアルされた展示

　本印刷教材の執筆時は，まだ改装工事中である。そのため，リニューアル後の写真や詳細を本書に掲載できないが，現時点での計画の一部を紹介する。3階は親子がコミュニケーションしながら科学への関心を高める新しいコンセプトの対話型展示，2階は現在の科学技術が自然や地球環境をどう読み解いているのかを伝える展示，1階は地球館のイントロダクションとして，宇宙史，生命史，人間史の3つを映像と標本で展示，地下1階は最新の恐竜の研究成果を反映させた展示，地下3階は日本の科学者を紹介する展示と大規模な改修が行われている。

　筆者は改修前から改修後までを密着取材し，映像として記録しているため，放送番組には，リニューアルの前中後の映像を盛り込んでいる。貴重な映像なので是非放送番組を見て，これらの展示が実際にどうなったのか，リニューアルの工程を確かめてほしい。

4．静岡科学館る・く・るの事例

(1) リニューアルの経緯

　国立科学博物館の地球館の事例は，新規開設に匹敵するほどの大規模なリニューアルだったが，次は一部の展示物を更新する静岡科学館のリ

図4-9 静岡科学館る・く・る外観

ニューアル事例を紹介する。

　静岡科学館は，1981（昭和56）年ころから静岡市により計画が始まり，2004（平成16）年3月に開館した参加体験型の科学館である。愛称は「る・く・る」で，「みる」「きく」「さわる」の感覚に関係するキーワードの最後の文字を並べたものである。体験しながら科学の原理に触れるというコンセプトで，約60の展示物がある。場所は，JR静岡駅より徒歩1分のビルで，8階から10階が科学館になっている（図4-9）。

　開館10周年の2014年3月に3つの展示物が更新され，リニューアル・オープンした。リニューアルは，静岡市内の子どもたちのリピーターの数が多いことも一因であった。何度も来て同じ展示物を楽しんでいるが，新しい体験もしたいという要望がアンケート結果等で多かったからである。そこで，人気度や老朽化の度合いを考慮して更新する展示物を決め，3つの新しい展示物が作られた。本節では，そのうち「はらはらウォール」について紹介する。

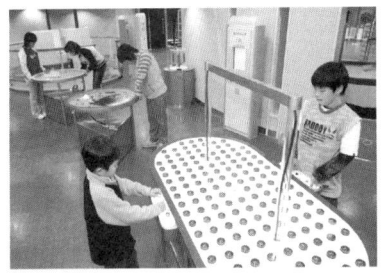

図4-10　リニューアル前の展示（磁石関係の小・中規模展示）
（撮影：静岡科学館る・く・る）

（2）リニューアル前の展示の課題

　リニューアル前には，図4-10のように磁石に関連する小型の筐体(きょうたい)の展示が連立する展示コーナーがあった。電気を流すと方位磁針の針が変わる現象を紹介した展示や反発するティーカップ等である。これらのリニューアル前の展示には課題が2つあった。1つは，先述したが，リピーターが多い科学館のため，一度，体験すればいいと思われたのか，展示の体験者数が減ってきたことであった。もう1つは，旧展示の「反発ティーカップ」と，「シャボンの部屋」にはスタッフがついての運用だったので無人化にしたいということであった。「シャボンの部屋」は，フラフープのようなリングを足下から頭上に上げると体験者がシャボンの幕の中に入れるというコーナーであった。
　そこで，磁石の原理を体験する展示で，科学館らしい未来的な雰囲気をもち，無人で運用できるコーナーに替えることとなり，企画がコンペで募集された。

（3）リニューアルされた展示

　図4-11は，2014年3月にリニューアルされた展示の「はらはらウォ

図4-11 リニューアル後の展示（はらはらウォール）

ール」である。透明な壁にコイルがたくさん並び，それが電磁石になっている。体験者は両手に永久磁石のついたグローブをつけ，磁石をくっつけながら渡るアスレチック仕立ての展示物である。壁の電磁石は，時間によって電流の流れが変わり，極が切り替わるため，今まで掴まっていたところでも極が反発して落ちてしまうというゲーム性がある展示である。

　リニューアル後の初期の段階では，無人運用にするための試行錯誤が繰り返され，すぐには無人にすることができなかったが，約1年を経過した時点では，完全に無人運用が実現された。無人になった分のスタッフは，実験の助言等をするナビゲーター側に回ることができるため，サービスの向上に繋がっている。

5. リニューアルに関連して考えるべきこと

　リニューアルの準備や工事期間中は，新しい展示の準備だけでなく，リニューアルに伴うさまざまな業務が発生する。本節では，ふだんあまり意識しないと思われるリニューアルに関連して考えるべきことを考察

する。

(1) 更新中の来館者対応

リニューアル中は長期にわたって工事中になり，当該展示が終了や閉鎖された旨を告知する必要がある。本章で紹介した国立科学博物館でも，Web等による告知が大々的に行われていた。しかし，来館予定者のすべてに伝えることは難しく，恐竜の展示室が閉鎖されていることを知らずに訪れた来館者も多かった。恐竜目当ての来館者からは恐竜が見たいという要望が多かったため，その対応として，図4-12のように本来は恐竜の展示室ではない2箇所のスペースに恐竜の骨格標本を展示するという迅速な対応がはかられた。

また，静岡科学館では，工事の期間中，工事区域には入れないようにパーティションで覆ったが，高さを低くして中の様子を見られるようにした。工事そのものも展示することで，日を追ったリニューアルの工程を見ることができた。また，パーティションには，リニューアル後のイメージなどが展示された。

図4-12 日本館に期間限定で新設した恐竜の展示

図4-13　企画展「静岡自然体験ミュージアム」の樹木

（2）展示の再利用

　図4-13は，静岡科学館の企画展「静岡自然体験ミュージアム」（2015年1月10日～2月22日）の写真であるが，ここにあるジオラマの樹木は，図4-5の国立科学博物館のリニューアル前の展示「発見の森」で使われていたものである。このようにリニューアル後の展示物は廃棄されるわけではなく，できる限り再利用されている。静岡科学館の企画展の後には別の博物館に行く予定である。

（3）メンテナンス

　本章の冒頭で，リニューアルの要因として老朽化が考えられ，参加体験型展示の場合が特に深刻だろうということを述べた。その実情を調べるためにも，参加体験型展示がある国立科学博物館と静岡科学館を事例として取り上げた。両者とも10年，15年という長期間にわたって参加体験型展示を運用してきた。調べてみると両者には，メンテナンス専門の技術スタッフが常駐していた。図4-14は国立科学博物館の「身近な科学」のトムソンリングで，手をたたくとコイルの上に置かれたアルミリングが上に跳ね上がる仕組みの展示である。筆者の撮影中，跳ね上がり

図4-14 「身近な科学」トムソンリングのメンテナンス

を良くするように調整してもらったが，分解して調整が完了するまでほんの数分であった。静岡科学館のメンテナンススタッフからも，水を使用した展示物を錆びさせないように，展示物を長期にわたって運用できるようにしている等の話を伺った。こうした日頃の努力の積み重ねがあっても，どうしても老朽化に耐えられなくなった時にリニューアルを考えることになるのである。

（4）改装が不要なリニューアルの新技術

　リニューアルをするか否かは，予算確保がもっとも影響することはいうまでもない。しかし，最近の技術によって，あまり予算をかけなくても効果が期待できるようになってきた。1つはMR/AR（複合現実感／拡張現実感）技術である。図4-15は筆者による展示実験で，左は始祖鳥の板状骨格標本をスマートフォンのカメラ越しに覗くと復元されたCGが合成されて見える解説アプリである。展示物には何も手を加える必要がないのが特長である。図4-15右は，古い学説の姿勢で組み立てられている骨格標本の上に，新しい学説の姿勢をCGで重畳させて解説できる展示である（近藤　2012）。また，三次元プリンターの低価格化

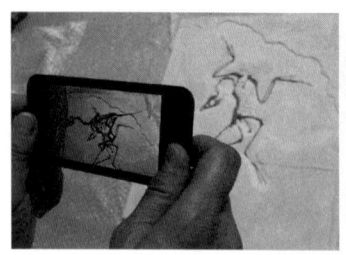

図4-15 複合現実感による展示

もめざましく、触れる展示を容易につくることができるようになった。立体物として拡大・縮小できることも展示手法として可能性を秘めている。ユニバーサルデザインやハンズオン展示としても有効である。こうした新しい技術を応用することも、今後の展示のリニューアルを考えるうえで重要である。

6. まとめ

　本章では、まず、全国の博物館において、リニューアルがどのくらい行われているかの調査結果を紹介し、近年では新規の開設よりもリニューアルのほうが多い傾向が続いていることを示した。また、展示室以外の施設よりも展示に関係する改装が多いことも示した。

　次に、国立科学博物館と静岡科学館の事例を紹介した。いずれの館も常駐の技術スタッフがメンテナンスを行い、参加体験型の精密な展示物は長年の使用に耐えていた。展示をリニューアルすることに至った要因には、来館者の要望や新しい学説への対応等があった。

　また、リニューアルの際は、新しい展示の準備だけでなく、広報、来館者対応、展示の再利用等の考えるべきことがあった。

今後のリニューアルには，予算をあまりかけなくても新しい技術を用いることで，より効果的な展示にできる可能性もある。博物館展示のリニューアルは，時代に対応していくために必要な博物館の使命といえるだろう。

参考文献

国立科学博物館（http://www.kahaku.go.jp）
国立科学博物館ニュース第360号（1999-Apr., pp. 4-7）
近藤智嗣「骨格復元の新旧学説を対比する複合現実感展示解説とその評価」（展示学，第50号，2012　pp. 60-69）
静岡科学館る・く・る（https://www.rukuru.jp/）
丹青研究所　Museum Data（http://museumdata.ne.jp/museumdata/）
文部科学省　社会教育調査（http://www.mext.go.jp/component/b_menu/other/__icsFiles/afieldfile/2017/04/28/1378656_03.pdf）

5 | 特別展の構想と具現化
―科博のグレートジャーニー展

関野吉晴

《目標&ポイント》 本章では,国立科学博物館における特別展「グレートジャーニー」を取り上げ,この展覧会の作成過程をみていきながら,コンセプトに沿った展示物の選定,展示方法のポイント,効果的な展示方法がどのように組み立てられていくかを具体的に学ぶ。
《キーワード》 人類の移動拡散,空間構成の工夫,イラスト・絵の活用,展示品選定の方法,グラフィックの工夫,ミニチュアやレプリカの活用,ケースの工夫,照明の工夫

1. 特別展を組み立てる

(1) 科学博物館の特別展

　国立科学博物館は,わが国における自然史と科学技術史に関する中核的な位置を占める博物館であり,400万点を超えるコレクションを有している。調査研究の成果や収集したコレクションを活用した展示を行っており,東京上野にある展示施設は,総床面積が11,500平方メートル,約1万点の展示物からなる常設の展示場のほかに,床面積千平方メートルの特別展会場が併設されている。

　特別展は,常設の展示ではカバーしきれない新たな展示を行うために,メディアや大学等の関係機関とのコラボレーションによって開催されるもので,展示方法や解説などに常設の展示では用いることのない新たな手法が用いられることも多い。内容も博物館自体が行っている研究

成果だけではなく，自然史や科学技術史のより広範な領域をカバーするものが選ばれる。特別展の会期は通常は3ヶ月程度であり，常設展の入場料とは別に料金をとるシステムになっている。年3回程度開催され，通常10万人以上の来場者がある。なお，科学博物館では特別展のほかに，床面積300平方メートルの展示室を使った，館内研究者による最新の成果を発表する企画展も行われている。

（2）グレートジャーニー展

本章で取り上げる「グレートジャーニー展」は，2013年3月16日から6月9日まで開催され，20万人近い入場者を集めた展覧会である。展覧会のベースとなっているのは，筆者が行った，1993年に南米大陸の最南端を出発して足かけ10年をかけて人類の発祥の地である東アフリカにまで到達した旅と，2005年から6年をかけて行った，アジアの各地から日本列島にいたる日本人の祖先の旅である（コラム参照）。旅の様子はフジテレビジョンの番組として放映され，高い視聴率を上げた。そのような経緯から，この展覧会の主催は，国立科学博物館，フジテレビジョン，そして折に触れて筆者の記事を掲載した朝日新聞社の三者による主催という形となった。

① 展覧会開催の目的

DNAや化石の証拠から，われわれ現生人類（ホモ・サピエンス）は20万年ほど前にアフリカで誕生したと考えられている。そして6万年前に出アフリカをなし遂げて世界中に拡散した。その過程でさまざまな環境に適応し，地域に特徴的な生活様式を生み出していったが，種として成立してから長期にわたってアフリカに留まっていたために，現生人類は世界展開を始めた時にはすでに現代のわれわれと同じ知力・能力をも

っていたと考えられている。したがって世界中で生み出された文化は，われわれと同じ能力をもった人びとが異なる環境や歴史的な経緯のなかでつくり上げたものであって優劣はない。

情報・交通手段の発展はグローバリゼーションを加速させ，今日のわれわれの生活は世界と密接に結びついたものになっており，多様な世界を理解することの重要性はますます大きくなっている。また，経済活動が地球規模で行われるようになったことで，われわれの生存に影響を与えかねない環境破壊が進み，生活を支えてきた資源の枯渇も現実のものとなっている。そのような状況のなかで，世界各地の地域集団が長い年月をかけて生み出した生活の知恵や自然と付き合う方法は，私たちのライフスタイルを考え直し，将来の世代にどのような形で地球を残していくかを考えるヒントとなるはずである。この展覧会は，そのような多様な世界を理解し，将来の地球を考える材料を提供するために企画されたものである。

② グレートジャーニーとは

アフリカから出た現生人類も，最初はそれほど広範囲に居住圏を広げることはできなかった。人類はもともと熱帯あるいは亜熱帯性の動物なので，高緯度地方に進出することはきわめて難しかった。ほかの霊長類ができなかった高緯度地方への進出のためには，苦手な寒冷に適応しなければならなかった。

寒冷に適応するためには，工夫が必要だった。骨や角で作った爪楊枝ほどの大きさの縫い針が発明された。この針には小さな孔があり，動物の腱や腸を糸として，トナカイやアザラシの毛皮を縫い合わせると，完全に密閉できる衣服，靴，手袋，帽子ができあがる。これで厳寒の冬を乗り越えられるようになった。この防寒具と半地下あるいは毛皮を張った住居，巧みな狩猟技術の組み合わせは，まったく新しい広大な居住域

を開発する原動力となった。それらを克服して極北に進出したのは，たかだか2万5千年から3万年前だといわれている。

こうして極北のシベリアに進出した人びとの一部が，大型動物を追いかけているうちに新大陸（アメリカ大陸）に移動したものと思われる。その後，ある者は南米に渡り，その最南端まで達した。

イギリス人考古学者ブライアン・M・フェイガンは南米最南端まで至った旅路をグレートジャーニーと名付けた（図5-1）。しかし本展覧会では人類の世界中への移動拡散をグレートジャーニーとしている。

③　人類，日本列島へ

これまで日本人の起源を考えるときに，アフリカまで続く長い道のりを意識することはなかった。人類の世界展開のシナリオがDNAの系統分析によって描かれるようになると，日本人の起源の地を問うことには，あまり意味がないことがわかってきた。

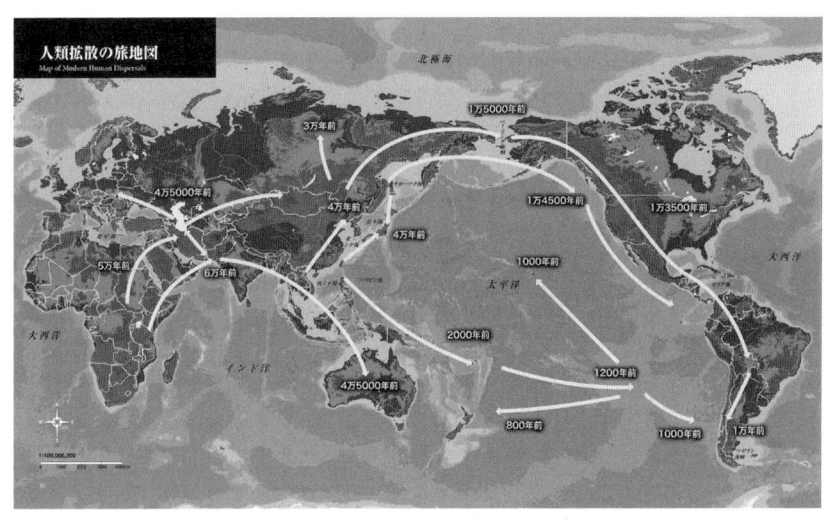

図5-1　人類拡散の旅地図（グレートジャーニー）

現在では，日本人の成立の経緯を知るということは，その起源の地を探すことではなく，現代の私たちにつながる集団が，いつ，どのような経路を通って，なぜこの列島に流入したのかという問題を解明することだと認識されるようになっている。日本人の旅は，アフリカを出発した人類が成し遂げた壮大な旅路の一部を形成している。

・北方ルート

東南アジアから北上した人類は，3万年ほど前にはユーラシア大陸の北方地域への進出を果たしており，北海道でもその時期にシベリア集団が使っていたものと同じ石器が発見されている。その後，地球は寒冷化に向かい，2万年前には氷河期は最寒期を迎えることになる。そのためシベリアに進出した集団は，寒さを避けて南下せざるを得ない事態に直面した。そのときに同じ文化圏に属していた北海道は，南を目指した彼らの到達地の一つになった。

・中央ルート

4万年前には東南アジアから北上した人類の一部が朝鮮半島を経由して日本に入ってきたと思われる。

朝鮮半島を経由するルートは，今から3,000年前の弥生時代の開始期，水田稲作と金属器作成の技術をもった渡来人が，北部九州地方に到達した道でもある。

・海上ルート

東南アジア地域は，現在では半島部と島嶼部に分けられるが，現生人類が最初に展開した5万年前は，スンダランドという一体化した陸地だった。それが最終氷期が終わる1万4,000年ほど前には，海水面が上昇して現在のような地形になった。この時，多数の島が誕生した。最新のDNA研究は，それ以前の東南アジアに島嶼部が形成された直後から，この地域での人類の移動が活発になったことを明らかにしている。

コラム　私のグレートジャーニー　　　　　　　　　　　関野吉晴

　1971年から20年間、ひたすら南米ばかりを歩いていた。南米の特徴はその多様性だ。自然だけでなく人も多様だった。先祖が1万年以上前にこの地にやってきた先住民。そのあとヨーロッパから征服者がやってきて、彼らがアフリカから黒人奴隷を連れてきた。混血して多様な人間模様ができた。文化も多彩になってきた。先住民の村を訪れ、同じ屋根の下で寝て、同じものを食べて暮らす定住型の旅が20年続いた。

　南米先住民の先祖は、いつ、どこから、どのようにしてやってきたのだろうか。いつしか太古の人びとがやってきた道をたどってみたいと思うようになった。人類がアフリカで誕生したということは間違いない。1993年、南米最南端からアラスカ、シベリア経由で、アフリカへ旅立った。

　筆者はこのルートを、土地の先住民と交流しながら、自分の脚力（徒歩、スキー、自転車）、腕力（カヤック、カヌー）および自分で操作できればという条件付で動物（犬ゾリ、馬、トナカイゾリ、ラクダなど）の力を借りて、移動したいと思った。太古の人びとが旅路で感じた暑さ、寒さ、風、匂い、埃（ほこり）、雨、雪に触れ、身体で感じながらゆっくりと進んだ。

　結局足かけ10年の旅になり、2002年2月にタンザニアの人類最古の足跡化石のあるラエトリにゴールした。

　2004年からは、アフリカを出て、日本列島にたどり着いた日本人の祖先の足跡をたどる計画を立てた。

　時代的な考察を抜きにして、日本列島に到達する道筋として有力なルートを大陸との地理的な関係から考えれば、3つ挙げられる。

北方ルート

　東シベリアから始まり、アムール川を下って、ハバロフスクを抜けてサハリンに至り、凍結した間宮海峡を渡って、最終的にはサハリンの南端から宗谷海峡をカヤックで渡り、北海道の稚内に至っ

た。

中央ルート——朝鮮半島を経由する道

　東南アジアから北上した人類のなかで，朝鮮半島から日本列島に渡った人たちがいた。筆者はヒマラヤの山麓から東南アジアに向かい，それから北上して中国の雲南地方，中国北東部，朝鮮半島を経由して，最後は対馬海峡をカヤックで渡って日本に到達した。

海上の道——インドネシア・スラウェシ島から沖縄へ

　筆者の最後の旅はまず1年かけて舟をつくった。国内で砂鉄を集め，炭を焼き，たたら製鉄でつくった鋼で工具をつくった。その工具をもってインドネシアに行き，スラウェシ島で大木を切り，自然素材だけで，2艘のアウトリガーカヌーをつくった。

　2009年4月にスラウェシ島を出発し，コンパスやGPSを使わず，島影と星だけを頼りにした。風任せ，潮任せの航海になり，1年の予定が3年がかりになり，マレーシア，フィリピン，台湾を経由して2011年6月に沖縄石垣島に到達した。

2．展示のつくり方

　旅の記録から何を抽出し，どのように展示としてつくり上げるか考えた。本展覧会は展示品のもつ力で見てもらう展覧会ではなく，展示をとおして何を伝えるかが大切な展覧会だった。その過程をみていきたい。

（1）何を伝えるか

　筆者は40年以上にわたり，自然と一体となって暮らしている世界各国の民族の暮らしや文化をみながら，人類がなぜ，どのようにして移動・拡散・適応していったのかを探る旅をしてきた。

　地球上に生命が誕生して38億年，人類が誕生して700万年，われわれ

の祖先であるホモサピエンスが誕生して20万年になる。こうした悠久の時のなかで，地球資源を使い果たし，環境を破壊し，人類存続の危機にまで至らしめたのは，産業革命以降の一部の現代人の暮らしにほかならない。

　われわれは疑いもなく「経済発展」に勤しみ，物質的に豊かで，効率よく，快適な暮らしをつくり上げてきた。しかし同時に，森を破壊し，海を汚し，影響はオゾン層にまで達してしまった。そして，今後，限りある資源は枯渇していく。着実に迫る世界文明の崩壊を回避するために，まずはわれわれ一人ひとりがこの現状を見過ごさず，正しく受け止めなくてはいけない。そのうえで，われわれはこれから何を求め，どこをめざしていけばいいのかを考える。

　筆者は，その答えのヒントが，太古の人びとの暮らしや農法，今なお狩猟や遊牧，原始的な焼き畑をして暮らす人びとの生活にあると考えている。彼らがそれぞれの過酷な自然環境のなかでどのように暮らし，適応し，生き残ってきたか。彼らと同じ生活をすることはできないが，そのなかに私たちが学ぶべき知恵が数多くあると考えている。

　彼らに共通しているのは，自然を利用しつつも破壊せず，自然の一部となって持続可能な暮らしを続けてきたことだ。自然をコントロールできると過信したわれわれとは対照的な考え方や価値観を，彼らはもっている。筆者は，彼らが自然とどのように付き合ってきたかを検証し，そこからヒントを得ることが，人類が生き残る一つの道だと考えている。

　グレートジャーニー展によって，われわれ現代人が抱えるさまざまな問題の本質が見出されるとともに，人類のあるべき姿を考えるきっかけになればと考えた。

（2）地域設定

　人類が世界中に拡散適応していくなかで困難な4つの気候帯を選んだ。砂漠を含む乾燥地帯，高地，極北，そして生まれた地でもある熱帯雨林。それに日本コーナーとして，海上ルートで航海に使った手作りカヌー縄文号を展示した（図5-2）。

　プロローグとエピローグでは，アファール猿人の家族と思われる足跡化石，その復元像を展示して，人類の初期の偉業である直立二足歩行と家族について考えてもらうように工夫した。

　またエピローグでは，われわれが将来を考えるために必要な10の事柄，すなわち「生物多様性の消失」「地球温暖化」「水問題」「気候変動」「海洋の酸性化」「土地，人口，食糧」「石油資源」「大気汚染と化学物質による汚染」「パンデミックス（感染爆発）」そして「戦争」についてパネル展示した。

図5-2　手作りカヌー縄文号

（3）展示品選定の方法

各コーナーのシンボル（中心的作品）の選定を以下のように行った。

【熱帯】　板根

熱帯雨林の高木はまっすぐで長い幹をもっており，どっしりとした幹をもつ温帯の木と対照的である。そしてしばしば幹の四方から「板根」と呼ばれる板のような根を伸ばしている（図5-3）。熱帯では表土が薄いため，地中深くしっかり根を張ることができず，地上に出ている根を板状にすることで安定させている。

【高地】　ペルー・アンデスの藁の橋

インカ帝国は支配地域に，長大な道路網を整備した。この道路網を使って情報とモノを流通させることで，インカは帝国の隅々までを統治した。ところどころにタンボという宿泊所が配置され，モノや情報がチャスキと呼ばれる飛脚によって運ばれた。山深い渓谷にさえ立派な藁製の吊り橋がかかっていた（図5-4）。

現在はアマゾン川の水源アプリマック川にだけに残されている。藁の吊り橋作りの季節が近づくと，ウィンチリ村では頻繁に集会が開かれる。その開催に際しては，いまだに伝令が丘の上に立ち大声で呼びかけ

図5-3　熱帯コーナーのシンボル，板根（写真右）

図5-4　アンデスの藁の橋（展示イメージ）

るのだ。拡声器も使わないのに，その声は村中に響き渡る。まるでインカ時代の伝令のようである。学校の裏に石壁で囲んだ集会所がある。集会では男たちが村人の役割分担と作業の日程について確認する。そのあとは老若男女が集まって，酒を飲み，ウクレレやギターを奏でて，歌を歌い踊り，娯楽と親睦(しんぼく)の場へと変わる。そして橋作りの素材の藁集めが始まり，村人の力を結集して橋がつくられる。

【極北】　ホッキョクグマ

　極寒に適応したクマ。ホッキョクグマは肉と毛皮を利用するために狩る。狩猟方法は銃を使う。肉，内臓，脳脊髄(せきずい)から足，尾に至るまで食べ尽くす。唯一食べない部分は肝臓で，多量に含まれる脂溶性ビタミンAが健康に害を及ぼすからだ（図5-5）。

　毛皮は利用価値が高い。毛足が長いので衣服に重宝する。なかでも長い毛足が風を妨げるので，フードにはホッキョクグマやオオカミが好んで使われる（アイヌにおけるヒグマと同様，極北の多くの地域では，ホ

図5-5　極北のシンボル，ホッキョクグマの展示

ッキョクグマは神の使いとされる)。また温暖化で海氷が減り，生存圏が狭まり，シャチに襲われるなどで，個体数が減っている。

【乾燥地帯】 世界最古のミイラ

一般には，人工的なミイラを世界で初めてつくったのはエジプト人だと認識されている。しかし，現在では世界最古のミイラをつくったのは，南米チリ北部のアタカマ沙漠に住んでいたチンチョロ族だったことがわかっている。それはエジプトより2,000年以上前の紀元前5,000年頃のことだった。

今回展示されたのは，小児のミイラ（図5-6）で，年代測定の結果，約5,200年前のものであることがわかっている。最近の理化学的な分析で，ミイラから多量のヒ素が検出されている。付近の火山から噴出したガスが河川の水に溶け込み，人びとの生活用水を汚染していたようなのだ。過酷な砂漠の環境に適応した人びとは，有毒な化学物質とも戦わなければならなかった。

図5-6　世界最古といわれる小児のミイラ

(4) 展示品の調達

国立科学博物館の所蔵品のほか，国立民族学博物館，埼玉県川の博物館，北海道立北方民族博物館，東京大学総合研究博物館，墨田区環境ふれあい館関野吉晴探検資料室，三保の博物館などから借用した。チンチョロ文化の世界最古のミイラはチリ北部のバルパライソ自然史博物館か

図5-7　狩り道具一式（左上より，矢・袋・火おこし棒・嗅ぎたばこセット）

ら借りた。

　高地の藁の橋は，ペルーのウィンチリ村に行き，橋づくりの棟梁(とうりょう)に7m分（実際は25m）を実物と同じサイズで編んでもらった。その時にアマゾンにも行き，マチゲンガの村を訪れ，腰巻，アクセサリー，狩りに行く時にもっていくもの一式（弓矢，袋，火おこし棒，嗅ぎたばこセット）（図5-7）を調達した。その他，織物なども新たにペルーで調達した。

3．展示の工夫

　この章では，グレートジャーニー展のなかで個々の展示品を見せるために施された工夫について解説する。それは展示全体をとおして強調さ

れているストーリーを際立たせ，来館者に展示の意味をわかりやすく伝えるために行われたもので，グレートジャーニー展のような概念を伝えることを目的とした展覧会には欠かせないものでもある。展覧会によって展示物や展示の狙い，会場の制限などの条件がさまざまに違うので，つねに開催する展覧会にもっとも適した展示方法を模索する必要がある。そのためには，展示制作者にかかわるメンバー全員が展示の意図を理解しておく必要があるし，責任者は適切な能力をもった人員を配する必要がある。

（1）空間構成の工夫

会場は1,000m^2，高さ15メートルの空間が仕切りなしである。その特徴を生かして，世界が俯瞰できるような空間構成にした。つまり，来館者に世界の広がりを実感してもらう目的で，各ゾーンを壁によって区切ることをしなかった。しかし展示としては，それぞれのゾーンはそれとわかるようにする必要がある。そこでこの展覧会では，それぞれのゾーンをステージに見立て，背景の色を変えることで，来館者が無意識のうちにそれらを区別できるような工夫を施した。極北は白，熱帯雨林は緑といったように各ゾーンの背景色は，それぞれの地域を表現するために適切な色を選んだ。さらに会場を区切る工夫として，各ゾーンを象徴する写真を選び，天井からつるしたバナーや，大きく引き延ばしたパネルを配置して，それぞれの地域のイメージを表現した（口絵2）。

（2）グラフィックの工夫

文章では難解な概念もグラフィックで表現すると理解しやすくなることがある。この展覧会では，通常は文章パネルで表現される項目についても，グラフィックを用いて表現した。説明パネルに関してどのような

表現が効果的なのかを逐一検討した。また展覧会の製作スタッフに武蔵野美術大学に所属するメンバーが加わっていることもあり，グラフィックも漫画風のものやイラストによる表現など，それぞれのパネル内容に合ったもののなかから幅広く選択することにした。さらにグラフィックパネルのタイトルは，放送作家を交えて内容の検討会を行い，わかりやすいキャッチコピーや台詞を採用した（図5-8）。

図5-8　グラフィックを用いて表現した説明パネル

（3）映像の工夫

　グレートジャーニーはテレビでシリーズの番組として放映されており，豊富な映像資料が存在する。この展覧会でも表5-1にあげた7本の映像を新たに作成して会場に配した。映像は文章よりも来館者にアピールするし，難解な概念を伝える能力にも秀でている。しかし一方で文章パネルと違い，来館者の興味を強く引きつけるので，会場の滞留を招かないように配置する場所には注意する必要がある。また1本の映像は長くても数分にとどめ，来館者の興味をつなぐために，いたずらに長い映像を流さないようにした。

表5-1　グレートジャーニー展で使われた映像一覧

No.	タイトル	内容
1	人類の誕生	展覧会の導入部分として，人類の誕生から，世界への拡散の様子を解説する映像
2	グレートジャーニー	展覧会の監修者である関野吉晴による南米からアフリカ大陸までの旅の様子のダイジェストを示し，世界で何を見てきたのかを解説する映像
3	干し首	国立科学博物館が所蔵する南米エクアドルのヒバロ族の干し首のCT解説
4	極北の生活	極北での生活の様子を紹介するために，トナカイ遊牧民や北極海の狩猟の様子を紹介する映像
5	アタカマのミイラ	アタカマ砂漠の海岸地方で栄えたチンチョロ文化とそのミイラの科学分析の結果を紹介する映像
6	縄文号をつくる	関野がインドネシアから日本までの航海に使ったカヌーをつくるために，道具の製作から完成までの様子を追ったドキュメント映像
7	縄文号の航海	インドネシアから日本までの航海の記録

今回は極北の映像の中にトナカイを屠殺するシーンがあった。事前の検討会のなかで，このような残酷ともとられる映像を公開することの是非が検討されたが，展覧会の構成上外すことができないという判断から，映像モニタの上に注意書きを付ける措置をした。一方的に流される映像に関しては，このような配慮が必要な場合もある。

（4）ミニチュアやレプリカの活用

衣・食・住を紹介するコーナーでもっとも難しかったのが住居の表現だった。住居の空間構成は写真ではわかりにくく，また見取り図も解読が煩雑で，短い時間で説明することが難しい。実物大の模型製作も検討したが，会場規模の問題で実現が不可能であることも判明した。そこでこの展覧会では，各地域の住居に関しては，すべてミニチュア模型をつくることにした（図5-9）。

各コーナーにはシンボルとなる展示物を配置した。そのなかには，アンデス高地の吊り橋のように実際に現地で作成を依頼したものもあったが，アマゾンの板根（図5-3）のように，構成上，実物の配置が難しいものはレプリカを作成した。また作物など，実物が長期の展示に耐えられないものもレプリカで展示をした。会場の最初のコーナーで紹介した320万年前の足跡を残した3体のアファール猿人も，最後のコーナーで復元像を設置し，展覧会全体を貫くテーマである旅と家族を強調した。アファール猿人の復元は，人類学の専門家が製作を担当し，実際の化石模型から得られたデータをもとに作成された（図5-10）。

なお，このような模型やレプリカを採用することの注意点は，製作に時間がかかることで，会場デザインの早い時期で設置を決断する必要がある。

図5-9 ミニチュア模型で表現された住居

図5-10 復元されたアファール猿人

(5) ケースの工夫

　乾燥地帯のコーナーを象徴する展示品として，チリのアタカマ砂漠から出土した世界最古級のミイラを選定した。泥の仮面を付けた幼児のミイラは，それ自体が壊れやすく，扱いについても借用元のチリ教育文化省から細かい注文が付いていた。とくに荷ほどきは会場内ではなく荷解き室で行うことが指示されていたので，キャスターの付いた特別製のケースを用意し，エレベータでの搬送を行った。このように先方からの要請によって特別な措置が必要な場合がある（図5-11）。

　さらにこのミイラについては，放射線医学研究所の協力で世界で初めてX線CT写真を撮影し，内部の構造を精査した。その模様と結果の解説は映像作品として会場内で供覧した。

(6) 照明の工夫

　国立科学博物館の特別展展示場は天井が高く，そのままでは照明を当てることが難しい。そこで天井にダクトを配して，そこに照明を設置した。このようにケースの外部から当てる照明は，ケース内の作品にケースの枠の陰が出ないようにすることが大原則である。そのため，あらか

図5-11 特別製のケースで搬送されるミイラ

図5-12 ケース内に施された照明

じめケースの位置に対する照明の場所などを細かに検討しておくことが必要となるが，さらに実際に展示を行った際の調整も必要になる。また家屋のミニチュア模型のように上からの照明が届かない内部を観察できるようにするためには，ケース内にも別の照明を配置する必要がある（図5-12）。

参考文献

国立科学博物館特別展「グレートジャーニー　この星に生き延びるための物語」（国立科学博物館　2013）
関野吉晴『グレートジャーニー全記録Ⅰ　移動編』（毎日新聞社　2006）
関野吉晴『グレートジャーニー全記録Ⅱ　寄道編』（毎日新聞社　2006）
関野吉晴『海のグレートジャーニー』（クレビス　2012）
関野吉晴『グレートジャーニー「原住民」の知恵』（光文社文庫　2003）

6 | 民族文化の展示
―国立民族学博物館の舞台裏

池谷和信

《目標&ポイント》 近年，世界の民族学博物館では，展示の理念や構成などが多様になっている。本章では，日本の国立民族学博物館で行われてきた種々の展示がどのような内容のもので，それらがどのような経緯で生まれたものであるのか，筆者による展示実践を中心として紹介することを目的とする。
《キーワード》 文化人類学（民族学），モノの収集，常設展示，企画展示，アフリカ展示，日本展示

1. はじめに

　現代の地球には，主に言語を中心とした文化の違いによって民族が分けられ，数千の民族がともに暮らしているといわれる。日本，アイヌ，サン（ブッシュマン），ソマリ，プナン，アラブ，チュクチ，ワオラニなどさまざまである。また，これらのなかには，衣・食・住，生業，社会，宗教，世界観など，個々の文化項目からみて違いがみられると同時に，私たち人類ホモ・サピエンスに共通する文化を認めることができる。

　国立民族学博物館（以下，みんぱくとする）は，1978年，世界の諸民族の暮らしを研究して展示をとおしてその成果を紹介する施設として，大阪府吹田市の万博（大阪エキスポ）跡地につくられた。このため，文化人類学（民族学）およびその隣接分野を専攻する研究者が集められて，彼らは最先端の研究を行う担い手になると同時に，館の中に新たな

展示をつくることになった。開館当時，博物館の学芸員の資格をもっている人がほとんどいなかったというのも，このような経緯からである。

　本章では，みんぱくで行われてきた展示がどのような内容のもので，それらがどのような経緯で生まれたものであるのか，筆者による展示実践を中心として紹介することを目的とする。筆者は，文化人類学のなかでは地球的視野から自然と文化とのかかわりを把握する環境人類学に強い関心があり，とりわけ，動物や植物などの生き物と人びととのかかわりを「生き物文化」として捉えて研究してきた（池谷　2014ａ）。主なフィールドは，アフリカと日本である。これらの研究成果が，当然，館の展示に反映されている。

　これに加えて，みんぱくには，展示場に隣接してビデオテークのコーナーや図書室がある。そこでは，「カラハリ砂漠の毒矢狩猟」「ラクダ肉をおいしく食べる方法」など，館員が自ら制作した映像作品（約500本）を中心に視聴することができる。そして，さらに詳しく知りたい人びとのために，この分野に関して約64万冊という日本一の蔵書が収納されている図書館があり，そこは誰でも利用できるようになっている。ほぼ毎週，展示にかかわる研究を中心として紹介する「ウイークエンド・サロン」，毎月開催される「みんぱくゼミナール」など，研究者がじかに来館者に接する機会も数多い（みんぱくHP参照）。つまり，みんぱくは，世界の諸民族の暮らしをモノをとおして紹介する唯一の国立博物館であるとともに，民族文化にかかわる確かで最新の情報を保有する日本を代表する施設といってよいであろう。

2. 常設展示の試み―アフリカと日本

(1) 常設展示場の構成

　まずは，みんぱくの常設展示場を紹介しよう。展示場は3つのブロックから構成されている（図6-1参照）。1つめは，オセアニア，アメリカ，ヨーロッパ，アフリカ，西アジアである。つづいて，世界の音楽と言語のコーナーがあり，南アジア，東南アジアにつづく。最後は，朝鮮半島，中国地域，中央・北アジア，アイヌ，日本から構成されている。来館者は，オセアニアから見学を始めることが多いが，どこから見学をしてもよいことになっている。たとえば，オセアニアのコーナーから始めた場合，最後の日本に到達する過程で，来館者が世界一周の旅をしているように想定されている。その距離は，一つ一つの展示品をみた場合に，のべ4.8kmに及ぶ。

　このため来館者からは「最後のコーナーまで到達できなかった」，「展示場が大きすぎて1日ではまわれなかった」などの感想を聞くことが多い。冒頭で述べたように，みんぱくの展示では，ジャガイモに代表されるアンデス高地の農耕文化，西アジアのベドウィンの訪問者をもてなす文化など，個々の地域の諸文化の特徴を伝えることが主眼になっている。このため，衣・食・住や宗教などをとおして人類文化の普遍的特性をみつけるのは難しいかもしれない。しかしながら，あるテーマに焦点を当てて展示場での地域間の比較をとおして新たな見方を期待できるであろう。以下，筆者が主に担当したアフリカと日本の展示の内容とそれがつくられた経緯を紹介しよう。

(2) アフリカ人の装い―アフリカ展示場をつくる
・モノの収集

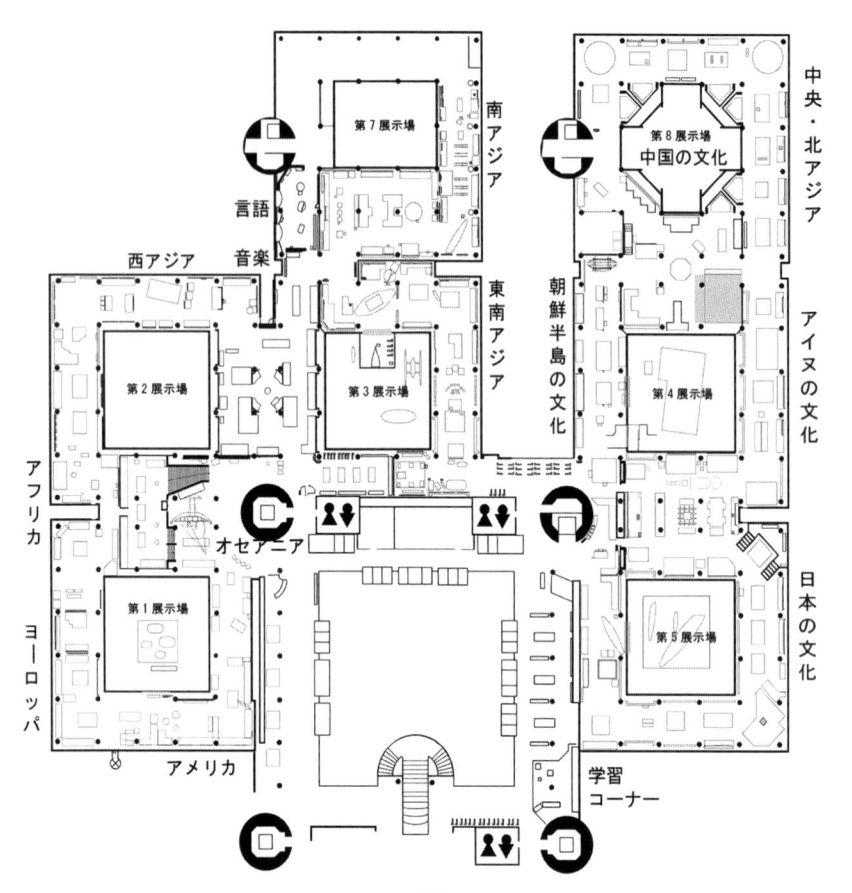

図6-1　みんぱくの常設展示場

　筆者が，みんぱくに着任した時には，アフリカ展示場は存在したが，南部アフリカの展示品は皆無であった。当時，南部アフリカを専門とする研究者がいなかったからである。そこで，翌年には，約1ヵ月間にわたり南部アフリカにモノ（標本資料）の収集に出かけた（池谷　2014b）。現在の南アフリカ共和国を中心として，その近隣の国々である。

当時筆者は，カラハリ砂漠の先住民サンの暮らしを研究していたが，彼らのつくる装飾品に強い関心をもっていた。ダチョウの卵の殻を砕いてから形を整えてつくる首飾り，外部との交易で入手するガラスビーズの粒でつくる首飾りなどである。これは，サンだけではない。南アフリカの元大統領ネルソン・マンデラ氏で有名なコーサ人，かつて強大な王国をつくったとされるズールー人，今でも裸族といわれるヒンバ人などにも，共通に展開できる研究テーマであると考えて，南部アフリカの各地で収集することになった（池谷　2001）。その結果は，現在のアフリカ展示場の「装う」のコーナーにつながっている（注1）。

　アフリカの人びとは，おしゃれである。17世紀にオランダ東インド会社の関係者が，アフリカ大陸の最南端に近いケープタウンに到着して，その地域のコイコイ人の所有する羊とガラスビーズを交換した（池谷2001）。その後，オランダ人の予想を超えてガラスビーズが地域の生活のなかに浸透していった。それが，単なる装いのみならず，富の象徴として，また地域集団や民族のアイデンティティとして使われていたことが特徴である。

・展示構成

　展示場には，ガラスのみならず琥珀や鉄や貝やスイカの種などの多様な素材でつくられているビーズが壁にかかっている。筆者が現地で撮影した写真パネルも併用することで，来館者はアフリカのビーズにみられるさまざまな素材の違いや共通性を知ることができる。同時に，来館者がヒンバの鉄ビーズを手にとり，その重さを実感できる場所をつくっている。ナイジェリアのヨルバの「ビーズ人像」は，王様が杖を持ちながら椅子にすわる形からなり，その表面には権力の象徴である象のモチーフがつくられている（図6-2）。そこには，われわれとは異なるビーズ細工に対する洗練された技術と情熱を読み取ることができる。

図6-2　みんぱくの常設展示場（アフリカ）

　このほかにも，「働く」というコーナーでは，多様な仕事の内容が「モノ」のみならず10数名の人びとの声をとおして紹介されているが，筆者は長年つきあってきたソマリやサンの知人に焦点を当てた。ソマリの男女が，どのようにしてラクダから乳をしぼるのか，サンがどのように「親指ピアノ」を制作して演奏するのかなどである。当事者のメッセージとともに２，３分の映像を併用することによって，母子を分離して人がラクダの乳を利用する方法，ドレミ以前にあったとされる音など，それぞれの活動の実際を映像や音で来館者に伝える試みとなっている。

（3）日本の山の暮らし―日本展示場をつくる
　日本展示場は，一つの地域コーナーとしては館内でもっとも広い面積を保持しており，「ハレの世界」と「ケの世界」に大きく分けられている。前者には，日本各地のお祭りや儀式の時につかう多彩なものが展示されていて華やかである。一方で後者は，海，山，平地，都市などにおける日常の営みが紹介される。ここでは，筆者が担当した山の暮らしに焦点を当ててみよう。

筆者は，大学の卒業論文で日本の山村の研究をして以来，地球的な視野からみた日本の山の暮らしの特徴について関心をいだいてきた（池谷2003）。現代の日本では，山の資源に全面的に依存する人びとは多くはないが，山と人びととの関係が完全に消えたわけではない。そこで，筆者は，現代の山の暮らしをどのような枠組みで紹介したらよいのか考えた。それは，狩猟，採集，養蜂を含む家畜飼育，焼畑などの山村での個々のなりわいを個々のコーナーで紹介する方法である（図6-3）。館内の日本以外の地域では，展示場が狭いので，個々のなりわいを体系的に見せられないが，日本の山のなりわいは，その複合性などからみて世界の熱帯地域のなりわいと意外にも共通している点が多い。

・モノの収集

　日本展示の場合，すでに多くのものが館に収蔵されていたが，何かのテーマのもとに体系的に集められたわけではなかった。今回のテーマの

図6-3　フランスのデスコラ教授に日本展示場（養蜂）を案内（2014.11.3）

もとに，新たなものを収集する必要があった。一つは，長崎県対馬からニホンミツバチの養蜂にかかわるものを集めることであった。ハチドウと呼ばれる筒（**図6-3参照**），ハチミツを収穫するための道具など，知人を通じて現地で購入することができた。焼畑の農具も同様である。北上山地の焼畑では，大きな鋤(すき)が利用されるが，現地の研究者を通じて入手できた。その他，関連する当時の写真は，国内の各地に問い合わせることで利用することになった。

　なかでも現代の焼畑の様子を撮影した映像を使えた点は大きい。筆者は，21世紀に入って，日本の焼畑の場所が増えていることに気がついていたが，焼畑のもっとも盛んな鶴岡市で研究している江頭宏昌先生（山形大学）の協力を得ることができた。こうして，日本の山村研究の蓄積を基礎にしながら，今回のテーマにふさわしいモノや写真や映像が集められたのである。

・展示構成

　まず，狩猟の展示は，みんぱくの野林厚志教授が担当した。現代の日本では，イノシシやクマによる農作物の被害が増えている。ここでは，現代の狩猟が，獣害のための駆除の活動になっていることがよく示されている。採集の展示では，山菜，キノコ，木の実などの資源の採取と加工という視点からなされた。郷土食にはふれていない。山菜では，筆者の研究の中心であったゼンマイやワラビに加えてタケノコ採りの道具に特徴が見いだせる。家畜飼育では，岩手の北上山地の牛の移牧を中心として，安食和宏先生（三重大学）の協力を得て牛市の際の売買を示す伝票が展示されている。焼畑は，かつて日本の焼畑の中心といわれた石川県白山市，現在でもカブの人気が高い山形県鶴岡市のものである。

　今回の展示をつくりながら，山住みの人口は減少しているという共通性をもちながらも，山のなりわい文化は現在でも力強く生きていること

がわかった。たとえば，カブの商品化と結びついて山形県鶴岡市では焼畑が行われているし，長崎県対馬市には数千本の養蜂のための筒が置かれている。また，和菓子のトチ餅の販売と結びつき滋賀県高島市ではトチの実の加工が盛んである。

　このように，われわれは日本の展示場をとおして，21世紀の山村の新しい実像を紹介することができた。これは，裏を返せば，ポスト工業化社会が進行する先進国のなかで，日本文化の特徴ではないかという仮説がたてられることになる。日本のすみずみまで近代化が進行して，日本人の大多数が山離れの暮らしをしていても，日本人の自然との結びつきは長い歴史を有することから，容易には崩れないということになる。

3. 企画展示の試み―アマゾンの「生き物文化」

　冒頭で述べたように，筆者は地球的視野から自然と文化とのかかわりに関心をもっているが，みんぱくの収蔵品からは文化の側面の展示しかできなかった。その理由は，自然を紹介する動物の剝製や植物の標本がほとんどないからである。日本では，国立科学博物館が自然史の分野，みんぱくが文化の分野というように，それぞれ別々の組織が歴史的に存在するということも一因になっているであろう。筆者は，常々，自然と文化を統合する展示ができないものかと考えていた。それを実現できたのは，2013年5～8月の約3ヵ月間にわたり開催された「アマゾンの生き物文化」と題する企画展である。これもまた，筆者が6回にわたりアマゾン地域を調査のために訪問していたということが背景になっている。

・モノの収集

　この展示は，自然に関する標本を所蔵する山形県鶴岡市のアマゾン民

族館およびアマゾン自然館とみんぱくとの共催という形をとることになった（注2）。とくに，当時館長であった山口吉彦氏のご尽力が大きかった（池谷　2012）。彼が，主としてブラジルアマゾンから集めた動物を現地で剥製にした標本資料や主にブラジルのシングー川流域から集められた民族文化に関する資料である。当時，鶴岡市内の2つの博物館には総計で1万点を超えるアマゾンの資料が保管されており，その一部が展示されていた。筆者はそのなかで約130点を選んだ。みんぱくにはアマゾンの民族資料は約千点が収集されていたので，筆者は，数回にわたり鶴岡市を訪問して，主として生き物に関する資料を選んだ。ただ，残念なことではあるが，みんぱくの展示が終了して7ヵ月後の2014年3月31日に2つの博物館は閉館になった。数年前の鶴岡市の議会において閉館は決議された。まず問題とされたのは，1つの行政域のなかで2つのアマゾンに関する博物館が存在するという点，またなぜ鶴岡市でアマゾンなのかという点である。そしてもっとも問題となったのは，2つの博物館とも赤字経営のために市の財政を圧迫するという経済的な問題であった。

・展示構成

　アマゾンの企画展示は，みんぱくの常設展示場のなかでは，言語展示と南アジア展示のあいだの空間で行われた。この空間には，途中で90度に曲がる所がある。そこで，来館者がアマゾンをカヌーで旅しているように，展示全体をアマゾン川のイメージに仕立てることにした。その結果，90度の角はまさに川が曲がる地点として生かすことができた。入口では，アマゾンに暮らす住民が自家製のカヌーを漕いでいる映像を置いて，来館者にそのイメージを伝えた（図6-4）。カヌーは，山本紀夫みんぱく名誉教授が収集したものである。その後，左手は川の世界，右手は森の世界が続いていくように想定した。アマゾン展示は，以下のよう

図6-4　アマゾン川の上流へ

な4部から構成されている（図6-5参照）。

「川の世界」には，ピラルクやナマズやピラニアのような魚類，ワニやカメのような爬虫類，オオカワウソのような哺乳類などが並ぶ。同時に，それらの動物の皮や骨を使ったものが近接して配列されることになる。来館者は，両者を比較することによって，動物の体のどの部分が利用されているのか，モノからわかるような仕掛けになっている。ワニの歯やピラルクのヒレやエイの骨をつかった道具など，ユニークな発想からつくられたものである。

「森の世界Ⅰ」と「森の世界Ⅱ」は，それぞれが哺乳類と鳥類とに対応している。哺乳類では，ウーリーモンキーやリスザルなどのサル類を中心にしてナマケモノ，アリクイ，ペッカリー，アルマジロなどのアマゾンに特有な動物が主に紹介される。そして，サルを捕獲するための吹き矢，サルの毛でつくられたカツラ，数頭分のサルの歯でつくられた首飾りなどである。ここでも，筆者が現地で撮影した映像を示すことで，

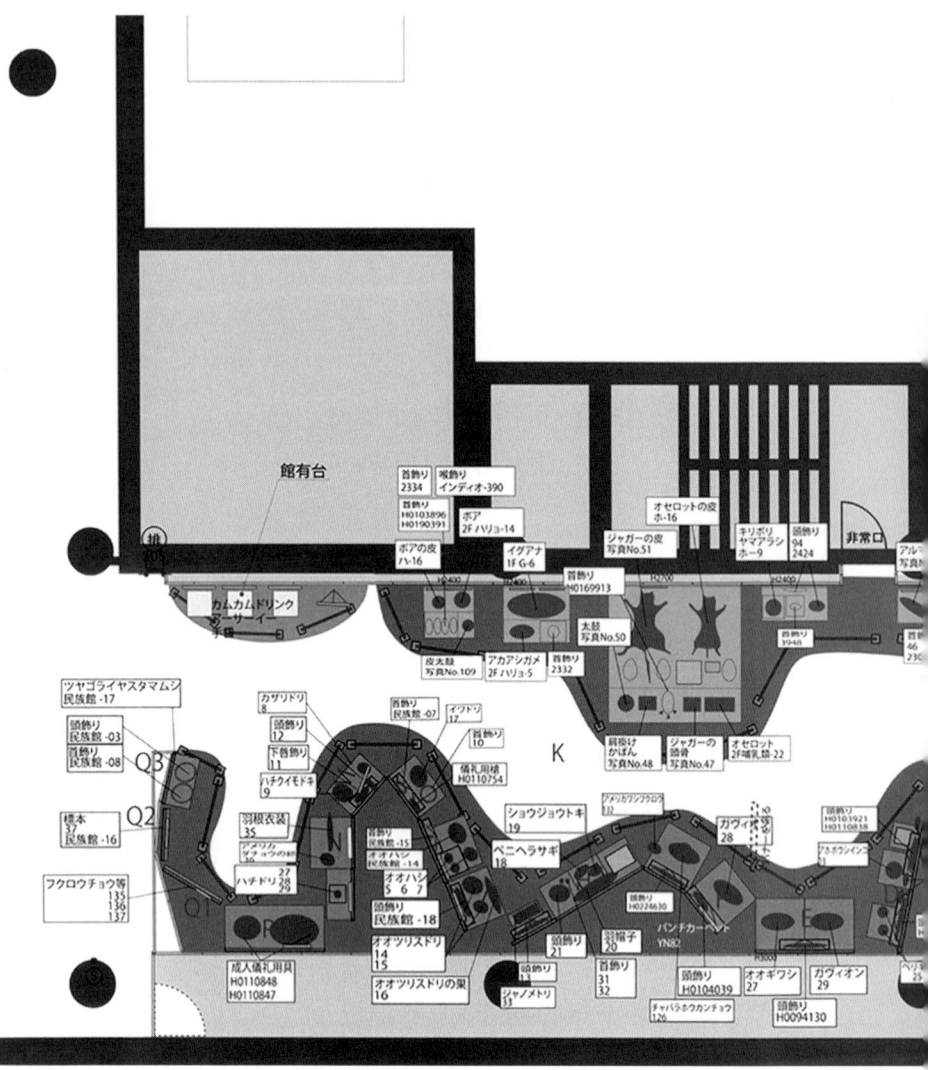

図6-5 「アマゾンの生き物文化」の展示構成（2013年5-8月）

第6章 見航式化の展示 | 119

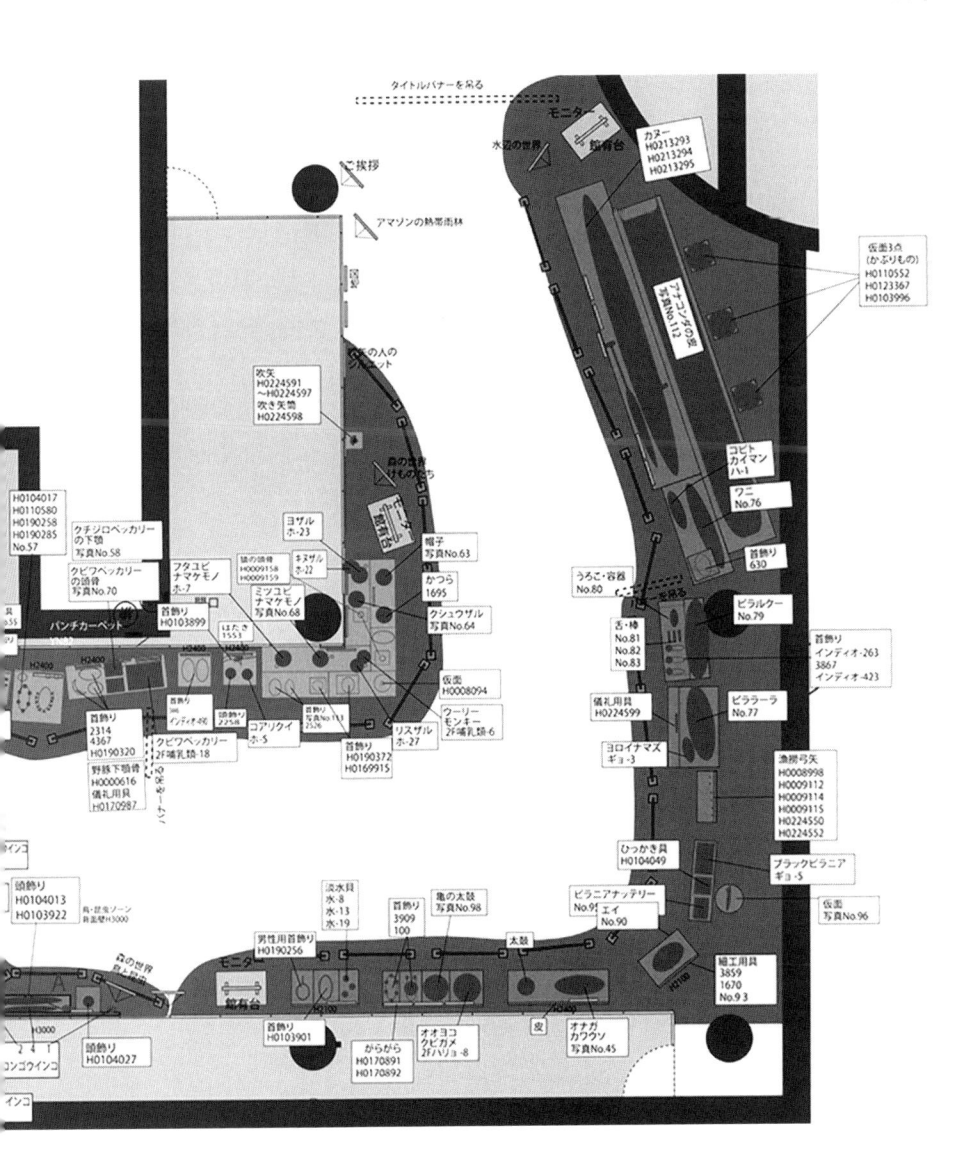

どのように吹き矢で獲物を捕獲するのか，どのように小猿をペットとして家庭で飼育をしているのか，その実際がわかるようになっている。

　アマゾンには羽の美しい多様な鳥が生息している。ここでは，インコ類，ワシやタカの猛禽類を中心として，カラフルな色を組み合わせた羽飾りに注目している。赤や青などの色の羽をもつコンゴウインコ，ピンク色の羽のサギの仲間，黒と白の羽のキュウカンチョウなどの剥製が壁に取りつけられている。その隣には，これらの羽の飛び切り羽や羽毛を組み合わせて，世界でも屈指の大きさで，しかもカラフルな羽からなる頭飾りが置かれている（口絵4）。ブラジルアマゾンに隣接するサバンナ地帯におけるアメリカダチョウの羽から衣装がつくられており，興味深い。近年では，タピラペ人の仮面のようにアートとしてフランス・パリのケ・ブランリ美術館で注目されているものもある。

　最後は，「アマゾンの今」である。現在アマゾンでは，あいかわらず森林伐採が進んでいる。従来から知られている牧場の開発に加えて，石油資源の開発によって各地にパイプラインが伸びてきた。その一方で，新たな資源開発が進むにつれて，植物の栽培化や魚の養殖も進んできた。そのなかには，日本でも最近知られるようになったカムカムドリンクも含まれる。この果汁は，本来，先住民が食用に利用してきたものであるが，レモンの56倍，アセロラの1.7倍というビタミンＣ（果肉100g当たり2,800mg）を含むということで，日本人が栽培化に成功している。

　このように，企画展示は，日本から遠く離れたアマゾンの文化を紹介するものであるが，アマゾンのみに限定するものではない。いかに人類が人類外の生き物に支えられてきたのか，生き物と人類との共生がいかに大切であるのか，アマゾンの文化をとおして考える機会になったと考えている。なお，今回の展示では，筆者が独自にエクアドル・アマゾンにて収集していた約3メートルの長さの吹き矢や，それをつかった狩猟

およびサルやコンゴウインコのペット飼育に関する現地で撮影した映像が役に立った。モノだけを展示しても，来館者にはその暮らしが伝わりにくいからである。このことからも，まさに展示はモノが主役であることに間違いはないが，担当者の研究力が問われているのであって，対象への理解の深さに左右されるものである。

4．民族学博物館の未来─美術館と博物館の相互交流

　本章では，国立民族学博物館の常設展示と企画展示のなかで筆者が実践してきた展示を紹介することをとおして，みんぱくの展示がどのような内容でどのような背景でつくられたのかを明らかにしてきた。みんぱくの展示では，最新の研究との連動によって展示内容が決まる点，基本的には自らが現場で収集したモノを展示する点，地球的な視野から個々の展示内容を位置づける必要がある点，これら３点が特徴になっていた。

　さて，常設展示のアフリカの装いのコーナーの「ビーズ人像」は，2012年には神奈川県立近代美術館においても展示されることになった（池谷　2012）。「ビーズインアフリカ」の展示である。すべての展示品が，みんぱく所蔵のものから構成されるという異例の出来事であった。美術館では，先述したビーズ人像が，大きな空間のなかに置かれており，ビーズ細工を密集して配置するみんぱくの展示とは違った状況になっていた。この展示の構成では，現地の人びとが見たらどのように思うのであろうかと考えてしまった。来館者には，作品の意味はほとんど伝わっていないからである。筆者は２つの展示を比較して，一つのモノが展示する側の視座の違いによってこれほどまでに変わることに驚いている。

さらに，2014年2〜6月には東京六本木にある国立新美術館，および9〜12月に開催されたみんぱくの特別展示『イメージの力』のなかにも，同様のコンセプトのもと，ビーズ人像や鳥の羽からつくられたアマゾンの頭飾りが再び展示された（図6-6）。この展示は，個別の文化の特性ではなくて，人類にとって普遍的な美のあり方を追求したものになっている。このため，「モノ」の前に立った時に，来館者一人ひとりが何を感じるのかが重要になった。実際，来館者の多くは，これらの展示から人類に共通する文化を抽出できたわけではないかもしれない。しかし重要な点は，この特別展示においては，みんぱくではふだん常設展示場にあるものが特別展示場へ移動した点である。この移動に伴い，その「モノ」は民具からアートに変わったのである。

　大切なことは，みんぱくの展示手法は常に多様な方向に進化しているという点である。冒頭で述べたように，みんぱくは世界の諸民族の文化を研究する施設であると同時に，モノの展示をとおしてその成果を公表

図6-6　みんぱく・特別展示『イメージ力』でのビーズ人像の展示

するところである。このため，みんぱくでは，研究と展示の連動が不可欠なのである。現在，世界の民族学博物館は，3つの方向に向かっていると思われる。一つは，みんぱくの常設展示のアフリカのようにこれまでの伝統的な方法を発達させて，展示される人びとの声にも注目しながらも，世界の諸民族の文化を伝えることを目的とする。これは，米国のスミソニアの自然史博物館が当てはまるであろう。二つめは，企画展示「アマゾンの生き物文化」のように，自然と文化のかかわりを両方の側から展示して示すことである。アメリカ・ニューヨークの自然史博物館の最近の計画などが該当する。最後は，特別展示「イメージの力」のように，民族学的資料をアートとして見せることである。これは，パリのケ・ブランリ美術館が，閉鎖された人類博物館の資料を使うことで，いち早く実現している。ドイツのフランクフルトの民族学博物館でも，館の名称を世界文化博物館に変えて同様の試みがみられる。

　以上のように，本章では，みんぱくの展示内容やその舞台裏を紹介した。みんぱくでは，世界の民族学博物館における現在の3つの展示の流れをおさえつつ，21世紀における展示に関する新たな理念や方式を求めていることが示されたであろう。

（注1）　みんぱくの常設展示場アフリカは，「歴史を掘り起こす」「憩う」「働く」「装う」「祈る」の5つのコーナーから構成され，「装う」は衣装と装身具からなる。
（注2）　1991年に，山形県東田川郡朝日村（現　鶴岡市）に，山口吉彦氏の所有する生物資料を展示した「アマゾン自然館」，1994年に，鶴岡市の中心部の郊外に文化資料を展示した「アマゾン民族館」が開館した。これらは，日本で唯一のアマゾンを専門とする博物館であり，アマゾンに限定したものではあるが，特定の地域の自然と文化の両面を展示したという意味でも日本の博物館の歴史のなかでも意義のあるものである。

参考文献

池谷和信『世界のビーズ』(千里文化財団　2001)
池谷和信『山菜採りの社会誌』(東北大学出版会　2003)
池谷和信「民博のアフリカビーズコレクション―フィールドでの資料収集と情報収集の実践―」(朝木由香・鈴木智香子編『ビーズインアフリカ』pp. 106-111　神奈川県立近代美術館　2012)
池谷和信「生き物と人とのあらたな関係を求めて―世界最大の森アマゾンの魅力―」『月刊みんぱく』37(7)：3-4　(2013)
池谷和信『人間にとってスイカとは何か』(臨川書房　2014 a)
池谷和信「アフリカビーズ研究の展開」季刊民族学150号，pp. 88-92　2014 b
国立民族学博物館編『イメージの力　図録』(千里文化財団　2014)

7 | 大学博物館の展示とその役割
―国立大学と私立大学

稲村哲也

《目標&ポイント》 大学博物館が大学内および社会に対して果たしている役割は何だろう。大学博物館の展示のコンセプトや内容は大学によってどのように異なるだろう。それらについて，事例を比較して考えてみよう。
《キーワード》 学術標本，大学総合博物館化，研究・教育，知の蓄積と継承，フィールド・サイエンス

1. はじめに―大学博物館の起源と現在

　日本の大学博物館の嚆矢は小石川植物園の創設である（以後，大学博物館の起源について，安高2014を参照）。その起源は江戸幕府が1684年に設けた小石川御薬園に遡り，それが，1877年に創設された東京大学（旧東京帝国大学）の理学部付属施設（小石川植物園）となった。北海道大学（旧札幌農学校）では1886年に北大植物園の基礎が確立し，京都大学では1924年に現在の理学研究科付属植物園が設置されている。これらの植物園で，現在までに膨大な植物標本が蓄積されている。

　資料室・陳列室としては，動物学者モースが創設に尽力し，1879年に創設された東京大学理学部博物場が最初である。総合博物館としては，東京大学では，比較的遅い1966年に設立された。北海道大学の前身の札幌農学校は1876年に開学したが，クラーク博士が当初から自然史博物館の構想をもっていた。そして1884年に農商務省から博物館とその付属地が移管され，それが1999年開設の北海道大学総合博物館の起源となっ

た。京都大学では，1897年の開学当初から博物館構想があり，1914年に「陳列館」が設立され，1959年に博物館と改称された。

　私立大学では，1928年に開設された國學院大學の考古学陳列室，1929年に設立された明治大学の刑事博物館，1930年に設立された天理大学(前身である天理大学外国語学校)の海外事情参考品室(現天理参考館)，1949年に設置された南山大学附属人類学民族学研究所陳列室(現人類学博物館)等が古く，それぞれ個性的で重要な大学博物館として発展している。

　大学の博物館が，学術標本の収集・保管のためだけでなく，明確に研究・教育とその公開・発信の機能をもつ機関として確立される契機となったのは，1996年の学術審議会学術情報資料分科会による「ユニバーシティ・ミュージアムの設置について（報告）―学術標本の収集，保存・活用体制の在り方について」の発表である。まず，大学の歴史，研究蓄積や規模の大きな旧帝大で「総合博物館化」が推進され，ほかの大学でも大学博物館の設立・充実がはかられてきた。

　このように，日本で大学の博物館が重視されるようになったのは近年のことだが，今では重要な位置を占め，大学にとっても社会にとっても大きな役割を果たしている。大学内においては，蓄積されてきた重要な学術標本（資料）などの保存・整理，継続的な利用に資するだけでなく，専門的分野間を繋ぐ研究と教育の拠点として重要である。また，研究のプロセスと成果を地域に広く公開することは，知的財産を社会全体で共有し，次世代に多様な知的関心を喚起するために有効である。

　次に，いくつかの事例から大学博物館の特徴をみていこう。次節の名古屋大学と北海道大学の事例からは，新たな大学総合博物館の意義や役割を理解することができる。第3節の東京大学と京都大学の事例を比較すると，それぞれのめざすコンセプト（方向性）の違いが明確になり，

興味深い。第4節の私立大学の事例からは，一般の博物館と大学博物館の中間的な（両方の要素を備えた）立ち位置が理解できる。

2．新たな「大学総合博物館」の意義と理念，役割

（1） 名古屋大学

　名古屋大学博物館は，2004年に設置され，国内の総合大学に設置された例としては5番目の大学博物館である（図7-1）。同博物館はその目的として，研究，次世代教育，展示，知の創造と継承，標本収集，国際交流，の6つをミッションとして挙げている（HPより）。

　大学博物館の設立が，まずは大学での研究・教育にとって大きな意義をもった点について，館長の大路樹生教授は次のように述べる。「大学内で行われた研究のもととなる標本類，資料類を保存し，その研究の証拠を確保すること，そして必要に応じてそれを公開することはサイエンスを行ううえで必要なことである。また収集された資料・標本を学生の

図7-1　名古屋大学博物館外観

教育に役立てるのも大学博物館の重要な役割である。本来大学内で，資料や標本を長期にわたって保管することは困難なことが多くなっている。新たに着任した教員が従来と異なる研究をすることが普通で，かつてそこで行われた研究の資料は重要視されないことも多い。このような場合，大学博物館が資料・標本の保全と活用に果たす意味は大きい」。

研究現場における知の蓄積と継承（継続性）は，これまで切実な問題であったし，研究の公開性の確保も大学にとって重要な要件となっている。名古屋大学博物館では，資料基盤研究系，資料分析開発系，資料情報教育系の３部門によって，学術標本の調査・収集・整理・保全，学術標本の分析・研究，学術標本の展示・公開と研究成果の公表を重要課題としている。

大路教授はさらに大学博物館の特徴について次のように述べる。「大学での研究と教育のための機関という点が重要であり，とくにフィールド調査に基づく研究や，採集された資料に基づく研究を積極的に行う中心機関としての役割である。日本での大学博物館をみると，自然史学，すなわち自然の成り立ちと多様性を研究するうえで中心的役割を果たしているところが多い。もちろん大学が社会と接するうえで重要な役割，すなわちアウトリーチ活動を行う機関として果たす役割も大きい」。

常設展示は２階と３階で展開され，エントランスの「名大史コーナー」に続いて，以下の５つのコーナーからなる（図７-２）。

1. 濃尾平野の生い立ちと木曽三川流域の自然誌
2. 電子顕微鏡
3. フィールドワークと名古屋大学
4. 知をつくる―名古屋大学の研究紹介
5. 岩石・化石から学ぶ地球と生物の進化

　３階のミュージアムサロンには，ノーベル賞コーナーがある。

図7-2　名古屋大学博物館の展示室

　次世代教育の一環として，附属の野外観察園での四季の「見学会」，鉱物・化石・石器などを探る「地球教室」，電子顕微鏡を使った「ミクロの探検隊」などが実施されている。
　フィールド・サイエンスと国際交流を兼ねた取り組みとして，モンゴルでの研究と教育活動が挙げられる。2009年にウランバートルにあるモンゴル国立科学技術大学内に博物館の一組織としてフィールドリサーチセンターが開設された。このプロジェクトは名古屋大学がアジア戦略を重要視するなかで，名古屋大学のモンゴルでの拠点として重要な役割を果たしている。ここには岩石や鉱物の観察や薄片制作，観察，電子顕微鏡による観察や化学分析の機器を有している。名大は，法学を研究する「日本法研究・教育センター」もモンゴル国立大学に設けており（ほかにウズベキスタン，ベトナム等にも設置），これらの施設は，日本からの研究者がモンゴルで研究を行うための拠点となるだけでなく，モンゴルの大学生，院生を教育指導する組織として活動を行っている。さらに，モンゴル国立大学のなかに「レジリエンス研究センター」が設立され，首都への人口集中化など急激な社会変化が進行するモンゴルで，「遊牧文化」を活かしたモンゴル型都市ビジョンを探る研究・実践が試みら

れている。こうした国際共同研究の成果は、たとえば特別展示「大モンゴル展」（2012年3月〜8月）など、特別展・企画展などで社会に公開され、大学博物館の重要な活動の一つとなっている。

（2）北海道大学総合博物館

　北海道大学には、札幌農学校時代から収集・保存・研究されてきた400万点にのぼる学術標本が蓄積されている。それらを実物展示の中核として、1999年に総合博物館が開館した（図7-3）。まず、展示室入口に掲げられた「北海道大学総合博物館の使命・目的」をそのまま紹介しておこう。

【使命】
① 学術標本の保管・整理、次世代への継承と情報の提供
② 学術資料を用いた学際的研究分野の開拓
③ 展示・セミナー等を通じた教育普及活動
④ 博物館文化の創造と発信

【目的】
① 400万点にもおよぶ北海道大学開学以来の貴重な学術標本、資料、芸術作品などの散逸、劣化を防ぎ、学内外の研究者の利用可能な状態に整理、保存し、一部を一般公開する。
② 多くの遺跡、歴史的建造物、豊かな自然を擁する北海道大学キャンパス全体を博物館として捉え、来訪者に本学の紹介をする。
③ 北海道大学で展開されている学術研究・教育の成果、進捗状況を実物で伝え、学術情報発信の拠点とする。
④ 歴史的資料に基づき、日本近代精神の源流と評される北海道大学に通底する精神を紹介する。

図7-3　北海道大学総合博物館外観

⑤　学生に，本学に通底する精神，研究の伝統と蓄積，将来に向けての発展性を示し，本学に学ぶ喜びと幸運を再認識する機会を与えるとともに，本学の教養教育における全人教育，実証主義的実学教育の発展に寄与する。
⑥　展示公開，見学会，講演会，演奏会等を通じて，地域社会の人びと，小中学生，高校生等の学習に貢献するとともに文化に触れる機会を提供する。

【コンセプト】
①　札幌農学校—北海道大学に通底する精神を重んじ，蓄積された貴重な学術標本群を基礎とした研究・教育普及活動を展開する。とくに学術標本はデジタルデータに還元できない「もの」そのものである事を重視した「実践的実学主義」「ものにこだわる科学」を中心とした研究・教育活動を進展させる。
②　北海道がおかれた地理的条件：ユーラシア大陸東縁の東南アジア〜北東アジアへの南北軸，環オホーツク，北極を取り巻く北方圏を強く

意識した研究・教育を展開する。
③　地球・生物多様性の生成と展開，人類・文化の生成と系譜の解明といった基礎研究をとおして，人類生存を可能とする「サステイナブルな社会」構築に向け，複眼的・総合的なものの見方ができる人物を育成する。
④　札幌の町を文化の香りあふれる街とするよう努力する。

　展示室は1階から3階まであり，1階が北大歴史展示，学術テーマ展示，2階が学術テーマ展示とユニバーシティ・ラボ，3階が学術資料展示と企画展示室からなる。
　「北大歴史展示」では，前身である札幌農学校以来の歴史がパネルなどで詳細に展示されている。通底する精神，リベラリズムからの出発，生き続ける札幌農学校精神，実学の精神と4つのコーナーが区分され，「大志を抱け」で有名なクラーク博士の精神，それを受け継ぐ内村鑑三，新渡戸稲造らによる自主独立，ヒューマニズムの精神，さらに農学校以来の実学重視など，建学の精神と現在までの流れが読み取れる。
　学術テーマ展示の導入としての「知との対話」コーナーでは，北大が推進してきたフィールド・サイエンスとして深海，宇宙，高地，極地の研究が象徴的にまとめられている（図7-4）。また，中央には知里真志保博士の「アイヌ語研究」が展示されている。このように，1階がいわば大学のアカデミック・アイデンティティを確認するような展示になっているのは，この博物館の特徴といえる。
　2階の学術展示では，研究対象あるいは研究の場として持続的に用いられてきた標本・資料・施設を紹介している。ユニバーシティ・ラボは，「オホーツク文化」の発掘出土品を中心とした考古学の収蔵庫と研究スペースの一部を公開し，ほかにも海洋，宇宙，グローバルCOEプ

図7-4　北海道大学総合博物館の展示「知との対話」

図7-5　北海道大学総合博物館の展示「ユニバーシティ・ラボ」

図7-6　北海道大学総合博物館の展示「"アイランド・アーク"，古生物」

ログラムなどを紹介している（図7-5）。3階では，動植物の標本，鉱物，古生物の化石，またそれによる詳細な地質暦が展示さている（図7-6）。

　北大総合博物館の特徴として，大学としてのアイデンティティに基づき，目的やコンセプトが明確に示され，展示がそれに基づいてきっちりと展開されていることといえよう。地域との一体化を強く志向していることも特色といえる。

3. 東大と京大の博物館とその展示コンセプト

（1）東京大学総合研究博物館

　1877年に創立された東京大学（旧東京帝国大学）は，欧米先進国からお雇い外国人を招聘（しょうへい）し，最先端の設備や標本を教材として導入し，先端的な研究を推進してきた。したがって，大学で蓄積されてきた標本，実験器具・什器（じゅうき）、公文書や大学史史料などの学術標本群「東京大学コレクション」は，近現代日本における研究・教育の歩みの中核をなし，研究・教育の歴史と将来を展望するにあたって不可欠のものである。19世紀末には複数の学科が列品施設を設けそれらを収蔵・展示していた。しかし，関東大震災により壊滅的な打撃を受け，それ以後も再建が進まず，明治・大正・昭和初期の希少な学術標本のかなりのものが散逸した。それでも，収蔵点数は現在600万点を数える。

　1967年にようやく「東京大学総合研究資料館」が発足し，考古・医学・動物・植物・鉱物など17の資料部門を擁し，広く学内外より学術標本を収集し研究する共同利用施設となった。さらに1996年，積極的に研究・教育・公開発信を推進する機関として，東京大学総合研究博物館へと改組した。

　大学博物館の役割として学問への貢献を最重視する東大総合研究博物館は，研究・教育のみならず公開展示においても先端的・実験的であることを使命としてきた。2015年4月現在，生物学・先史人類学・惑星科学・考古学などモノを取り扱う分野を中心に，19名の研究者（教員および専任的な特任研究員）が所属し，学術標本の整理・記載・データベース公開などを進めつつ，自身の研究フィールドで先端的研究を推進し，さらなる学術標本を集積している。館内に，放射性炭素年代測定室やタンデム加速器分析室など，高度に専門的な研究設備を有する研究室が組

織され，最新の分析結果がそこから発信されている。

　また，博物館学・博物館工学を専門とする教員・研究員が12名在籍し，研究の蓄積と最新の科学研究成果を発信するために，当該分野の研究者と共同して，効果的な展示設計を実験している。近年の例では，一級の考古・古人類史料の展示とともに大学博物館における標本研究の視点と来歴を示す常設展「キュラトリアル・グラフィティ——学術標本の表現」(2009)，展示物にいっさい解説を付けず動物骨を観察することだけを来館者に求める「命の認識」(2009)，美麗な古代・歴史美術を科学分析する「アルケオメトリア——考古遺物と美術工芸品を科学の眼で透かし見る」(2012) など，先端的・実験的な展示を展開してきた。また博物館の収蔵資料を館外に出し，ほかの博物館・オフィスビルなどにミュージアム空間を創出する「モバイルミュージアム」は通算100回以上実施され，学校の空き教室を利用した巡回型のスクールモバイル，7ヶ国で展開する海外モバイルなどさらなる実験が重ねられている。

　現在，東京大学総合研究博物館は，特徴の異なる4館から成る大学総合博物館としての体制を整えつつある。2015年現在休館中の本館では，放射性炭素年代測定室が新規導入するタンデム加速器を展示室の中核にすえて「知の回廊」を構築し，絶対年代測定や同位体分析の研究の現場を見せる「研究現場展示」を準備中である。それにさきがけて2014年7月より，（株）東京ドームとの産学連携により，東京・水道橋の東京ドームシティ内の宇宙ミュージアム TeNQ の中に，常設展「太陽系博物学」が公開されている。火星探査機の映像など探査データをリアルタイムで展示に反映し，また，ガラス張りの研究室内で最新の研究成果が産まれていく様子を見せる，という実験的な研究現場展示である（宮本ほか 2014）。2000年にオープンした小石川分館は，その建物が，1876年に建設された東京医学校（医学部の前身）本館を改装・移築した木造建

図7-7　東京大学総合研究博物館小石川分館

築であり，施設自体が学校建築として現存する最古の学術資源となっている（**図7-7**）。小石川分館はその施設の特性をふまえ，2013年12月より建築ミュージアムとしてリニューアルされ，常設展「建築博物誌／アーキテクトニカ」を実施している（西野ほか　2013）。また2013年3月に日本郵便との産学連携により，JPタワー学術文化総合ミュージアム「インターメディアテク」を開館させた（西野　2013）。常設展に加え，「東大醫學——蘭方医学からドイツ近代医学へ」（2013），「黄金郷を彷徨う——アンデス考古学の半世紀」（2014）などの展示は，学術標本を自由に見ることによって来館者の感性に訴えるよう審美的にデザインされた。

（2）京都大学総合博物館

　京都大学総合博物館の歴史は約100年前に遡る。京都大学では，1897年の大学創立後間もない時期に，文科大学（のちの文学部）の設置のための準備が始まった。人文学の教育・研究には実物資料が不可欠との考

えから，当初より，大学博物館の必要が議論され，考古，国史，地理，美術史等の資料の収集が精力的に進められ，それらを利用する場として1914年に陳列館が設立された。戦後，陳列館は文学部博物館と改称し，博物館相当施設となった。1986年には新館を竣工し，収蔵品の研究と保全などの活動内容を飛躍的に高めた。

　文学部博物館新館の完成と同じ頃，自然史の分野でも，博物館を設立する機運が盛りあがった。さらに，実験機器や教材などの調査が行われ，歴史的価値の高い技術史資料が存在することが確認された。1997年，これらの動きが一つになって，総合博物館が生まれた。2001年には，既存の文学部博物館に，自然史・技術史の資料を収蔵する建物を増築し，260万点を超える資料を収蔵する収蔵スペースと，2,470m^2の近代的な展示空間からなる，巨大な大学博物館（延床面積 13,350m^2）ができあがった。

　常設展示の導入部のパネルが，博物館のコンセプトとしてのフィールド・サイエンスの重視を次のように表現している。

　悠久の時と無限の宇宙，鼓動する地球，生き物たちが40億年かけてたどり着いたまばゆいばかりの多様性と複雑な絡み合い。これらすべてを理解し，その本質を見極めるのが自然史科学だ。自然史科学は，私たちの未熟な自然観を自然そのものによって常に検証し，深めていく試みだ。そのためには，灼熱の砂漠へ，酸素の希薄な高山へ，熱帯雨林へ，過酷な調査も厭わない。それがフィールド・サイエンスだ。京都大学では，開学以来「探検大学」と異名をとるほど多くのフィールド・サイエンスが世界を舞台に繰り広げられてきた。その伝統と現状，そして未来をこの展示場でご覧にいれよう。

自然史部門の展示スペースがもっとも広く，近畿の活断層など地震活動の研究を中心とする「地球の鼓動」，ナウマン象研究を中心とする「化石からみた進化」，霊長類研究所における世界的なサル学の蓄積「京大が生み出した霊長類学」，カラコラム・ヒンズークシ学術探検隊（1955年）以後の研究蓄積「栽培植物の起源」など，フィールド・サイエンスの研究成果が分かりやすく紹介されている（図7-8）。「霊長類学」のコーナーには，来館者がチンパンジーと数字記憶能力を競う（そして負ける），コンピューターのプログラムなどがあり，インタラクティブな展示によって興味を引きつける。

 中央のミューズラボでは，大きなスクリーンでの映像と専門家による講義を聞くことができる。続いて，「標本作製のススメ」で標本作製過程が紹介される。自然史展示の圧巻は「熱帯雨林の生物多様性と共生系〜ランビルの森の自然〜」で，2階まで吹き抜けの大きなスペースにジオラマで「マレーシアの熱帯雨林」（図7-9）が再現され，現地フィールドワークで

図7-8　京都大学総合博物館の展示。フィールド・サイエンスが強調されている。

図7-9　京都大学総合博物館の展示。「マレーシアの熱帯雨林」のジオラマ

「生態研究」の大きな成果をあげた空中回廊を体験できる仕組みになっている。一見，研究の紹介であるようでいて，地球の多彩さ，豊かさに触れることができるのが特徴である。

　総合博物館は，平安期から近代まで，天皇，将軍から庶民に至るまで，多様な古文書を所蔵することで知られるが，考古学資料も大学博物館随一の豊かさを誇る。考古学講座を最初に設置した大学の歴史を物語るかのように，考古学展示「日本古代文化の展開と東アジア」では，巨大な石棺や埴輪(はにわ)が見る者を圧倒する。日本の古代文化を育(はぐく)んだ東アジア世界を視界に捉(とら)えた展示は，公開当初，先駆的な試みとして話題になった。

　企画展・特別展は，収蔵資料を主とする展覧会と学内の研究を紹介する展覧会の2種類がある。前者は，館蔵品に対する最新の研究成果を展示で初公開するもので，文学部博物館が大学博物館独自の試みとして開発した研究展示という手法を継承している。これまで，日本で地図の出版が始まったことの意義と社会への影響を探った「地図出版の400年」（2007），種々の資料に残る異文化が伝(でん)播した跡から，文化とは何かを捉え返した「交錯する文化」（2009），大学創設以来集積された鉱物標本の資料的価値を解明した「地の宝」（2014）など，資料を発掘し研究する醍醐味と，資料そのものがもつ魅力を伝える展覧会を開催している。

　全体として，京都大学総合博物館は，パンフレットに「京都大学のワクワクを伝えます！！」とあるように，次世代を担う子供たちに（そして大人にも）研究の面白さを伝えるというコンセプトが展示に示されている。

　2011年からは，京都・大学ミュージアム連携の活動が始まった。文化庁文化芸術振興費補助金の助成を受けて，2012年には，14大学の15ミュージアムが集い，収蔵資料の共同出品による「大学は宝箱！」を総合博

物館で開催した（図7-10）。翌2013年には，九州産業大学美術館で，九州大学総合研究博物館等4大学とともに合同展を開催し，2014年には，東北歴史博物館を会場として，東北学院大学博物館等2館との連携の輪を広げた。こうした動きは，ほかの地域にも波及しつつある。

4．私立の大学博物館

（1）南山大学人類学博物館

図7-10 京都・大学ミュージアム連携の企画

　南山大学創立の1949年に，南山大学附属人類学民族学研究所の資料陳列室として設立された。当博物館は，ラテンアメリカやアジア・オセアニアの民族学資料，ヨーロッパの考古学資料，そして地元名古屋の考古学資料から，昭和時代の現代生活史資料に至るまで，幅広い資料を収蔵，展示している。研究の成果と結びついた展示としては，60年代に収集されたニューギニア高地の民族誌資料や，名古屋市熱田区の高蔵遺跡や同市瑞穂区の瑞穂遺跡などから発掘された弥生土器など南山大学に所属していた教員による調査研究の成果が展示されていることも特徴の一つである。

　社会に対して開かれた博物館であるために，研究成果の公開にも力を注いでおり，博物館講座や公開講演会の開催，フィールドワークの実施などによって，博物館に関連する諸分野の最新の知見を社会に還元する試みを続けている。また，社会教育に資するため，小中高の博物館見学や団体見学の希望にも対応して，館内見学の案内や展示品の解説などを行っている。

図7-11　南山大学人類学博物館の展示室
〔南山大学人類学博物館所蔵〕

　2013年10月には，「For Everyone's Curiosity—すべての人の好奇心のために」という理念のもとで，これまで利用しにくかった人も利用することができる博物館，ユニバーサル・ミュージアムを目指してリニューアルオープンした。展示室では，時代や地域別ではなく，収集過程別に資料を展示するという，新たな試みがなされた。それは，「どういう目的で，誰が，いつ収集した資料か」を知ることで人類学研究の展開を理解することを目的としている。また，展示室内のほぼすべての資料は露出展示（ガラスケースがない展示）され，多言語表記や点字によるキャプション，解説も配されている。また，ハンズオン（資料を手にとってじっくり観察できる）展示も多く取り入れており，来館者が間近で資料に接し，展示室が学習の場となる（図7-11）。
　学外の博物館等との連携も進めており，2010年3月には明治大学博物館と，そして2014年2月には名古屋大学博物館との間で，学術交流や標本の相互利用などを目的とした協定を結んだ。

（2）明治大学博物館

　刑事博物館（1929年創設），商品博物館（1950年設立），考古学博物館

（1952年設立）の3つに分かれていたものを東京神田駿河台の新校舎アカデミーコモンにまとめ，2004年に開設した（図7-12）。30万点を超える研究資料を収蔵し，調査研究と展示公開を行っている。地下の1・2階を占め，刑事部門は「刑事博物館」を前身として法と人権，商品部門は「商品博物館」を前身として商品をとおした生活文化のあり方，考古部門は「考古学博物館」を前身として人類の過去と多様性を取り上げている。

　全体として，展示のコンセプトを「21世紀の問題を克服していくためのヒント」としている。博物館の使命としては，次の3点を掲げている（HPより）。

① 収蔵資史料の管理と研究・教育機能の拡充
　博物館が管理する国内有数の収蔵資史料を，質・量ともに充実させ，調査・研究を進めるとともに，保存・管理および学術情報公開の態勢を整備し，研究・教育機会における利活用を促進する。
② 学内共同利用機関としての機能拡充

図7-12　明治大学博物館の展示室
〔明治大学博物館蔵〕

学部・大学院や研究知財機構と連携し，本大学の戦略的な研究・教育推進計画に寄与するとともに，博物館として特色ある研究・教育事業を実現する。
③　社会貢献・社会連携の拡充
　博物館および本大学における研究・教育の成果を社会に還元する多様な生涯学習の機会を提供するとともに，収蔵資史料の現所在地等との交流をとおして本大学の社会連携推進に寄与する。

　博物館展示の商品部門は，商品（日本の伝統工芸品）の原材料から販売に至るプロセスを系統立てて展示している。
　刑事部門は，江戸時代や海外の捕者，拷問具・処刑具のコレクションが主体である。こうした資料はともすれば好奇の目でみられがちだが，このような非人道的行為を繰り返してはならないという趣旨で，あえて公開している。
　考古部門は，日本の旧石器時代を初めて証明した岩宿遺跡をはじめ，砂川遺跡（旧石器時代），夏島貝塚（縄文時代），出流原（いずるはら）遺跡（弥生時代）など重要な発掘資料を収蔵・展示している。
　明治大学博物館では，学芸員が外部に向けての展示，公開講座等を積極的に行ってきた。また，私立大学の博物館としては珍しく「博物館友の会」をもち，400名の会員が会員自らの企画で運営する，先駆的なモデルとなっている。また，2012年度から「どこでもいつでも見学できる」ICTミュージアム構想の実現を目指し，特別展のデジタル・アーカイブ化をはかっている。
　明治大学博物館は，東京お茶の水の通りに面した場所に立地し，市民との距離が近い。大学博物館のなかでもとくに社会への発信に力を入れている例といえる。

参考文献

京都大学総合博物館『学問の礎を受け継ぐ』(企画展図録)(アクティブKEI 2014)
里見親幸『博物館展示の理論と実践』(同成社　2014)
名古屋大学博物館『名古屋大学博物館要覧　2014-2015』
西野嘉章『大学博物館-理念と実践と将来と』(東京大学出版会　1996)
西野嘉章・松本文夫・鶴見英成「建築博物誌／アーキテクトニカ」『ウロボロス』18(3)：2（東京大学総合研究博物館　2013)
西野嘉章『インターメディアテク―東京大学学術標本コレクション』(平凡社　2013)
日本展示学会『展示論―博物館の展示をつくる―』(雄山閣　2010)
北海道大学総合博物館『The Hokkaido University Museum informaiton』
宮本英昭・洪恒夫・James M. Dohm・新原隆史・洪鵬・逸見良道（2014)「宇宙ミュージアム TeNQ／太陽系博物学展」『ウロボロス』19(2)：2-5（東京大学総合研究博物館　2014)
明治大学博物館・南山大学博物館・名古屋大学博物館「驚きの博物館コレクション展」実行委員会『驚きの博物館コレクション展　時代を超え，世界を駆ける好奇心』(2013)
安高啓明『歴史のなかのミュージアム―驚異の部屋から大学博物館まで』(昭和堂　2014)

8 | 歴史系博物館の展示
　　　——国立歴史民俗博物館と地方の博物館

稲村哲也

《目標&ポイント》　国立歴史民俗博物館の展示と東北歴史博物館の展示を比較検討し，歴史博物館の展示のコンセプトと政治性について考えよう。また，地域密着型の歴史系博物館の特徴や役割について考えよう。
《キーワード》　歴史系博物館，博物館の政治性，展示の政治性，生活史，テーマ展示，地域の歴史，エミシ，地域密着，市民参画，ボランティア

1. はじめに

　この章では，異なるレベルの歴史系の博物館の事例を取り上げ，それぞれの展示がどのようなコンセプトと内容をもつかを検討する。国立歴史民俗博物館に関しては，中央の歴史系博物館であるがゆえの政治性について検討する。また，地方レベルの歴史系博物館として，東北歴史博物館を取り上げ，比較検討する。さらに，市レベルの歴史系博物館として，吹田市博物館と知多市歴史博物館も取り上げ，地域密着型の博物館の展示の特徴，地域との繋がりや役割についても検討する。

2. 国立の歴史系博物館

（1）国立歴史民俗博物館とその展示

　千葉県佐倉市にある通称歴博（れきはく）と呼ばれる国立歴史民俗博物館は，1981年に設立され，1983年から展示を開始した。歴史・文化を

図8-1　国立歴史民俗博物館外観

語る文化財や歴史資料約22万点を収蔵・展示する国立の総合的な歴史系博物館である（図8-1）。文献史学，考古学，民俗学の3分野を中心として総合的な日本の歴史と文化を研究し，その成果を展示している。大学共同利用機関として，全国の研究者の利用に供している。また，総合研究大学院大学の日本歴史研究専攻を備えている。展示は1階と地階で，総合展示は6つの展示室からなり，第1から第3までが原始・古代から中世・近世までの歴史，第4展示室が民俗文化の展示，第5と第6が近現代史となっている。2015年現在の総合展示は以下のような構成である。

　第1展示室　原始・古代
　　テーマ：日本文化のあけぼの／稲と倭人／前方後円墳の時代／沖の
　　　　　島／律令国家
　第2展示室　中世
　　テーマ：王朝文化／東国と西国／大名と一揆／民衆の生活と文化／
　　　　　大航海時代のなかの日本／印刷文化

第3展示室　近世
　　テーマ：国際社会のなかの近世日本／都市の時代／ひとともののながれ／村からみえる「近代」／絵図・地図にみる近世／寺子屋「れきはく」
第4展示室　民俗
　　テーマ：「民俗」へのまなざし／おそれと祈り／くらしと技
第5展示室　近代
　　テーマ：文明開化／産業と開拓／都市の大衆の時代
第6展示室　現代
　　テーマ：「戦争と平和」／「戦後の生活革命」

　常設展示全体のコンセプトは，「日本の歴史・文化の流れのなかから，現代からみて重要なテーマを選び，それらを生活史に重点をおいて構成した」ものとなっている（『ガイドブック』の展示の概要による）。つまり，各時代を象徴するような「テーマ展示」となっていること，そして「生活史」を取り上げることが，歴博の展示の基本コンセプトとなっていることがわかる。

　プロローグで，各時代を象徴する人物や背景などの画像で，現代から過去に遡る通路を通る。全体で25のテーマが設定されている。そして，各テーマの展示コーナーごとに，パネルでその概要が示され，生活・文化・社会が，実物資料，精巧なレプリカ，復元模型，解説パネルなどで複合的に解説される。

　最初のコーナーでは，テーマとその概要が次のように述べられる。これは歴博の史観が凝縮された基本コンセプトといってもいいだろう。

＜日本文化のあけぼの　3万7,000年〜3,000年前＞
　日本列島に最初に人が出現した時期は，今のところ，3万7,000年前ごろまで遡る。それ以来，およそ1万6,000年前までの，打ち欠いてつくった石器を主とする時代を旧石器時代と呼ぶ。旧石器時代には，大陸と共通する石器があるいっぽう，早くも日本列島独自の石器が生まれている。次の縄文時代（およそ1万6,000年前〜3,000年前）になると，日本列島の独自性はいっそう強まり，列島内での地方色も著しくなる。外からきた人，伝わってきた文化と日本列島の中で育った人・文化とがたえず新しい「日本文化」を生み出して，現在に至っている。

　このコーナーでは，「タンザニア・ラエトリ」のヒトが立って歩いた最古の足跡（約360万年前）の写真パネル，アファレンシスなど猿人や原人の頭骨レプリカ，多様な旧石器のレプリカ，過去5万年の環境変動のパネル，人類誕生とその世界への拡散のパネルが展示され，アフリカでの人類誕生から日本への移動までが詳細に示されている。また，精巧なレプリカによる，（抜歯の慣習を示す）縄文人の頭骨，全身骨格，多彩な石器や縄文土器，石偶，土偶や土製仮面，漆器，三内丸山遺跡の家屋の復元模型，埋葬ジオラマ，食に関するモノやパネル展示等により，縄文文化のイメージが多角的に表現されている。「アジアの中の縄文」では縄文土器を同時代の大陸の土器や文化と比較するなど，大陸との交流という視点も貫かれている（図8-2）。
　このように，展示の特徴として，生活史を多角的な視点で捉えること，また，日本の歴史を世界の脈絡のなかで捉えることの重視が挙げられる。展示のわかりやすさ，多角的な展示構成，国際的視点の重視，テーマ展示のなかの相互関連性など，多くの工夫がこらされている。
　ただ，古代まではなんとか「生活史」（生活・文化・社会）を包括的

図8-2 国立歴史民俗博物館展示「縄文時代」

図8-3 国立歴史民俗博物館展示「江戸橋広小路」〔国立歴史民俗博物館所蔵〕

に捉えることができるが，中世以降になると，社会の規模と複雑さや地域差の拡大，そして歴史資料が膨大となるため，テーマはある程度，部分的にならざるを得ない。たとえば，近世（江戸時代）では，5つのテーマに絞られているが，幕府による統治などの歴史の基幹部分に触れられない（図8-3）。むろん，これは「生活史」を中心とする展示の基本コンセプトとかかわっているが，統治は生活・文化・社会とは切り離せないだろう。歴史展示の難しさが感じられるところである。

こうした歴博の展示の基本コンセプトや特徴には，さまざまな背景があり，研究者による議論が重ねられてきた。次項ではそこを探ってみよう。

(2) 歴博の展示コンセプトの背景

金子淳は，「博物館の政治性」と「展示の政治性」について論じている（金子　2001，2003）。「博物館の政治性」とは，博物館はしばしばモ

ニュメント的性格をもつため、その設立自体が含意する政治性である。「展示の政治性」とは、歴史展示に関していえば、いかなる歴史観を「正史」としてオーソライズするかという政治的争点である。金子は、この問題を「歴史展示の歴史教科書的性格」といっている。

金子はまず、歴博設立の経緯における政治性を指摘する。国立の歴史系博物館の開設の歴史は、紀元二千六百年（1940年）の設立を計画して頓挫した「国史館」に遡る。国史学の権威の黒板勝美が、紀元二千六百年祝典準備委員会で国史館の計画について、「単に二千六百年間の歴史的のものの陳列場ではない。日本精神の作興運動という意味において国民教育に一大貢献をさせたい」という趣旨の発言をする。この国史館設立運動は、戦後、黒板の後継者の坂本太郎によって、明治百年（1968年）の期に、歴史博物館設立運動として継承される。

歴博の設立は、結局1981年に実現する。以下では、歴博の展示の背景と特徴について論じた、小島道裕の論に沿ってみていこう（小島2003）。「政治性というものを避けていこうという立場に立つ限り、『国定教科書』になってはいけないということが歴博がつくられた当時ずいぶんいわれた」という（前掲書）。歴博設立時の研究者が、意識的に慎重に「博物館の政治性」と「展示の政治性」を回避したこと、また、歴博の展示コンセプトが「テーマ展示」であることの背景が理解できる。小島は、歴博の展示について、「政治的な意味での通史ではない」とし、「権力の主体——幕府とか政府とか、そういったものの変遷はいっさい扱っておりません。権力者の肖像もまったくありませんし、個人名も政治的な意味では出てこない、そういった方針で貫かれております」（前掲書）と明確に述べる。たしかに、歴博の展示には、歴史の一般書や教科書には頻繁に出てくる天皇や権力者の名前がほとんど登場しない。その背景として、当時教科書裁判が問題になっていた時期だったこともあ

り，特定の歴史観になりやすい政治史の展示を避けた結果でもあるという。「内容的には『生活史の展示』といっております。そして，学術的に重要で関心も高いテーマを選んで，テーマ展示として行なっています。ですから，そのテーマを構成するために，資料は実物に限らず，レプリカや模型を多用しております。これが一つの大きな特徴です」（前掲書）という。

　小島はさらに，歴博の展示が「象徴展示」「モニュメント展示」になってしまっているのではないかと危惧し，「ここでのテーマというのは，ある何らかの時代の，安定期の―『典型的な』といったらよいでしょうか，そんなものが歴史上本当にあったかどうか，かなり怪しいと私は思いますが―そういったものの構造を象徴的に示す，そういう展示になっているわけです」（前掲書）と述べる。

　小島の論で明らかなように，歴博の展示コンセプトは，歴史展示の政治性を避けるために，検討を重ねたうえでの結論であったことがわかる。しかし，小島は，テーマの選択自体が歴史的解釈であるとし，その政治性を指摘する。また，テーマごとに独立してしまって，その間の連携がないことも問題にする。

　小島はさらに，歴史資料の不完全性を問題とし，実物資料に加え，レプリカ，模型，ジオラマ，コンピューター・グラフィックなどの多様なメディア，アクターが展示のなかに入って説明をする「ロールプレイ型展示」などを大胆に取り入れることで，資料の不完全性を補う可能性を述べる。しかし一方で，復元を進めれば進めるほど，資料自体を離れて，復元する人の解釈に沿った，一方的な言説の押しつけとなる危険性も指摘する。そうした問題点への対処として，「誰がなぜそういう展示をつくったか」という説明と，つくる側と見る側とのコミュニケーションの重要性を指摘する。さらに，資料のもつ意味が複数（あるいは多

数）であることを示すことの重要性を論じる。

　以上，小島の論点を参照して，歴博の展示の課題と展望について考えてきた。歴博では，こうした議論の過程を経ながら，リニューアルが継続されている。

3. 地方の歴史系博物館

　これまで，国立歴史民俗博物館の展示を検討し，国立の歴史系博物館であるがゆえの研究者・展示担当者の「葛藤」と「挑戦」をみてきた。それでは，地方の歴史系博物館の場合はどうだろうか。比較してみる価値はありそうだ。そこで，まず県レベルの博物館として，東北歴史博物館を取り上げる。そして，より地域に密着した市レベルの博物館として，吹田市立博物館と知多市歴史民俗博物館をコラムとして取り上げる。

（1） 東北歴史博物館

　宮城県多賀城市の多賀城政庁跡（旧陸奥国国府）の近くにある宮城県立の歴史系博物館が東北歴史博物館である。1974年に創設された東北歴史資料館が改組され，1999年に開館した（図8-4）。

　総合展示室では旧石器時代から近現代までの東北地方全体の歴史を，時代別の9つのコーナーに分けて展示している。3つのテーマについて，詳細展示のコーナーが設けられ，そのうちの一つは「村におけるワラの神々」という民俗展示である。展示のコーナーは以下のとおりである。

　　旧石器時代：最古の人類を求めて
　　縄文時代：ナラ林と水辺のくらし／詳細展示：仙台湾と東北各地の貝塚

図8-4　東北歴史博物館外観

弥生時代：米作りのはじまり
古墳時代：巨大な古墳がつくられた時代
古代：城柵とエミシ／詳細展示：多賀城とその周辺
古代から中世へ：奥州藤原氏の隆盛
中世：モノと人の動き
近世：城下町と村のくらし／詳細展示：村におけるワラの神々
近現代：近代国家と民衆

　直線的な基本動線によって時代の流れ全体が見渡せる展示空間を構成し，実物資料に加え，ジオラマ，模型，グラフィック・パネル，映像等がうまく組み合わされ，見やすく，わかりやすい展示になっている。
　旧石器時代の展示は，北京原人から始められ，2万年前の地元仙台市富沢遺跡が紹介されている。1万2，3千年前に始まる縄文時代の展示では，竪穴住居が復元され，森のジオラマとともに当時の生活が復元されている。山形県高瀬山遺跡，気仙沼市田柄貝塚など東北各地の出土品

である，石器，骨角器，土偶，土器などの豊富な実物資料とともに，グラフィック・パネルによって，当時の生活がわかりやすく展示されている。この時代の「詳細展示」である，宮城県各地の貝塚とその出土品，イヌやイノシシの墓などが，資料に厚みを与えて

図8-5　東北歴史博物館展示「縄文時代」
〔東北歴史博物館蔵〕

いる。米作りは，東北にも紀元前3世紀ごろから伝わり，弥生時代の展示も，東北地方の豊富な石器，土器，木器などが展示され，米作りを基盤とする生活の様子が展示される。古墳時代も，4世紀には東北地方南部で巨大な前方後円墳がつくられる。展示では，会津大塚山古墳が紹介されている。東北各地の遺跡から出土した，埴輪(はにわ)，土器，占い用の骨，農耕用木器，金属性馬具，太刀などの展示と，豪族居館の復元模型などが展示されている。ここまでは，歴博の展示の地方版といった感じである（図8-5）。

　7世紀後半以後の展示は大きく変化し，地方からの視点が前面に出る。この時代の展示は，古代（城柵とエミシ）である。このコーナーの解説パネルは次のようにいう。「7世紀後半の日本では，律令に基づいて中央に権力を集中させる国づくりが進められました。しかし，その支配は東北地方北部にまでは及びませんでした。この地域の人びとは農業を中心とした生活を送っていましたが，政府は野蛮な民族という意味をこめてエミシ（蝦夷）と呼び，時には武力を用いて支配しようとしました。その支配の拡大とエミシの抵抗が，古代東北の歴史の大きな流れとなったのです」。

展示コーナーの中心に城柵（エミシを支配するための前戦基地）であった多賀城の復元模型が設けられ，映像で，エミシによる抵抗と多賀城の焼失が映し出される（図8-6）。周辺の展示コーナーでは，城柵の構造，各地城柵にちなんだ出土品，太刀，甲冑，土器などの資料，また，多賀城の構造，運営，生活などがジオラマを含めて展示されている。さらに，エミシのくらしを表す展示，そしてさらに，エミシと政府の武力衝突などが取り上げられている。

図8-6　東北歴史博物館展示「多賀城焼失」の映像〔東北歴史博物館蔵〕

　次の古代から中世への時代のテーマは，岩手県平泉町を本拠地として勢力をふるった奥州藤原氏の隆盛である。中尊寺金色堂の内陣柱の復元展示を中心に，藤原氏の影響を伝える資料の展示，仏教文化，交易の展示が展開される。

　全体として，中央との関係を背景とした地域の歴史の展示が展開され，興味深い。多賀城の史蹟博物館としての特色も備えている。地域の歴史と文化を伝えることは地方の博物館の重要な役割であり，また歴史を複眼的にみるための重要なメディアといえよう。

（2）市レベルの歴史系博物館

　より地域に密着した市レベルの博物館として，吹田市立博物館と知多市歴史民俗博物館を取り上げるが，ここでは，館長と学芸員にそれぞれコラムの形で執筆していただいた。

コラム① 吹田市立博物館 ──────── 中牧弘允
(吹田市立博物館 館長)

　吹田市立博物館は1992年に創立された地域博物館である。博物館の使命は2つあり，一つは「地域の文化を継承し，発信拠点となること」であり，もう一つは「市民が参加し，市民文化の向上に寄与すること」である。市立博物館という点では，吹田市の考古，歴史，民俗，ならびに美術工芸に関する資料を調査研究し，展示等によって情報発信をはかることが使命である。換言すると，当館はいわゆる歴史民俗系の博物館であり，自然史系の学芸員や資料は不在である。一方，市民参画をうたう「市民博物館」という面では，市民実行委員会による展示が企画され，ボランティア活動をはじめとする博物館支援にも市民の積極的な協力がみられる。

市立博物館として

　博物館は紫金山公園に立地している。ここには吉志部瓦窯跡，近隣には七尾瓦窯跡といった古代宮殿建築（後期難波宮と平安宮）に用いた瓦を製造した窯跡があり，その意味ではサイト・ミュージアム（史跡博物館）でもある。瓦以前には須恵器の生産が盛んに行われた土地柄でもあり，古代においては窯業の「工場地帯」といった様相を呈していた。そのため，常設展示室には4つの窯跡を展示しているが，そのうちの一つは本物の窯跡を接着剤で固め，クレーン車で吊り上げ，建設中の博物館に運んできたものである。

　このように史跡博物館としての性格はあるものの，それがすべてではなく，市内全域をカバーする歴史と民俗の展示がなされている。全国的に注目されるのは新芦屋古墳，五反島遺跡，千里ニュータウン，大阪万博の展示である。7世紀初めにつくられた新芦屋古墳は全国に90あまり

吹田市博物館展示「瓦窯」

存在する横穴式の木室古墳の一つであるが，石棺をもつ唯一の例であり，馬具が一式出土した点でも貴重である。五反島遺跡は淀川の支流である神崎川のほとりにある遺跡で，須恵器や銅銭など，おびただしい数の遺物が出土し，今なお発掘が続いている。千里ニュータウンは吹田市

吹田市博物館展示「古代の吹田」

と豊中市にまたがり，戦後の大規模宅地開発として有名であるが，1960年代の暮らしを象徴するユニットバスやシステムキッチンが展示されている。大阪万博に関しては会場模型や出展の品々が当時の熱気を伝えている。

　吹田には近世の古民家がいくつか保存され，地域文化の発信に活用されている。その代表である旧西尾家住宅と旧中西家住宅は近世・近代を生き抜いた邸宅であり，移築することなく現地でそのまま博物館施設として残された。吹田市立博物館では両家の所蔵する大坂画壇の絵画や茶の湯関連の名品を特別展として一般公開した実績がある。

　もう一つ，「さわる展」と称する視覚障害者（廣瀬浩二郎氏のいう「触常者」）向けの企画展示を行っている。いわゆるバリアフリー展示だが，当初，特別展示室で実物やレプリカにさわることを主眼としたが，常設展示室にも活用を試みるとともに，晴眼者（広瀬氏のいう「見常者」）にも意味のある展示体験となることをめざしている。

「市民博物館」として

　市民参画の博物館としては展示を企画し，イベント等の活動を主体的に実践していることが大きな特徴である。特別企画「むかしのくらしと学校」（冬季）は小学校3年生を対象とし，学校教育のカリキュラムのなかに位置づけられている。最初は数校から始まり，いまでは出前授業を含めると市内すべての小学校が参加するように

なった。教員退職者が本企画の中核を担っており，市域の歴史と文化を次世代に伝える課題にも貢献している。

　他方，夏季展示は自然と環境をテーマとするものが続いており，毎年，市民実行委員会が組織される。自然史系（理系）の学芸員の欠を補うのが市民であり，展示のみならず，連日のように開催されるイベントの企画・運営もこなしている。

　市民参画の大きな節目は2006年におとずれた。沈滞する博物館を活性化すべく，市民がたちあがり，ニュータウン草創期の暮らしを再現してみせたのである。広報活動も功を奏し，「千里ニュータウン展」の入館者は激増した。その後も「'07EXPO'70」（2007）や「ニュータウン半世紀展」（2012）を企画し，市民パワーがいかんなく発揮された。

北大阪ミュージアムメッセ

　淀川以北の北大阪には50館あまりの博物館施設がある。その連携をはかるため北大阪ミュージアム・ネットワークが2007年に設立され，2012年からは北大阪ミュージアムメッセが国立民族学博物館を会場に開催されている。参加館は展示ブースの出展，ワークショップの開催，パフォーマンスの公演などに尽力し，市民団体や観光協会などとの連携をはかっている。これもまた地域に根ざす博物館の使命の一つと考えている。

コラム② 知多市歴史民俗博物館 ─────── 牧野由佳
（知多市歴史民俗博物館学芸員）

　知多市歴史民俗博物館は「海と緑に育まれた歴史と文化に学ぶ」をテーマに，知多地域の歴史民俗・考古・美術資料を収集・保存・展示している。常設展示室では，「知多の生業と生活（なりわいとくらし）」をテーマに，知多地域の人びとのかつての暮らしを伝える資料を展示しているが，とくに「漁業に関する資料」と「知多木綿に関する資料」展示は，当館を代表する展示である。

漁業に関する資料

　知多市歴史民俗博物館のもっともシンボリックな展示資料として，「打瀬船（うたせぶね）　藤井丸（ふじいまる）」を挙げることができる。「藤井丸」は，全長およそ15メートル，高さおよそ12メートル，当館でもっとも大きな展示物である。日本で唯一現存する愛知県型打瀬船で，昭和30年頃からおよそ15年間使用されたものである。これは当館のシンボル展示でもあり，来館者に印象づけるものとなっている。

知多市歴史民俗博物館展示「漁業」

　「藤井丸」を含む漁業関係の資料は，すでに失われた，地域の伝統漁法を伝える貴重な資料でもあるが，展示の背景には以下のような経緯がある。かつての知多市の沿岸部では，盛んに漁業（海苔養殖も含む）が行われ，人びとは伊勢湾とともに生活をしていた。しかし，知多市臨海部は昭和30年代後半に埋め立てをし，漁業をして暮らす人はいなくなった。埋め立てに際して漁業組合の人びとは，使用しなくなった漁具を知多町（当時）に寄贈した。それらは「知多半島の漁撈用具　附漁撈関係帳面類（1045点・28点）」として国の重要有形民俗文化財に指定された。

知多木綿に関する資料（ボランティア参加型の展示として）

　知多木綿は，江戸時代から知多を代表する産業として営まれてきた。江戸時代には，江戸に送られ「知多木綿」として重宝され，高い生産高を誇った。また，明治～昭和30年代には，紡績工場が立ち並んだ。

　どの家庭にも機織り機があり「機を織れない者は嫁に行けぬ」といわれたほど，女性には欠かせないものだったが，現在では機織りはすたれ，機を織れる人も少なくなってきている。「知多木綿生産用具および木綿問屋関係資料」333点は，愛知県指定有形民俗文化財となっている。

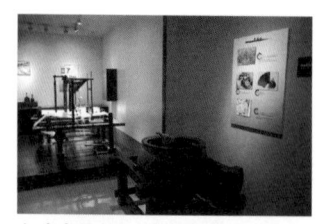

知多市歴史民俗博物館展示「機織」

　特定日に，機織りボランティアが「機織りなどの実演・体験」を行い，機織り機，糸車，綿くりろくろが動く様子を，来館者に披露している。このボランティアは，当館の「織りの技術伝承講座」という機織りの講座を卒業した一般の方がたを中心に構成するものである。講座は，知多木綿の技術を次世代に伝えるための後継者育成を目的に行われており，卒業後にボランティアとして活躍していただいている。この点が，博物館と市民とのつながりといえる。

　機織りのボランティアは昔の知多木綿の縞（しま）（模様）の再現にも挑戦しており，明治時代の頃の博物館資料を参考に縞の布を織っている。このように，ボランティアが，郷土の歴史の理解につながっている。また，綿から糸，糸から布というすべての行程を伝えるために，博物館の屋外展示として，棉栽培を行っている。この棉栽培は単に展示として行うだけでなく，近くの保育園や幼稚園の園児が博物館に来館し，一緒に育てる体験もしている。さらに，ジュニア教室ワタワタという小学生向けの講座を行い棉栽培や糸紡ぎ，機織りの体験を行い，触れて知るという機会をつくっている。この講座はボランティア主導で開催し，ボランティアと小学生の交流の場となっている。このように，博物館と地域とのつながりだけでなく，博物館が地域人民同士の交流の場となっている。

新たな取り組み

　近年では，楽しみながら観覧してもらうために，単にモノを並べるだけでなく，先端技術を駆使した展示補助も使用している。

　2015年現在，常設展示室ではiPhoneのアプリを使用した展示解説をしている。これは，使用者個人のiPhoneを利用し展示の音声解説を聞くことができるもので，キャラクターの声でわかりやすい解説をしているため，子どもから大人まで楽しむことができる。

博物館の展示室はスペースが限られているが，さらに多くの方に見てもらう努力もしている。その例として，中部国際空港セントレアでのひな人形と五月人形の展示がある。空港では外国人も多く来ることから，日本らしいものに興味をもって楽しんでいただける場である。博物館内にとどまらず，積極的に外に向けて発信し，資料の活用をしていくことが大切であると考えている。

参考文献

金子淳『博物館の政治学』（青弓社　2001）
金子淳「報告Ⅱ　歴史展示の政治性―「歴博」の前身・国史館計画の事例をもとに」国立歴史民俗博物館（編）『歴史展示とは何か　歴博フォーラム　歴史系博物館の現在・未来』（アム・プロモーション　pp. 49-77, 2003）
小島道裕「報告Ⅳ　歴史展示をつくるとは―歴博総合展示を手がかりに」国立歴史民俗博物館（編）『歴史展示とは何か　歴博フォーラム　歴史系博物館の現在・未来』（アム・プロモーション　pp. 109-133, 2003）
東北歴史博物館『東北歴史博物館展示案内』（6版）（2013）

9 | 沖縄の博物館
――固有の歴史と戦争体験をめぐる博物館展示

園原　謙

《目標&ポイント》 本章では沖縄県立博物館・美術館，県平和祈念資料館を中心に，沖縄の歴史，文化，現状，戦争体験などが，展示にどのように表現されるのかを紹介し，博物館展示の意義と内容について考える。
《キーワード》 琉球王国，沖縄戦，琉球政府，戦争体験，住民証言，いのちのことば，平和の礎，総合展示，部門展示

1. はじめに――県立の博物館と資料館

　新しい年度（4月1日）を迎えるたびに，L-Day（沖縄戦における米軍の本島上陸の日）が想起される。沖縄慰霊の日が近づいてくるからだ。8月6日の広島，8月9日の長崎の原爆投下の日に開催される平和記念式典同様に，沖縄にも県が主催する「沖縄全戦没者追悼式」がこの日，6月23日に開催される。広島，長崎ほど全国的には知名度が高くないが，この日には，多くの県民が沖縄戦終焉地の沖縄本島南端の糸満市摩文仁に朝早くから出かける。沖縄戦で失われた肉親の霊を慰めるとともに非戦を誓い，終日線香が絶えない，忘れ去りたいが，忘れることができない，特別な一日であるからだ。
　1945年3月26日から沖縄は近代戦の戦場になり，住民総動員体制のもとで県民が地上戦に巻き込まれた。その歴史的体験は，生き残った人び

との戦後思想を形成するうえで大きな影響をもってきたように思う。当然，その思想や考え方は，自ずと沖縄の博物館の歴史展示のなかに反映されることとなる。

ここでは沖縄県が有する2つの県立の機関を紹介する。かつて琉球王国で，明治政府によって日本の一県になった沖縄，そして多くの犠牲者を出し近代戦の戦場となり，戦後27年間の異民族（米国）統治を体験した沖縄の歴史や文化は，日本国内でも特異なものである。この地域の博物館づくりも他地域と異なる。その足跡を俯瞰して，現館の展示コンセプトや展示表現がどのように考えられたかについて述べる。

2．沖縄の博物館誕生の秘話と足跡

今日の沖縄で「県立の博物館」といえば，2007年11月に開館した「沖縄県立博物館・美術館」を指す。この博物館の歩みをたどると，沖縄戦の最中にでき，今日までに実に館の名称を8回，移転を5回繰り返したことがわかる。この博物館そのものの変遷史こそは，戦後沖縄の政治背景をも如実に表したものと捉えることができる。

(1) 二つの民政府立博物館の誕生

博物館の誕生が沖縄戦の最中にあったことはあまり知られていない。

沖縄戦の日米の組織的戦闘は，1945年6月23日，すなわち旧日本軍（第32軍）の現地司令官の自決で終わったとされるが，米軍が沖縄作戦（アイスバーグ作戦）の終結を宣言したのは，その約2ヶ月後の同年9月7日であった。

終結宣言がまだ出ていないなかで，8月には，石川市東恩納（現在のうるま市石川）に博物館（図9-1）が誕生した。建物は焼け残った赤

図9-1　沖縄民政府立東恩納博物館
〔沖縄県立博物館・美術館〔以下Ⓐ〕所蔵〕

瓦葺きの民家であった。ここで，沖縄初の展示会「OKINAWAN EXHIBIT（沖縄展）」が常設展示として開催された。それは，戦時中の初期の沖縄統治を担っていた米海軍政府によって運営されるものであった。

　この展示会は，住居，家具，庭園，衣服，織物，陶器など日常生活，また芸術の側面から沖縄の人びとを紹介したものである。観覧者は，この地を占領する米海軍や陸軍など軍人らであった。当時，この博物館設立にかかわった米海軍関係者の記録によれば，その設置目的は，米軍人に沖縄を認識させるため，博物館をつくって昔の沖縄文化の高さを知らしめ，それによって軍人を教育することにあった。また，将来米国の政治家や米国市民も来ることを予想すると，博物館以外に沖縄を紹介できるものはないと考えられたようだ。

　この博物館は，翌年4月沖縄民政府に移管され，沖縄民政府立東恩納博物館と名称を改めた。この時点をもって，戦後の県立の博物館史の起点として位置づけている。そこでは，首里などから収集された資料が屋内や庭先に展示された。石川で収集された資料は367点で，うち陶磁器179点，漆器61点をはじめ，北部金武の観音寺の仏像や旧首里城正殿鐘（図9-2）や旧円覚寺梵鐘などであった。

　一方で，王国時代の破壊された文化財のかけら資料を収集し，展示しようとする作業が沖縄の住民によって始まった。首里市立郷土博物館と名付けられた首里汀良のバラック小屋から始まった博物館活動である。

戦後１年間を過ぎた頃で，首里市文化部の人たちによって行われた博物館活動であった。

　沖縄戦後，人びとは自身の故郷や家に戻ることが許されなかった。本島内には，南部，中部，北部の３つの地区で13カ所の住民収容所が設置され，終戦ののち半年以上の収容所生活を強いられた。人びとが帰郷することを許された

図9-2　東恩納博物館ヒンプン前の旧首里城正殿鐘〔Ⓐ所蔵〕

のは，1945年末頃であった。首里に帰った人びとが，首里城内や円覚(えんかく)寺，中城御殿(なかぐしくうどぅん)などの旧所名跡で，戦争によって破壊されたかけらの収集を始め，1946年５月頃には収集品が整理され，解説が付され，展示された。その主たるものは，旧円覚寺放生橋(ほうじょうきょう)勾欄羽目(こうらんはめ)や同寺十二羅漢像，同白象，玉陵(たまうどぅん)の阿吽(あうん)形の石彫獅子（以上県指定文化財），仁王像のかけらなどであった。首里には旧日本軍の司令部壕があったため，旧首里城正殿をはじめ，旧円覚寺など，戦前国宝に指定された建造物はことごとく破壊しつくされたが，これらの資料が残っていたことは奇跡といわざるを得ない。この時期に，沖縄の将来を考え，琉球王国時代の文化財のかけらを根気強く収集した，首里の多くの人びとの協力により博物館は誕生したともいえる。この博物館も，47年12月には沖縄民政府に移管され，沖縄民政府立首里博物館（図9-3）に名称を改めた。

　２つの博物館の展示品（収蔵品）には，大きな違いがある。東恩納にはほぼ完品の資料が多く，重量物や大物が比較的多くあった。一方，首里には，文化財のかけらが多くあった。収集の時期の違いがあったことによる。米軍が，住民が収容されている期間に，大型車両で目立つ大き

なモノを集めることができたのが前者であり，収容所生活を終えた人びとが，かつての文化財の所在地を確認しながら，文化財に対する意識をもってかけらのすべてを収集したのが後者であった。そのどちらも，主体は異なるが，沖縄の歴史と文化を愛してやまない人たちであったといえる。

図9-3　沖縄民政府立首里博物館（現首里汀良町）〔Ⓐ所蔵〕

（2）沖縄民政府立首里博物館・琉球政府立博物館から近代的博物館へ

　1950年，沖縄統治を担っていた米軍政府は米民政府と改め，1952年4月に米民政府のもとに沖縄住民による琉球政府が設置された。1953年，石川と首里汀良の2つの民政府立博物館は統合され，戦前の沖縄師範学校跡地に建てられた瓦葺き平屋の新築100坪の家屋に移転し，沖縄民政府立首里博物館に名称を替え，さらには琉球政府発足に伴い琉球政府立博物館に改称した（図9-4）。展示の形態は，絵画，書跡，陶器，漆器などの美術工芸資料や，染織着物や裂地，見本帳，旧円覚寺放生橋と欄干，玉陵石彫獅子などが，ケース展示や露出展示に供された。また，1954年には，日本政府の文化財保護法を模した琉球政府の文化財保護法が公布された。琉球政府は資料流出を防止するための指定作業を行い，博物館は文化財収集キャラバンをうって，県内外へ散らばった王国時代，近代の沖縄関連資料の資料の収集，購入を行った。

　戦後21年目の1966年には，旧琉球王家（尚家）から購入した旧中城御

殿跡地（首里大中町）に，高等弁務官資金を用いて近代的な博物館・新琉球政府立博物館が建設された（図9-5）。これまでの博物館の330m^2（100坪）の展示面積とは異なり，近代的な舞台付きホールを備えた建物の延床面積は2,939m^{2}と格段に大きくなった。敷地面積は11,267m^2（3,400坪余）と広大で，駐車スペースも以前より十分に確保された。

図9-4　沖縄民政府立首里博物館／琉球政府立博物館（現首里当蔵町）〔Ⓐ所蔵〕

　復帰後には沖縄県立博物館に改称し，1973年に，日本政府の補助により2階部分1,926m^{2}を増築し，延べ床面積は4,865m^{2}と拡充した。首里大中町の博物館は，1966年以降40年余りその地を拠点とし，今日の博物館活動の礎を築いた。1981年（昭和56）には県内初の登録博物館に指定され，博物館法で規定される博物館活動の資料収集・保管，調査研究活動，展示，教育普及の4事業が確立された。この時点で7回目の館名の変更と4回目の移転を経験した（図9-6）。

図9-5　新琉球政府立博物館（現首里大中町）〔Ⓐ所蔵〕

図9-6　沖縄県立博物館〔筆者撮影〕

(3) 美術館機能をもった沖縄県立博物館・美術館へ

　戦後63年目の2007（平成19）年11月、60年あまり住み慣れた古都首里の地を離れ、那覇市の新都心地区と呼ばれる商業地域「おもろまち」に美術館機能を含めた、全国でも稀な複合施設としての沖縄県立博物館・美術館（図9-7）が完成した。博物館常設展示室（図9-8）には2,596m^{2}をあてた。その展示は、総合展示室1,252m^{2}と5つの部門展示室1,344m^{2}で構成した。また5つの部門展示室の配置は、総合展示を取り囲むように自然史、考古、美術工芸、歴史、民俗と反時計回りに配置した。また屋外展示は1,425m^{2}の展示場の中に、高倉、民家、湧田窯展示棟、植生展示等を配置した。さらに、常設展示室の上階には、特別展や企画展開催の展示室800m^{2}を設けた。館全体の延べ床面積は、23,723m^{2}で、施設は博物館占有部分（10,478m^2）、美術館占有部分（7,537m^2）、共用部分（5,708m^2）に分かれる。博物館には、10種の収蔵庫をはじめ、修理室、撮影室、講座室、実習室、ふれあい体験室と多様な諸室が整備された。

　このプロジェクトは、これまでの展示規模とは、予算において桁違いであった。これまでの足跡をふまえ、将来のビジョンを含めて、時代の

図9-7　沖縄県立博物館・美術館
〔Ⓐ所蔵〕

図9-8　博物館常設展示室出入口　〔Ⓐ所蔵〕

ニーズに則して，博物館の果たすべき機能や役割を考える必要があった。この作業のため，膨大な時間と，多くの研究者の沖縄の自然，歴史，文化に関する英知を結集した。結果的には，途中5カ年間の事業中断があったが，延べで17年の歳月をかけたことになる。その作業プロセスでは，「基本構想」からはじまり，「建設基本計画」，「展示基本計画」，「展示基本設計」，「建設工事基本設計」，「建設工事基本設計（見直し）」，「展示実施設計」，「建設工事実施設計」，「建設工事」，「展示工事」の9つの作業段階を経た。計画や設計の精度は，構想，計画，基本設計，実施設計，工事に移行することによって，イメージの世界からより具体的なモノ，緻密な作業へと移行する。沖縄県立博物館新館展示監修委員会の『沖縄県立博物館新館展示基本設計（設計説明書）』（1997年3月）によれば，展示コンセプトは次の9つの条件に基づく。
① 発見から学習へと喚起する展示：総合展示から部門展示，そして他展示諸施設へと，すべての展示において，来館者（子どもから大人，県民，観光客など）に新たな発見からより知りたいという欲求を喚起する展示をめざす。
② 感興・体感展示の導入：沖縄の風土，自然，歴史，文化をより親しみわかりやすくするため，特色ある展示構成にのっとって，見て，感じて，興味を誘う，五感で理解できるような展示方式を導入する。とくに，総合展示室では，観光客にもわかりやすいダイナミックでメリハリある展示手法を試みる。
③ 知的欲求に応えた深化する展示：展示諸施設が補完し結びつきながら，幅広い来館者層のさまざまなニーズを汲み取り，学習の深化，知的欲求に応える段階的に展示内容が深化していく展示を試みる。とくに，部門展示室では専門的な研究，目的意識をもった来館者に対応するため，沖縄を探索できるような展示をめざす。

④　時代に呼応した進化する展示：学芸員の調査研究成果，時代の新たなニーズに応えるため，フレキシブルに成長・進化・発展する展示システムをめざす。

⑤　マルチメディアを融合した展示：感性的，知性的なさまざまな展示内容や情報を，いろいろな来館者層にわかりやすく紹介するため，実物資料，複製資料，映像，音響，解説だけでなく，複合的な展示演出手法を用いて多様な層の来館者ニーズに応え，かつ国際対応も可能な展示施設をめざす。

⑥　フィールド実体験に誘う展示：館内のみならず屋外展示で体験した経験を，さらにフィールド，文化，芸能，観光などの実体験へと誘う動機づけの可能な展示施設をめざす。

⑦　役割，位置づけを明確にした展示諸施設：各々の展示諸施設の役割，位置づけを明確にすることにより，来館者にとって，わかりやすく親しみやすい交流の場，情報交換の場となることをめざした展示施設とする。

　実施設計では次の4点に留意した。
①　総合展示にも基幹動線を設け，部門展示を隣接して配置
　総合展示と部門展示の機能については，部屋を仕切ることで，前者をオープンな空間として位置づけ，後者に独立性をもたせる。また，その展示動線は空間全体が見渡せる自由動線とし，歴史の時代順に見学できる回廊式の基幹動線を設け，総合展示と部門展示室との相互の関連性を理解させる。
②　総合展示と部門展示の関係性の配慮
　総合展示と部門展示の関係性を考慮し，総合展示を大まかな時間軸にあわせた構成にし，各部門展示がそれと穏やかな関係をもつように配置する。その見どころは総合展示の総覧から部門展示の詳細展示へと来館

者を導くとともに，部門展示の専門的な内容を，改めて総合展示のなかで確認，理解し，来館者自らが新たな発見をし，各資料間の関係性を見出すことができるポテンシャルをもたせた展示をめざす。
③ 収蔵資料の最大活用と補完資料（模型，複製，映像・情報コンテンツ）の充実

収蔵資料を最大活用するとともに，それらを基底にストーリーを構成し，さらに模型，複製品，映像・情報ソフトなどの製作物によって展示理解の充実を期す。資料の重要性や意味の広がりと深さを展開させる。実物資料を多く展示し，近現代史をきちんと位置づけ，資料が内包する事象を伝えるとともに，展示ストーリーのつなぎ，補完ツールとして映像・情報コンテンツを効果的に活用する。

④ 部門展示の更新性とバリアフリーの空間設計，収蔵管理など運営の容易性の確保

展示のマンネリ化を打開するために，展示資料や情報の更新性を高め，魅力ある常設展示をつくる。また，観覧者にやさしいバリアフリーの観覧動線を確保する。管理運営上の経費の低減に留意し，資料・情報の更新を容易にし，かつ収蔵資料管理を効率的に行う。さらに情報システムと収蔵資料データベースを構築し，その運用やデータの更新などが簡単に操作できる設計をめざす。

以上の4つの設計方針に基づきながら，仕上げたのが現在の「海と島に生きる」常設展示である。総合展示の中央には13mの環境地理模型（図9-9）を配し，地理，歴史，自然のさまざまな情報を詰め込んだ。展示室内には，観覧者の多様な興味と資料の感興性を高める73のコンテンツが含まれる。戦災で資料を失った分，内外にある沖縄関係資料の複製品を多く作り，魅力ある展示をめざした。展示の製作経費の割合については，展示室の造作，ケースなどの展示具製作経費に4分の1の経費

図9-9 常設展示（総合展示）の中心・環境地理模型〔筆者撮影〕

を割き，次いで模型・ジオラマ・動植物標本，映像・情報システム，映像・情報ソフト製作などの経費の順で割合が高くなっている。

「海と島に生きる」展示のコンセプトは以下のとおりである。琉球列島の南半分は，東西1,000km，南北400kmの広大な海に浮かぶ160の島々で構成される。この地域に棲む生きものたちは，ほかの地域から隔てられ独自の進化をしたり，古い形を保ったまま生き残っているものがたくさんある。展示は，このように自然豊かな個性的な場所であることを示す。一方で，ヒトにとって，海はいろいろな方向に進むことのできる「開かれた海」である。しかし，時によって「閉ざされた海」になったこともある。そして，開かれた海は，東アジア諸外国と深いつながりの路になり，王国の歴史と文化を育んだ。展示は，総体として，沖縄の豊かないきものたちと独特の歴史文化が，まさに「海と島に生きる」こ

図9-10 部門展示室・自然史部門展示室〔筆者撮影〕

図9-11 部門展示室・民俗部門展示室〔筆者撮影〕

とによって生まれたことを示そうと試みたものだ。観覧動線は、歴史の総合展示の回廊に沿って巡りながら、部門展示に自由に出入りができるようにと、全体としては自由動線にした。

3. 平和祈念資料館の戦争体験記憶を伝える展示

（1）「戦争記念資料館」から「平和祈念資料館」へ

　沖縄の祖国復帰事業の一つとして、1975年に沖縄国際海洋博覧会（海洋博）が本島北部で開催された。沖縄は大規模な公共事業の発注で海洋博の建設ラッシュに活気づき、全国の目が日本初の海洋文化「海やかりゆし」をテーマにした博覧会に注がれた。今でこそ、沖縄は年間717万人（2014年度実績）を超える観光客を数えるが、1972年以前の沖縄は米民政府の統治下で、日本本土から沖縄に渡るためには、外国同様にパスポートが必要であった。沖縄の人びとにとっても同様に、沖縄から外へ出る場合は、琉球政府発行のパスポートの携帯が求められた。

　1972年度の観光客数は、44万3千人余りであった。復帰前まで沖縄観光は本島南部が過半数を占めていた。沖縄戦の終焉地であった南部戦跡への慰霊観光が多くあったからである。沖縄戦では各県出身の兵士が戦死している。戦後まもなく遺骨収集がされたが、遺骨の身元を特定できるものがないので、戦死公報のみで、遺骨は帰らないことがほとんどであった。肉親を失った遺族にとって、沖縄本島南部が戦死地であり、墓所のように思えたのかもしれない。

　沖縄戦終焉地の摩文仁や米須などに、各県が慰霊塔を建立し、復帰前までに45の都道府県が建立した。その慰霊塔地区へ上る手前に、沖縄県立平和祈念資料館（図9-12）が開館したのは、1975年6月12日のことだった。延べ床面積1,000m^{2}で箱型の建物が先行して建設された。開

図9-12 1975年に開館した沖縄県立平和祈念資料館〔筆者撮影〕

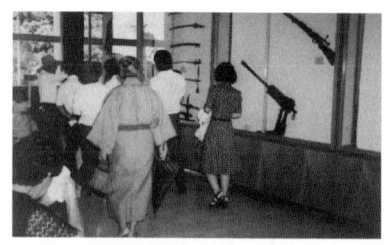

図9-13 開館当初の資料館展示〔沖縄県立平和祈念資料館〔以下Ⓑ〕所蔵〕

館当初の展示内容は，遺骨収集時に合わせて収集された旧日本軍の銃砲類，戦闘用具，兵士の遺品類（図9-13）で構成され，まるで旧日本軍を記念顕彰するような内容だと，展示内容について批判が噴出した。県（当時援護課）は，展示改善のための機関を設けて，沖縄戦研究者等の有識者で監修委員会を構成し，資料館の設立理念の明文化，展示方法の抜本的な改善を行い，1978年10月に，住民の視点で描く沖縄戦を前面に出した，新生沖縄県立平和祈念資料館が開館した。展示構成は，常設展示室600m^{2}の限られた空間の中で，第1室「沖縄戦への道」，第2室「戦場の住民」，第3室「証言の部屋」，第4室「収容所から」で組み立てられた。とりわけ「証言の部屋」は，この資料館のメイン展示になるものであった。

(2)「いのちのことば」の展示

「展示」には学芸員が教わる大原則がある。「モノをして語らしめる」ということだ。この場合のモノとは資料をさす。ことばは，そのモノを観覧者が理解するうえの支援，または補完するツールだとする考え方である。美術工芸的資料の鑑賞とは異なり，歴史資料の説明は饒舌にな

り過ぎる傾向がある。筆者もその傾向に陥るが，その資料が大切であることを知らしめたいために，その歴史的な背景をきめ細かく説明したいと考えるからだ。モノ資料に触れ，その代弁者としての学芸員の自覚がそうさせる，いわば職業的気質である。

　沖縄戦で名もなき人びとが体験した地上戦の事実をどのように見せることができようか。艦砲射撃によって一瞬にして全滅した一家の死を伝えられるだろうか。降り注ぐ砲弾，夜でも曳航弾がたかれるなか，南部へと追い詰められ，次々と被弾し倒れていく人びとの阿鼻叫喚はどう伝えたらいいのか。出された結論は，戦争体験そのものを言葉で示す以外にないということであった。その時，「いのちのことばの展示」（図9-14）が生み出された。資料館の設立理念には，「県民個々の戦争体験を結集して」の言葉がある。63名78点の証言がパネルや証言台を用いて展示された。そこでは，二次資料としてのことばではなく，住民証言を第一級資料として位置づける資料館の姿勢が貫かれた。証言は，『沖縄県史（沖縄戦記録一）』（1971年），同沖縄戦記録二（1974年），『那覇市史（戦時記録）』（1974年），『虐殺の島』（1978年）の四百字詰め原稿用紙10,252枚（410万字）のなかから，行政記録，外交史料，日米の軍事記録等と照合され，ふるいにかけられて厳選されたものであった。

図9-14　現資料館の証言展示〔筆者撮影〕

　観覧者にとっては，息苦しい作業であるが，証言者と向き合い，その言葉から，時空を超えて沖縄戦を追体験することが可能である。この展

図9-15　新生沖縄県平和祈念資料館　〔Ⓑ所蔵〕

示で，感情移入によって，涙する人びとがいる。一方で，あまりの息苦しさ，重たい空気に目をそむける人や，文字というだけで見たがらない人もいる。この証言の語り部たちは，九死に一生を得た，生きぬいた事実を語ると同時に，彼ら彼女らの周囲で無残に死んでいった人びとの代弁者でもあった。筆者は，このような証言を「いのちのことば」の展示と呼びたい。

　筆者が在職していた昭和63（1988）年度の年間入館者は13万人を数えた。沖縄への平和学習を目的とした本土の修学旅行が出始めたころであった。

（3）平和の礎（いしじ）と沖縄県平和祈念資料館

　沖縄県は，戦後50年記念事業として，旧平和祈念資料館の北側に平和の礎をつくった。沖縄戦で失われたすべての命を刻銘したモニュメントである。

　そのコンセプトは，一人ひとりの命を，敵味方問わず，国籍を問わず，等しく名前を刻み，戦争そのものを痛烈に批判し，平和創造の基盤にすることである。沖縄の住民は，市町村の集落単位で記名されている。一家全滅した家族も，親戚や集落の人らの証言に基づき刻銘されている。名前が不明の子もいる。その場合は，○○家の長男や次男と続柄で示している（図9-16）。この人びとが生きていた証（あかし）がこの刻銘碑にはある。沖縄県はこのモニュメントを墓碑としていないが，肉親を失い，遺骨が帰らなかった遺族にとっては，名前が刻まれることが大きな意味をもつ

のである。6月23日を命日とし，たくさんの花が手向けられる。

2000年には，既述の資料館が施設規模を10倍の1万m²に拡充し，運営を従来の財団委託から県直営にした。展示内容は旧資料館の展示構成を柱にして，展示資料の充実を図り，沖縄戦をとおした県民の戦争体験と歴史的教訓を平和創造の原動力として発信している。

図9-16 平和の礎の刻銘（2010年6月23日）〔筆者撮影〕

資料館で戦争の非情さを学び，平和の礎に刻銘された人びとの無念さに触れる時，われわれは非戦を誓い，平和な世界をつくることを誓うだろう。

4．沖縄の博物館がめざすこと

戦前の沖縄にも博物館は存在した。沖縄県教育会という学校教職員らによって組織された団体による運営で，「郷土」教育に資する目的で設置された。首里市から旧首里城北殿を借り受け，建物内部修理を行い，沖縄県教育会附設郷土博物館を開館したのは1936（昭和11）年のことであった。同会には前身の教育参考館があり，約5千件あまりの染織品をはじめとする資料を収集していた。この博物館の目の前には昭和8年に大修理が行われた国宝沖縄神社拝殿（旧首里城正殿）があり，首里城は今日同様沖縄観光の目玉であった。内部の展示風景の写真は，『沖縄教育』（昭和11）「開館記念特集」に掲載されたものしか確認できないが，戦局が悪化するなかで，収蔵資料を疎開させることができず，首里城内

の洞窟の中に隠したとされる。戦後，隠した洞穴からはいっさいの資料が無くなっていたという。また，旧琉球王家の私邸である中城御殿にあった『おもろさうし』，『混効験集』，聞得大君黄金簪，勾玉などが，戦利品として米国に渡っていた。1953年に米国から「ペルリ来琉100周年記念事業」の一環で返還されたが，米国への資料返還運動の成果によるものであった。

戦争は，文化遺産の滅失，損傷に留まらず，かろうじて残った文化財ですら，流出させてしまうものである。戦後70年を経ても未だに，行方不明の文化財がある。やがて，証言者がいなくなることにより，そのような文化財が存在していた記憶すら風化し，滅失する運命にある。

博物館は，地域の自然，歴史や文化を学ぶことをとおして，そこに息づく人びとがもつアイデンティティを追体験することのできる場である。筆者は学芸員として，終戦直後，人びとが収集した文化財の欠片から，それらの元の姿を復元したいと考えている。そのためには，人びとの記憶や諸文献に拠る必要があり，聞き取り調査が必要だと感じている。それが生きることが精一杯のなかで，欠片を収集した人びとの思いに寄り添い，報いる方法の一つだと考えるからである。一つの欠片が話しかける秘話に，最大限の感性と理性を動員して耳を傾け，そのモノや収集した人たちの思いを汲み取る力が，いま求められている。

博物館の展示は，単に観覧料を払って見る歴史的文化的な「商品」ではない。その土地に息づいてきた自然，人びととの足跡と時間を追体験する真剣さと覚悟が求められる。それは醍醐味あふれる，時空を超えた旅である。限られた空間に配置される一つひとつの資料にはドラマがあり，伝えたい，感じてもらいたいものがいっぱいある。

展示物を単体として個別的に見せるのか，あるいはいくつかの資料を関係づけて，体系的に見せるのか，その見せ方によって何を伝え何を感

じて欲しいのか，それが展示論といえる。私たちは展示の意図が伝わるように努力する。しかし，当然ながら完璧な展示などは存在しない。博物館の展示動線がわかりづらい，コンテンツの内容構成の階層が深くて必要な情報にたどりつけないなど，課題が指摘されることも多くある。そうした課題に対する改善の繰り返しが新たな展示の理解を生んでいくだろう。

コラム① 沖縄の博物館 ― 稲村哲也

■戦争と平和の博物館■

　平和を祈念する博物館として，ほかの３つの館を紹介しておく。それぞれが，戦争の犠牲となった人びとの心の叫びを伝え，平和を希求する重要な展示をもっている。

南風原町立南風原文化センター

　理念として，「地域の歴史・文化から学び，視野を世界に広げ，新たな地域の個性と価値を追求，創出する」ため，常設展示とともに，調査研究とさまざまな事業を展開している。施設の中心は，「南風原の沖縄戦」「戦後ゼロからの再建」「移民」「人びとの暮らし」の４テーマの展示である。近くに，沖縄陸軍病院南風原壕群がある。南風原壕群は，病院施設として掘られた30以上の横穴壕で，昭和20年３月，軍医，看護士，衛生兵ら350人に加え，ひめゆり学徒（沖縄師範学校女子部・県立第一高等女学校生徒）222人が教師18人とともに動員された。米軍上陸後戦況が厳しくなった５月下旬，司令部は摩文仁（糸満市）へ撤退を決め，陸

南風原文化センターの展示

軍病院に撤退命令を出し、重症患者に青酸カリが配られ、自決が強要された。

　南風原町は、1990年、戦争の悲惨さを伝える証として、陸軍病員の第一・第二外科壕群を町の文化財に指定した。壕群は、琉球大学の池田榮史教授を中心に、1994年より発掘調査が続けられてきた。その成果に基づき、文化センターに壕のジオラマが再現されている。また「沖縄陸軍病院南風原壕群20号」の一部が整備され、2007年から一般公開され、見学できるようになっている。

ひめゆり平和祈念資料館

ひめゆり平和祈念資料館（外観）

　ひめゆり学徒隊の最後の地の一つ伊原第三外科壕の上に、「ひめゆりの塔」が建てられた。「ひめゆり平和祈念資料館」は、その隣接地に、財団法人沖縄県女師・一高女ひめゆり同窓会（現公益財団法人沖縄県女師・一高女ひめゆり平和祈念財団）が、「平和であることの大切さを訴えつづけることこそ亡くなった学友・教師の鎮魂」として設立し、2004年に全面改装を行った。展示室は、「ひめゆりの青春」、「ひめゆりの戦場」「解散命令と死の彷徨(ほうこう)」「鎮魂」「回想」「平和への広場」からなる。学徒の遺品、写真、生存者の証言、陸軍病院壕内部を再現したジオラマなどが展示されている。「多目的ホール」では、「平和への祈りひめゆり学徒の証言」の映像を予約制で視聴することができる。十代で戦場に動員され多くの命を失ったひめゆり学徒隊の体験をとおして、「次世代に向けて、戦争の悲惨さと愚かさ、平和の大切さを伝える」という強いメッセージが込められた施設である。

対馬丸記念館

　1944（昭和19）年8月21日、九州に集団疎開する子どもたち834名を乗せた老朽貨物船「対馬丸」は、翌22日夜、米国の潜水艦の魚

雷攻撃で沈没し，乗船者（船員，兵員，引率者，一般疎開者を含む）1,788名の約8割の人びとが海底へ消えた（ただし，正確な数字は不明）。数少ない生存者には，「撃沈の事実を語ってはいけない」という緘口令がしかれ，さらなる苦しみに晒された。この悲惨な出来事を伝えるた

対馬丸記念館展示。教室の復元と犠牲になった学童の写真など

め，国の事業として2004年に開設され，公益財団法人対馬丸記念会によって運営されている。展示は，犠牲者の遺品と遺影，犠牲になった子どもたちが短い人生を過ごした教室の再現，犠牲者の銘，生存者の証言の試聴，などからなる。最後のコーナーでは，展示を見た子どもたちが作成した壁新聞などが展示されている。

■沖縄の歴史・民俗を展示する博物館■

　北海道と同様に，沖縄の場合も，県内に歴史・民俗を展示する博物館がいくつかあり，相互に補完する関係となっている。那覇市歴史博物館は琉球王朝の栄光とその歴史を知ることができる。八重山博物館では，土くさい（海くさい？）庶民の生活を知るとともに，古代における南方文化との関係，近世以後の王府との朝貢・支配関係などの歴史を知ることができる。石垣やいま村では沖縄の文化を体験することができる。また，沖縄海洋文化館では，広い太平洋文化の脈絡のなかで沖縄の文化を理解することができる。沖縄海洋文化館については，リニューアルにかかわった後藤明氏にコラム②で紹介していただく。

那覇市歴史博物館

　那覇市市政85周年を記念して2006年，「王朝文化と都市の歴史」を基本テーマに設立された。140m^{2}の常設展示室，常設展示に連続してい

那覇市歴史博物館の展示

る78m^{2}の企画展コーナー，84m^{2}の特別展示室からなる博物館である。王家に伝わる貴重な工芸品（衣裳，装身具，刀剣，調度など）85点と文書資料1,166点からなる国宝「琉球国王尚家関係資料」，横内家（沖縄県庁に勤務した元彦根藩士族の家系）の寄贈資料（美術工芸品，文書など約23,000点）が収蔵品の核となっている。王国の氏族文化，王都，県都としての都市の歴史をコンセプトとしている。那覇市役所に隣接するビルの4階にあって，市民が気軽に訪問できる都市型博物館である。

石垣市立八重山博物館

八重山博物館（外観）

沖縄本土復帰の1972年に開館した。衣食住，生業（農業，漁業），人生儀礼・年中行事にかかわるものなど，八重山の民俗資料が豊富に収蔵・展示され，離島の伝統文化を知ることができる。遺跡から出土した石器，土器，陶器などの考古資料から，八重山が本島以北とは異なる文化をもっていたこと，台湾など南方地域との関係を知ることができる。古文書は，首里王府との関係など八重山の歴史を知るうえで重要である。本島のような地上戦がなかったため，現在に残されている蔵元（琉球王朝の地方政庁）文書などは，沖縄全体の歴史を知るうえでも貴重である。

石垣やいま村

石垣やいま村の家屋内での舞踊体験

八重山の伝統的な家屋を移築，復元した野外博物館である。野外民族博物館リトルワールド設立の2年前，1981年に，名古屋鉄道が「八重山民俗園」として開業した。2003年からは，あやぱに株式会社が運営にあたり，2008年に「石垣

やいま村」に改称した。村内では，さまざまな民族芸能，民族工芸，年中行事などを体験できる。築後およそ100年となる移築家屋は国の登録有形文化財に指定されている。村内にはラムサール条約に登録されているマングローブ林もある。日本最南端のテーマパークという位置づけだが，沖縄で，伝統家屋，民具などの伝統的物質文化が失われつつあり，ライフスタイルが変化するなかで，存在価値が高まっている。

コラム② 沖縄海洋文化館　　　　　　　　　　　　後藤　明
（南山大学教授）

　海洋文化館は，1975年に沖縄本土復帰を記念して開催された沖縄国際海洋博覧会の政府出典の海洋文化パビリオンとして建造された。同公園内の美ら海水族館の成功を背景に2003年，更新事業が本格化し，2013年10月，約40年ぶりの展示リニューアルが完成した。以下，リニューアル展示の経緯や特徴の一端を紹介する。

沖縄海洋文化館（外観）

　入り口を入ると階段の下にタヒチ型ダブルカヌーが展示されている。この型式の船は，かつて英国のクック船長がタヒチに来訪した時，王が神官や戦士を同伴して出迎えるのに使われた。展示されているカヌーは，クック船長を迎えた時の絵図をもとに復元されたもので，海洋文化館に来訪者を迎えるにふさわしいシンボル的存在である。

　2階のロフト部にはミクロネシア・カロリン諸島の「航海師の誕生」および「カヌーの誕生」を30m バンドデシネ（連続絵巻）手法で説明している。ロフトから見下ろすと1階に，巨大な太平洋地図が俯瞰できる。この地図の上を，人類の移動に沿ってアジアから

沖縄海洋文化館のカヌーの展示

ポリネシアへと歩くことができる。両側のロフト部の下には，「海洋文化のひろがり」として，住，食，漁撈，音楽，信仰，装い，の6つのコーナーが配されている。

展示室の中央部に，海の交流をテーマに，3隻の航海カヌーが展示されている。まず海洋博当時にパプア・ニューギニアのトロブリアンド諸島で収集された交易用カヌーがある。このカヌーはテレビ番組「すばらしい世界旅行」で取り上げた「クラ交易」に使われたカヌーで，船団を率いたシナケタ村の首長トコバタリアが乗っていた，いわば旗艦である。筆者はこのカヌーの来歴調査のために，2011年に現地を訪れ，当時クラ交易に参加した古老2人とめぐり会うことができた。写真を見せると，このカヌーが今でも原型をとどめていることにたいそう驚き，「自分たちだけ生き残ってこのカヌーに再びめぐり会え，死んだ仲間に申し訳ない」と語った。

さて海洋博当時，カロリン諸島から航海カヌー「チェチェメニ」号が来訪した。チェチェメニは現在，国立民族学博物館に展示されている。今回のリニューアル最大の目玉として，カロリン諸島航海カヌー建造プロジェクトが実施された。製作地はポロワット島に決定し，島の首長テオ氏も，若い世代に航海カヌーづくりを伝授する良い機会ということで全面的に協力してくれた。2012年3月，船体にするパンノキの伐採が儀礼とともに行われた。完成後の2013年6月，テオ氏ら8人がポロワットからグアムまで800キロの航海を成し遂げた。カヌーはグアムで解体して日本に輸送され，テオ氏らが来日して再組み立てを行った。

＜沖縄ゾーン＞が沖縄の海洋文化の展示である。とくに沖縄伝統の舟サバニと漁撈文化について紹介している。今回の展示の目玉の一つとして，西表島で数十年ぶりにマルキンニ（丸木舟）を琉球マツから建造した。

参考文献

沖縄県教育委員会編『沖縄県立博物館新館展示実施設計書（概要版）』（2004）
沖縄県立博物館編『沖縄県立博物館50年史』（1996）
沖縄県立博物館新館建設検討委員会編『沖縄県立博物館基本構想』（1991）
沖縄県立博物館新館建設委員会編『沖縄県立博物館新館建設基本計画』（1993）
『沖縄県立博物館新館展示基本設計展示設計説明書』（トータルメディア開発研究所　1997）
沖縄県立博物館・美術館編『海と島に生きる－沖縄県立博物館・美術館博物館展示案内』（2011）
園原　謙「沖縄県の文化財保護史―昭和初期から琉球政府時代までの活動を中心に―」『沖縄県立博物館紀要』（第26号　2000）
園原　謙『博物館づくり―沖縄県立博物館新館常設展示の場合―』『沖縄県立博物館・美術館　博物館紀要』第1号（2008）

10 | アイヌ民族と北海道の博物館
　　　―展示をめぐる立場と視点

出利葉浩司

《目標＆ポイント》 アイヌ民族の歴史や文化は，博物館においてどのように展示されてきたのだろうか。この科目にそくしていえば，博物館はアイヌ民族の歴史や文化をどのように展示してきたのだろうか。そして，そこには博物館が乗り越えなければならないどのような課題があるのだろうか。
《キーワード》 アイヌ文化，展示のコンセプト，時代性，通史展示，アイヌ民族の歴史，アイヌ民族の現在，無形文化の展示，テーマ別展示

1. はじめに

　この章では，博物館の中心であり「顔」ともいえる常設展示の改訂をとおして，「ある人びと」を展示で表現するとき，どのようなことを考慮しなければならないのかということを，考えてみることにしよう。
　例として取り上げるのは，筆者が学芸員として勤務してきた北海道立の総合博物館『北海道博物館』である。この博物館は，前身の『北海道開拓記念館』時代も含めて，２度の改訂による３次（３世代）の展示を経験している。このことを例に，ある人びとの歴史や文化を展示で表現することを考えてみよう。

2. 北海道開拓記念館とはどういう博物館か

　北海道開拓記念館（以後，記念館とよぶ）は，1971年４月に北海道立

の歴史博物館として開館した。1968年が「開道百年」を迎えることから，当時の知事が「この百年の間，北国に新天地を求めて移住して来られた，先人達の血の滲むような苦闘の跡を偲び，その素晴らしい開発の実績をつぶさに物語ることができる記念事業を行うべき」（町村 1981）であると考えたことが発端となったようである。有識者のなかにも，それまで道立の博物館がなかったので記念事業としてはもっともふさわしいと力説する人も少なくなかったようだ。

このように，記念館は，「開拓」の「記念施設」的なものとして構想されたようであるが，実際には，「父祖先人の血と汗の苦闘の跡がにじむ遺品の数々や，先人の文化，さらに北海道の生成に関する資料を展示して，道民の郷土に対する深い認識と愛情を培い，同時に減少していくこれらの資料の収集保存，調査研究を行うことができる総合的施設」（町村 1971）として，つまり実質的には道立の「地方博物館」（町村 1971）として誕生したのである。

ただし，展示の内容からすると歴史博物館ではあったが，本州以南の歴史博物館とは，少々事情を異にしていた。北海道の歴史は，中学や高等学校の歴史の教科書には，ほとんど登場していないからである。だから，来館される方がたには，とくに北海道史に関心をおもちでない限り，ほとんど予備知識がないままで展示をご覧になっていただくことになる。「これが，教科書に写真が載っていた●●か，なるほど！」という見方は，ほとんど成り立たないのだ。北海道の博物館が歴史を展示する場合には，このような前提条件がある（注1）。

3．初代の常設展示とアイヌ文化の展示『先住の人びと』

1971年当時の常設展示（以下，初代常設展とよぶ）全体をとおしての

中心テーマは，北海道の「厳しい自然と人間の英知と労苦」（北海道開拓記念館 1989：p. 7）であった。初代常設展が展示でカバーした時代は「人類がはじめて本道に足跡をしるした2～3万年前から今日まで」であったが，「なかでもその重点はえぞ地が北海道と改称され，本格的に開拓されはじめた明治初期からおよそ百年の歴史」におかれていた（北海道開拓記念館 1991：p. 7）。

（1）初代常設展の構成

　その全体は以下の7つのサブテーマから構成されていた。初代展示時代最後の『要覧』から引用しよう（北海道開拓記念館 1991：pp. 7-8）。

　テーマ1《北の夜明け》　北海道島のおいたちと当時の厳しい自然環境，ここに初めて人類の足跡がしるされた旧石器文化，さらにこれに続く各文化期の土器，石器などを編年順に示し先史時代の人びとの生活を展示。

　テーマ2《先住の人びと》　和人が渡来する以前から寒冷な北辺の地に住み，豊富な天産物のなかで狩猟や漁労，また植物を採取しながら独自の文化を築きあげた，先住民族であるアイヌの生活を中心に展示。

　テーマ3《新天地を求めて》　中世以降のえぞ地には豊かな資源を求めて和人が進出し，道南部を中心に定着する。ここでは松前藩の成立過程と松前地の繁栄，さらに幕府が北辺の要地として認識しはじめたころの様子を展示。

　テーマ4《開けゆく大地》　明治2年，えぞ地は北海道と改められ，開拓使が設置されて内陸部への開拓も本格的になる。それに伴って各地から移住した人たちが幾多の困難に遭遇しながらも苦労と創意をもって北の大地を切り開いてきた様子を展示。

　テーマ5《産業のあゆみ》　明治初年から昭和20年ごろまでのおよそ

80年間にわたる各産業の特徴と変遷を漁業,農業,林業,工業および鉱業の順に主として道具や技術の発達に焦点をあてながら展示。

テーマ6《北のくらし》 明治から今日までの百年のあゆみのなかでつくられた北海道独自の生活や風俗,特色ある教育の姿,北国に住む人びとの知恵と工夫が生んだ生活用具などを中心に展示。

テーマ7《新しい北海道—自然と人間の調和をめざして》 過去と未来の接点にたつ現在の北海道の姿を21面のマルチスクリーンに映像で展示し,今後の北海道の進むべき方向を考える素材を提示。

アイヌ民族の歴史と文化についての展示はテーマ2に限られていた。別のいい方をすれば,テーマ2はアイヌおよびサハリンの先住民族であるウィルタ,ニヴフの資料だけで以下のように構成されていたのである。

テーマ2《先住の人びと》の構成は,(1)〈アイヌの生活と文化〉:蝦夷十二か月屏風,食料の採取,衣服とその製作方法,社会生活における儀礼,(2)〈アイヌ周辺の民族〉:北方の隣人たち,というものであった(北海道開拓記念館 1973)。

それぞれのコンセプトは,〈アイヌの生活と文化〉が,「今や消滅しつつある独自の生活と文化をその貴重な文化遺産たる民具などと,アイヌ絵などの記録によって,再現して示す」となっており,また〈アイヌ周辺の民族〉は,「本道を中心として,沿海州,カラフト,カムチャツカなどの周辺部にはアイヌ民族のほか若干の諸民族がいた。それらの諸民族のなかから,とくにオロッコ,ギリヤークの文化をアイヌのそれと比較して示す」(北海道開拓記念館 1973)となっていた(注2)。

(2) 初代常設展示の新しい試み

初代常設展示には,博物館学的にいえば,いくつかの新しい試みがあ

った。書画や彫刻のような評価の定まったものを一点ずつていねいに並べ，「鑑賞していただく」というのではなく，資料および資料群を，一定のストーリーのなかで，意味のある配置をする（それにより，そこに通底するコンテクストを理解していただく）というものであった。住居内部を再現し，そこに家具類をあたかも使われているかのように配置したり，列車の内部を再現し，そこに実際に衣服を着用したマネキンを配置する手法などがそれであった（図10-1，10-2）。状況を説明するために複製や模型も多用された。さらに，樹木標本として，切り出してきた樹木の幹の部分をそのまま展示するなど，それまで国内の博物館では例がなかった思い切った展示手法を採用していた。

　学芸系職員の数も28人と，当時の都道府県立博物館としてはトップクラスといってよい。これらの学芸員が，分担して展示を担当した。

　《北の夜明け》は，考古学の学芸員が中心となり，一部を地学，生物学の学芸員が担当した。《先住の人びと》は民族学の学芸員，《新天地を求めて》《開けゆく大地》は歴史学の学芸員，《産業のあゆみ》は産業史の学芸員，《北のくらし》は生活史の学芸員が担当した。というように，ほとんど一つのテーマを一つの「研究分野」に属する学芸員が担当し

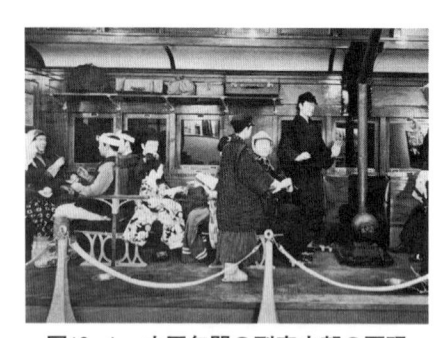

図10-1　大正年間の列車内部の再現　　　図10-2　先住の人びとの展示

た。

（3）表面化してきた問題点

　開館してから数年を経るうちに，課題や矛盾点もだんだんと表面化してきた。社会の変化による新たなニーズもあった。以下では，アイヌ文化にかかわることを，いくつか挙げてみよう。筆者の経験では，そのなかにはアイヌの人びとからの意見も含まれており，それらは1980年代から増えてきたように感じている。

① テーマの配列と時代性についての問題

　テーマ1《北の夜明け》から，テーマ2《先住の人びと》，テーマ3《新天地を求めて》という時代の流れを，それぞれ考古学，民族学，歴史学が担当することは，それぞれの学問が対象とする「年代」と一見対応しており，理にかなっているようである。しかし，より時代性を意識する学問である考古学や歴史学と比べたとき，少なくとも当時の記念館の民族学担当学芸員が扱っていたアイヌ文化展示では，「いつの時代の出来事なのか」という年代を吟味していくといった作業に重点はおかれていなかった。したがって，考古学資料の展示や，古文書など歴史資料の展示が，「時代性」を重要視しラベル（題簽）にそのことを明示していたにもかかわらず，アイヌ文化の展示では，「いったい，いつの時代のものなのか（出来事なのか）」が，まったくといってよいほど示されていなかったのである。

　このことは，とくにアイヌの人びとから厳しい批判をいただくことになる。つまり，「今（1970年代のこと）も，このような道具を使い，昔ながらの住居に暮らすような生活をしていると思われたくない。そう思われるような展示をしてもらっては困る」というのである。昔ながらの生活を続けていると思われること，そのことがアイヌの人びとの暮らし

を「昔のままだ」「遅れている」と見下したり，差別したりすることにつながることがあったからである。

　もう一つ，このテーマ配列で，学芸員の側から問題となったのは，テーマ相互の連関である。歴史博物館を標榜(ひょうぼう)し，それぞれのテーマは，時間軸に配列されてはいるものの，なぜ社会や文化がそのように移り変わっていったのかということについては，ほとんど説明されていなかったのである。たとえば《北の夜明け》で取り上げた考古学的に認識されている「擦文文化」は，どのようにして，あるいはなぜ《先住の人びと》で取り上げた「アイヌ文化」に変わっていったのか。その説明はなかったのである。

② アイヌ民族の現在が展示されていないことの問題

　このことと関連するが，アイヌ文化の「その後」の問題もあった。《先住の人びと》で展示されたアイヌ文化を担った人びとは，その後のテーマには，ほとんど登場しないのである。だから，16世紀以降を扱った《新天地を求めて》から，おもに明治年間を扱った《開けゆく大地》の展示，また《産業のあゆみ》や《北のくらし》に至る部分では，いったいアイヌ民族はどうなってしまったのか，という来館者の疑問をわれわれ学芸員は受けることになる。

　ただし，16世紀以降の展示のなかに，アイヌ文化あるいはアイヌ民族がほとんどといってよいほど見られないのには，理由がある。筆者が記念館に職を得たのは1980年からであるが，当時，民族学を担当していた藤村久和氏(1983年に北海学園大学へ転出)は，次のように語った(1981年，藤村氏と筆者との個人的会話による)。

　アイヌ民族には，とくに明治以降道内各地に移住してきた人びとから，差別を受けてきたという残念な経験がある。そのような状況のもとで，多くのアイヌの人びとは，アイヌであることを隠して生活していれ

ば，時間が経つにつれアイヌであることもわからなくなり，その結果差別もなくなると考えていたようだ。アイヌ民族の権利を主張し，また言語や口承伝承，習慣や技術などを伝え，研究者に協力してきたのは，ごく少数の人びとだけであった。

　そのような社会的状況のなかで，博物館が「アイヌ文化」を展示することについても反対する活動家やアイヌの人びとがあった。展示を見た多くの来館者は，展示の背後にあるアイヌの人びとの存在を意識することになり，そのことが差別を助長することになるというのがアイヌ文化の展示に反対する理由であった。このような社会的状況のなかで，記念館は，北海道の歴史を語るのにアイヌ文化は欠かせないと判断し，あえてアイヌ文化の展示を決断した。

　だから，展示においては，個人が特定できるような写真の使用は避け，また近現代のアイヌ民族の活動を展示することも控えた。とくに写真の使用については，個人が特定されることで本人や家族に迷惑がかかること，また，社会的な問題を展示することは，それが「やっかいごと」と誤解されて受け取られ，新たな差別につながりかねないと考えたのだ。藤村氏はそう教えてくれた。

　なお，筆者は，アイヌ民族の近現代を展示しなかった理由として，当時の北海道として，行政側とアイヌ民族とのあいだに，さまざまな権利や文化の伝承活動など未解決となったままの課題があるとの認識が希薄であったこと，さらに研究者も含めて「多数者の側」のアイヌ民族や文化に対する関心が，いわゆる「伝統的なもの」にのみ向いており，社会的な課題や現代の活動にはほとんど関心がなかったからでもあったろうと考えている。

4. 常設展示改訂と第二世代のアイヌ展示『アイヌ文化の成立』

　記念館は，1986年から約6カ年の準備，工事期間ののち，初代常設展の全面的改訂を行い，1992年4月に新しい常設展示（第二世代常設展）を公開した（注3）。第二世代常設展でも，初代展示の基本的理念（中心テーマ）「人は，きびしい北国の自然にいかに対応し，これをのりこえてきたか，輝かしい未来をつくるため，いかに創造しつつあるか」（北海道開拓記念館　1994：p. 15）が踏襲された。

（1）第二世代常設展の構成

　展示空間は，「歴史の流れに添う構成」（北海道開拓記念館　1994：18）とし，時間軸に沿った8つのテーマを設定している。各テーマとそのコンセプトについて，本章に関連する部分を中心に『改訂報告』（北海道開拓記念館　1994：pp. 27-29）から抜粋しよう。

　テーマ1《北の大地》　北海道に住んだ人びとの生きる条件である自然環境の変化を，人類の時代である第四紀の初めから展示する。その間の自然環境の変化とその自然環境の中で展開された先史時代の人びとの生活と文化について，北海道に人が最初に姿を現したとされる最終氷河期から続縄文時代終末の7世紀頃までを展示する。

　テーマ2《アイヌ文化の成立》　中・近世の時期，アイヌ文化の成立過程を展示する。北海道に和人が渡来する以前から固有の言語をもち，神々を敬い，狩漁と植物採取を基盤とする独自の生活文化をもったアイヌ民族が住んでいた。アイヌ文化の母体ともいうべき，本州の土師器の文化の影響を受けて成立した擦文文化と，サハリンから南下したオホーツク文化について展示するとともに，和人との交易を通じてアイヌ文化

が形成される過程を展示する。

　テーマ3《蝦夷地のころ》　中・近世の北海道のあゆみを展示する。中世北海道は，蝦夷とよばれた人びとの世界であったが，本州との経済的交流が盛んになるにつれ，道南に和人社会が成立し始めた。近世には松前藩が成立し，アイヌ民族への支配を強め，これに伴いアイヌ民族の抵抗も強まった。場所請負制のもとで漁業が発達し，日本海海運が発達したが，蝦夷地への漁民の進出が著しくなり，アイヌ社会は次第に圧迫された。また，外国の進出を契機として幕府の蝦夷地経営がなされ，幕末の開港によって外国文化が流入するに至った。

　テーマ4《近代のはじまり》　明治2年から明治20年頃まで（開拓使，三県一局時代）を示す。北海道内部の本格的開拓は，明治初期に始まった。明治政府は開拓使を設け，欧米技術を導入して新しい産業を興し，保護を加えて各地から移民を招き，開拓政策の推進に力を注いだ。…（中略）…開拓のかげには，アイヌの人びとや囚人たちの多くの犠牲があった。

　以降，簡略に示すと，

　テーマ5《開けゆく大地》　明治19年，北海道庁が設置され，政府の北海道開拓方針が転換された頃から，日清・日露の両戦争，第一次世界大戦中にかけての社会，経済，文化の動きを展示。テーマ6《不況から戦争へ》　第一次世界大戦が終わると戦中の好況は去る。昭和2年から第2期拓殖計画が発足し，主要な開拓地は根釧原野を中心とする道東地方に移る。テーマ7《戦後の北海道》　昭和20年，敗戦により民主主義のもとに，新しい総合開発計画も発足。昭和30年代の高度経済成長により，変化した地域社会と道民の生活を展示。テーマ8《新しい北海道》　映像によって，北海道の自然の現状，伝えるべき文化，そして将来につながる北海道の経済的自立のための生産活動や最近の試みを描く。

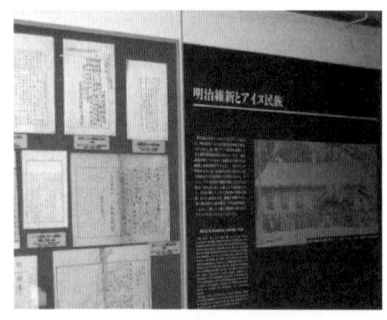

図10-3 アイヌ民族の歴史や文化の展示（明治維新とアイヌ民族）

これをみても，初代常設展と比較して，第二世代の全体がより時間軸に沿った構成（通史展示）になっていることがおわかりいただけると思う。また，アイヌ民族の歴史や文化についても，複数のテーマで言及されていることからもわかるように，その担った文化を，まず「成立」として捉え，さらに歴史の「うねり」のなかで，松前藩との関係として示し，さらに開拓をアイヌの人びとの「犠牲」という視点で展示した（図10-3）。テーマ5以降でも，アイヌ民族の歴史を，スペースは小さいながらも一つの歴史的出来事として展示している。北海道の歴史のなかにアイヌ民族をしっかりと位置づけようとしている試みは感じ取っていただけるだろうと思う（出利葉　2000）。

(2) 第二世代常設展はどこが改良されたのか

初代常設展より「通史」を徹底させたものとなっている。館職員の調査研究が進んだこと，それに伴って展示できる資料が増えたことがそれを可能にした理由の一つである。常設展示場1，2階をとおして，全体を北海道史という一つの壮大なドラマとして見ていただくもので，そのため，順路は「一本道」，強制的な動線となっていた。

アイヌ民族の歴史，文化の展示についていえば，「伝統的」なものだけで文化要素を羅列するのではなく，時間軸のなかに位置づけることを試みた。考古学的にいうと，北海道の場合，本州以南とは異なり，縄文文化のあと，続縄文文化，擦文文化と続き，アイヌ文化へと変わってい

くとされるのだが，続縄文文化以降，ただ単にそれぞれの文化内容を遺物や民具で示すのではなく，そこに経済活動に裏打ちされた「交易」というキーワードを設定し，政治的権力をもった中央と，周辺地域との関係性で説明を試みた（図10-4）。このことで，それぞれの文化がなぜ，どのように移行していったのかが，従来の展示に比べてより説得力をもって説明できたのではないかと思う（注4）。

図10-4　「交易」というキーワードのもとに展示されたアイヌ民族の生業展示

近現代のアイヌ民族の活動についても，たとえば，《開けゆく大地》においては，『開拓期の社会問題』として『アイヌ民族と「北海道旧土人保護法」』を，《不況から戦争へ》では，『大正デモクラシーと不況』

図10-5　アイヌ民族の活動の映像展示

のなかで『アイヌの主張』として，当時のアイヌの人びとの政治的活動や言論活動を取り上げている。さらに『新しい北海道』の映像でも，1990年当時のアイヌの人びとが行った文化の継承活動や国際連合での活動を紹介した（図10-5）。この映像展示は，アイヌ民族の現在ともいえる展示であったが，全体をとおして音楽を背景に映像が映し出され，音声，文字説明はない。この点は，観覧者にどこまで内容を理解していただけたか，疑問が残るものであった。

(3) 第二世代常設展示の評価と問題点

　第二世代常設展では、初代展示が内包していたアイヌの歴史や文化の展示についての「問題点」は、おおよそ改善されており、公開当初はご覧になったアイヌの人びとからもプラスの評価をいただいた。ただし、アイヌ民族が経験したさまざまな出来事を、移住者も含めた北海道史のなかに「同時代のこと」として位置づけようとしたため、散漫になりわかりづらいという意見があった。なにより、誰の側に立った発言なのか、博物館としての「立ち位置」が見えにくいとの意見もあった。

　この立ち位置の問題は、北海道立の歴史博物館としては、きわめて難しい。なぜなら、現在の北海道には、アイヌ民族だけでなく移住してきた人びとの子孫、あるいは今現在、移り住んできた人びとが、「北海道民」として暮らしているからだ。いかに、学芸員が心情的にはアイヌ民族の側に立っていたとしても、歴史的なさまざまな出来事にたいして一方的な評価をしづらいということはあった。強いていうなら、現在の北海道民の立場からの発言ということになろう（注5）。しかし、この結果、「アイヌ民族」をことさら強調することになり、説明されない「わたしたち」北海道民と、照射されるアイヌという関係性を内在させてしまうことになった。もちろん、「北海道民」のなかには、対等な位置関係でアイヌの人びとも含まれる。しかし、このことを来館者に理解していただくのは、きわめて困難であったというのが、反省点であった。

　また、明治以降の展示部分を見落としてしまう観覧者もあった。これは、博物館のメッセージ伝達行為が、主に来館者が展示を「見る」という行為をとおして成立するものであることからすれば、観覧者が展示に気づかないというのは、大きな問題点であった。

　一方で、第二世代の常設展は、幸いにも文化人類学や博物館学の研究者に注目され、論文の論題ともなった（注6）。

5. 第三世代の常設展示はどのようなものになったのか

　記念館は，三たび常設展示を改訂し，2015年4月に公開した。あわせて博物館の種別もこれまでの「歴史」博物館から，「総合」博物館をめざすこととし，名称も『北海道開拓記念館』から『北海道博物館』へと変更した。「博物館」を前面に出すことで，どんな施設であるかが認識しやすくなるという効果を意図したこともあるが，なにより「開拓」「記念」という言葉が，「開拓された」側であるアイヌの人びとにとって，どのような意味をもち続けてきたのかということを熟考してのことである。

　また，組織としても，これまでアイヌ語や口承伝承など無形文化研究に力を入れてきた北海道立アイヌ民族文化研究センターと統合することで，より総合的なアイヌ文化に関する博物館活動が行えるようになった。もちろん，このことは展示の改訂にも大きく関係する。

　それでは，実際の展示はどのように変わったのか。展示室全体のこととして，これまでの通史展示からテーマ別展示へと変更した。「北海道120万年物語」や「アイヌ文化の世界」のほか，「生き物たちの北海道」「北海道らしさの秘密」「わたしたちの時代へ」など独立した5つのテーマで構成されている。総合博物館として自然系展示も重視している。また，それぞれのテーマでは，部分的な展示品の入れ替えも計画していることから，常設展示ではなく「総合展示」という名称を用いている。

　アイヌ民族の歴史や文化は，「北海道120万年物語」と「アイヌ文化の世界」で扱うことになる。前者が人類史のなかでアイヌ文化の成立を取り上げ，さらに松前藩や明治政府とのかかわりでみていくのに対し，後者では，アイヌ民族の立場あるいはアイヌ史の観点から展示を構成している。

「アイヌ文化の世界」展示は、道立アイヌ民族文化研究センターが中心となってつくりあげたもので、これまでの同センターの研究蓄積がおおいに活かされたものとなっている。いくつか例を挙げると、まずアイヌ民族の現在についての展示である。先住民の「いま」についての展示は、世界中の博物館で試みられていることであり、それぞれ工夫がみられるところである。アイヌ文化についても、国内外の博物館の常設展や企画展でさまざまな試みがある（注7）。文様などの「伝統的」技術が現代に受け継がれている様子を「工芸品」で展示することもその一つである。北海道博物館では、いまを暮らす「ふつうの家庭」を想定し、5世代遡（さかのぼ）りながら、その時代ごとの事件も織り交ぜつつ「暮らし」を表現する展示をつくってみた。こうすることで、「現代だけ」を示すのではなく歴史としての過去があっての現代であることを示すことができた。さらにこの展示では、アイヌの人びとのなかにもさまざまな考え方や生き方があり、それが世の中の移り変わりとともに変化していることも示している。北海道内の博物館で多く受ける質問に、「アイヌ民族の今の暮らしはどんなものですか？」というものがあるが、このような質問も想定した展示となっている。また、アイヌ民族史の観点から、明治年間以降のさまざまな活動や人びとの意見も発話者自身のことばで紹介している。このように、現代の状況だけでなく、それが歴史に支えられたものとして示している点は特徴的である。もう一つ挙げたいことは、アイヌ語や口承伝承、芸能など無形文化に関する展示の充実である。アイヌ語にゲーム感覚で親しむことができるように工夫された展示のほか、口承伝承展示では、アイヌ語を母語として育った人びとの古い映像記録だけでなく、それが現代に受け継がれ、若い人びとが伝統を学びながらも演じている様子も映像で見ることができる。また、口承伝承も「アニメーション」映像で展示することで、より子どもたちが親しめるものとな

っている。

6. 終わりに―この章のまとめ

　さて，皆さんは「博物館」にどのようなイメージをおもちだろうか？博物館というと，「正しい」ことが学べる教科書的模範的な施設のように思われてはいないだろうか。このイメージは，まちがいではないだろう。しかし，かならずしも「正しい」とはいいきれないこともある。博物館に対しても，さまざまな意見や時には厳しい批判がある。この原因は，博物館側の「まちがい」によることもあるが，社会的な状況，とくに人びとの考え方の変化によることもある。

　もちろん，いただいたご意見やご批判については，博物館側も真摯に熟考しなければならない。そして，納得したならば，なんらかの方法で変更しなければならない。意見や批判をいただいた当時は，博物館側にも違和感や言い分があったことでも，今現在ではあたりまえとなっていることもある。

　とくに，自分たち（ふつうは博物館側）とは異なった歴史や文化をもつ民族など人びとに関する展示，異なる価値感をもつ人びとの歴史や文化を展示する場合には，よく考えておく必要がある。自分たちがよいと思っても，相手にとってはそうではないことがあるからである。動物を対象とする場合や，科学機器を対象とする場合も，その背後に人間との関係が潜んでいることがあることには，注意を払いたいものである（注8）。

　（注1）ここで，「教科書には載っていない」北海道の歴史を概観する余裕はないの

で，関心のある方は，宇田川洋『イオマンテの考古学』(1989)，藤本強『もう二つの日本文化』(1988)，田端宏ほか『北海道の歴史』(2000)などの文献をご参照いただきたい。なお，近年の歴史教科書には，さすがに北海道でおこった文化や出来事についても言及がある。ただし，あくまで中央の歴史が記述の中心であり，北海道や沖縄での出来事はコラム的であると思う。限られたページで多くのことを扱わねばならない教科書としてはしかたのないことかもしれない。ただし，教科書に載っていない，試験に出ないからといって，重要ではないという見解が誤りであることは，いうまでもないだろう。

(注2) このような記述の方法および表現の内容について，筆者は，あるアイヌの人から厳しい批判をいただいたことがある。「今や消滅しつつある」と一見，客観的な表現をとりながら，なぜ，そのような状況になったのか，その背後にある歴史性がまったく無視されていることが問題であった。現在はこのような表現はとらない。現在，アイヌの人びとのなかに伝統的な文化を継承していこうとする動きもあるなかで，「消滅しつつある」という表現は事実に反し，また礼を失したものでもある。このテキストは1973年当時の社会的な状況を反映しているもので，そのことを表現するためにあえてそのまま記述した。また，サハリンの先住民族である「オロッコ」や「ギリヤーク」についても，当事者が望まない表現であるため，現在はそのような表現はせず，ウィルタやニヴフと記している。

(注3) この間の経緯としては，北海道開拓記念館編『北海道開拓記念館　常設展示改訂事業報告』(1994)に詳しい。

(注4) ここでは詳しくは述べる余裕がないが，関心のある方はたとえば(注1)であげた文献を参照されたい。なお，筆者が行ってきた以下の研究なども，《アイヌ文化の成立》の展示構成上の根拠となっている(出利葉　2002)。

(注5) このことについては，出利葉(2009)で，民族資料の収集も含めて論じているので，ご参照いただきたい。

(注6) たとえば，本多俊和・葉月浩林『アイヌ民族の表象に関する考察―博物館展示を事例に―』(2006)などがある。

(注7) このような，さまざまな展示の試みについて，とくに特別展など期間限定のものを遡って実見するのは不可能である。さいわい，図録などが刊行されているので，確認されることをお勧めしたい。

(注8) なお，博物館が，人びとの歴史や文化を収集し展示することの意味を問いただしたものとしてClifford『The Predicament of Culture』(1988)［太田好信ほか訳；2003］がある。ご一読をお薦めしたい。

コラム　アイヌ民族を展示する博物館　　　　　　　　稲村哲也

　ここでは，アイヌ民族の文化や歴史にかかわるいくつかの博物館を紹介する。各地の博物館・資料館はそれぞれに特徴があり，全体としては，互いに補いあっている，ということができる。

　古くからアイヌの集落が形成され現在もアイヌ文化伝承の拠点の一つである沙流川流域の平取町に萱野茂二風谷アイヌ資料館と平取町立二風谷アイヌ文化博物館がある。両館とも，アイヌの萱野茂氏（元参議院議員）が自ら復元制作あるいは収集した資料がベースとなっている。両館は，沙流川地域を中心としたアイヌの伝統文化をテーマ別に展示したものである。前者は私設の博物館で手作り感に溢れている。後者は近代的な建物と展示手法を駆使したもので，好対照をなす。両館の近くには沙流川歴史館があり，豊富な考古資料と自然誌資料の展示があって，両館と補完関係にある。

　道南の白老には博物館展示と野外展示をもつアイヌ民族博物館がある。ここは，チセ（伝統家屋）5棟によるコタンで，多彩な実演展示が行われており，民族芸能・工芸の伝承が重視されている。

　網走市郷土資料館は，アマチュア研究者としてオホーツク文化のモヨロ貝塚遺跡を発見し発掘調査を行った米村嘉男衛氏の収集品・発掘品を基礎とした古い博物館であるが，豊富な出土品・民俗資料による歴史構成がなされている。その別館は，モヨロ遺跡に併設された近代的な博物館で，オホーツク文化を体感しながら知ることができる。網走の北海道立北方民族博物館では，北方民族の多様な文化と共通性が示され，アイヌ民族が北方民族の一員として位置づけられている。それによって，より広い視点からアイヌの歴史・文化を理解することができる。

　このように，北海道の博物館は，相互に比較してみると，それぞれの特徴とコンセプトがよりよく理解できる。それでは，各博物館の展示の特徴をみてみよう。

萱野茂二風谷アイヌ資料館

萱野茂二風谷アイヌ資料館屋外展示のコタン

　萱野茂氏が1950年代から制作・収集した資料を展示するため、1972年に「二風谷アイヌ文化資料館」が設立され、1977年から平取町に移管された。1992年、近くに設立された「平取町立二風谷アイヌ文化博物館」にその収蔵資料のすべてが移された。
　一方、資料館のほうは、私設の「萱野茂アイヌ記念館」（後に「萱野茂二風谷アイヌ資料館」）として再スタートした。ここでは、1階にアイヌ民族の民具、儀礼用具等を展示し、チセの内部を復元した展示もある。地域別のアイヌ民族衣裳は重要である。アイヌ語を聞くコーナーもある。2階には、海外の先住民族・少数民族の民具・工芸品の展示があり、関野吉晴氏のアマゾンの写真のコーナーもある。2階の一角には萱野氏の書斎が復元されている。屋外にチセ（家屋）4棟が展示されている。
　別館が多目的ホールとなっている。別館ホールの壁面には、萱野茂氏の縁(ゆかり)の品々、写真パネルが展示され、国会での萱野氏の活躍など、その生涯が紹介されている。二風谷のアイヌの人びとの生活史を表す写真パネル展示もある。展示室は全体に手作り感が満載で、萱野氏の人間味・温かさが伝わってくるようである。収蔵品202点が「北海道二風谷及び周辺地域のアイヌ生活用具コレクション」として、平取町立二風谷アイヌ文化博物館の収蔵品919点とともに（合計1,121点が）国重要有形民俗文化財に指定されている。
　萱野茂氏が2006年に逝去したあと、ご子息の萱野志朗氏が館長を務めている。この資料館は、アイヌ民族の萱野氏自身が設立し、アイヌ文化の継承の拠点となってきたことに、大きな意義がある。

平取町立二風谷アイヌ文化博物館

　萱野茂氏が制作・収集した資料がベースとなって、アイヌ民具等の資料約4,000点、文化・歴史等に関する文献資料約6,000冊、AV

資料約1万点を所蔵している。運営理念として「アイヌ伝統文化の今日的継承：アイヌ民族の伝統文化の継承と新たな創造」が掲げられている。展示室の面積は489m^{2}で，二風谷地域を中心として，アイヌの伝統文化を主に「展示ゾーン1：アイヌ　人々のくらし」「展示ゾーン

平取町立二風谷アイヌ文化博物展示。中央がカムイのゾーン

2：カムイ　神々のロマン」「展示ゾーン3：モシㇼ　大地のめぐみ」に分けて展示し，最後に「展示ゾーン4：モレウ　造形の伝統」が追加されている。中央の「カムイ」にユカㇻなどが聞けるチセを模した空間を配し，全体が見渡せて一体感が感じられる構造になっている。建物は近代的だが，「大樹の根もとの洞」をコンセプトとした曲線的な外観をもち，展示室は曲線的な壁面に，一部自然光も取り入れている。歴史的視点や現代のアイヌ社会については，パネルやQ&Aの方法で展示されている。全体として，モダンな展示空間が，萱野茂二風谷アイヌ資料館と好対照をなしている。

　建物の中心部に，伝承サロンが配され，ステージで舞踊実習，講演，解説などが行われる。屋外に1万2000m^{2}の展示場を併設しており，そこに，チセ4，ヘペレセッ（子熊檻）2，プ（倉）などを展示している。また，近くに平取町アイヌ文化情報センターがあり，センター内の二風谷工芸館で，木彫，刺繍などの体験・実習指導を受けることができる。

沙流川歴史館

　沙流川流域の自然と歴史を展示する博物館で，豊富な考古資料とともにアイヌ民族の歴史が展示される博物館として重要である。展示室Aには，紀元前2万年に遡る旧石器時代からの考古・歴史資料がガラスケー

平取町立沙流川歴史館正面

ス等に展示されている。また，二風谷ダム建設に伴い発掘調査が行われた「チャシ」（柵，囲い，砦，漁場などといわれている）の遺跡発掘のジオラマや出土品が展示されている。展示室Ｂには，沙流川源流原始林のジオラマをはじめ，沙流川流域地形模型，二風谷ダムの模型などが展示されている。

アイヌ民族博物館

白老のアイヌ民族博物館
（ポロトコタン）

　1965年に白老市街地にあったアイヌ集落をポロト湖畔に移設して創設された。1976年に財団法人白老民族文化伝承保存財団が設立され，1984年に屋内展示の博物館施設を併設し，1990年に現「財団法人アイヌ民族博物館」と改称した。
　博物館では，民族資料約5,000点，ニヴフ，ウィルタ，サミ，イヌイトなどの北方民族の資料も約200点収蔵している。展示は，アイヌモシリの自然，生活，文化を表現する絵が導入となり，神々と人びと，獲物をとる，装う，住まう，ひとの一生などのコーナーで，実物資料とジオラマによってアイヌ伝統文化を紹介している。梟（ふくろう）がコタンのある家族の生活を語るという設定のミニチュアのジオラマはうまくできている。
　野外は，5戸の大きなチセからなり，プ，ヘペレセッ，チプ（丸木舟）などを展示してコタン（村）を復元している。チセの中では，民具展示のほか，アイヌ民族の伝統儀礼や古式舞踊，伝統楽器演奏が行われ，ゴザ織りなどの工芸の実演，アイヌの文化に関する解説も行われている。なお，古式舞踊は1984年に国の重要無形民俗文化財に指定された。

網走市郷土博物館

　1936年，財団法人北見教育会が開設し，1948年に網走市に移管された。開館にあたっては，米村嘉男衛氏が長年にわたり収集した考

古，民族資料など約3,000点が基礎となった。本館建物は，赤いドームをもつ木造の洋風建物で，北海道でも古い博物館の一つである。1階には，動物剝製，化石，魚介類の標本，そして，遺跡から出土した，旧石器時代，縄文時代，続縄文時代，さらにオホーツク文化（モヨロ貝塚遺跡）の貴重な石器や土器がガラスケースに陳列されている。網走における和人の歴史・民俗資料も展示されている。アイヌ民族の展示も充実しているが，アイヌ文化を，縄文文化，続縄文文化，オホーツク文化，擦文文化，アイヌ文化と続く歴史のなかに位置づけている。

網走市郷土博物館

　米村嘉男衛氏は，理髪師をしながら考古学を学んで，東京大学人類学教室の鳥居龍蔵博士に師事し，日本人の起源を探るべく北海道に移住した。そして網走でモヨロ貝塚遺跡を発見し，東大・北大と合同で，戦後の日本で最初の総合的な発掘調査を行った。1961年に創立25周年を記念して，モヨロ遺跡に別館が設立された。別館では，貝塚や家屋，墓地の復元展示，実物と解説で，オホーツク文化の人，生活，文化，交易などが表現されている。現地にある遺跡を見学することもできる。

北海道立北方民族博物館

　1991年に，北方地域（北緯40～45度以北）に生活する諸民族の文化と歴史を研究し，展示する目的で設立された。「北方民族」は，それぞれ多様な文化をもちながら，自然環境と地域を共有し基底に共通の文化をもつ。そして，そのなかにアイヌ民族が位置づけられている。
　入口左手に入る導入部が青色系の

北方民族博物館の展示。北西海岸先住民のトーテム・ポールなどとともにアイヌの儀礼用具が展示されている

光の通路となっていて，非日常空間・北方地域に導かれる。そこを抜けると正面に北極を中心とした地図があり，北極を中心とした銀色の地図により，北方文化圏が印象づけられる。そこから，北方への人類の移動など概要を表す展示コーナーに続き，衣類の展示コーナーで，アイヌ，イヌイット，北西海岸先住民の文化などが比較展示されている。ヨーロッパ人との交易のコーナーに続いて，住居と生活のコーナーで，約300年前のイヌイットの住居の実物大模型の展示がある。流木や鯨の骨で建てられツンドラ土で覆われた住居の床に地下室を通って入る構造がわかりやすく示され，極寒の環境への適応の姿がわかりやすく紹介されている。そのあとに，オホーツク文化を中心とした考古の展示コーナーがあり，モヨロ貝塚遺跡の発掘成果が活かされている。このコーナーを抜けると，中央のトーテム・ポールを囲むように円形に配された信仰に関する展示コーナーがある。アイヌのイオマンテ（熊送り）の祭壇，シャマニズムなどが比較できる展示となっている。次のコーナーでは，カヌー，ソリなど移動にかかわるもの，漁，狩猟等に関する展示があり，最後に，雪上の移動，子供の暮らしなどに続いて，現代に伝わる伝統工芸について紹介されて展示が終了する。

参考文献

宇田川洋『イオマンテの考古学』（東京大学出版会　1989）

クリフォード・ジェイムズ（太田好信ほか訳）『文化の窮状　二十世紀の民族誌，文学，芸術』（人文書院　2003）

田端宏ほか『北海道の歴史』（山川出版社　2000）

出利葉浩司「博物館展示はなにを伝達するのだろうか？―学芸員はなにを語ろうとしたのか？開拓記念館アイヌ文化展示のコンセプト―」（『北海道開拓記念館研究

紀要第28号』pp. 61-80，2000）
出利葉浩司「近世末期におけるアイヌの毛皮獣狩猟活動について　毛皮交易の視点から」佐々木史郎編『開かれた系としての狩猟採集社会』（国立民族学博物館調査報告34，pp. 97-163，2002）
出利葉浩司「現代の民族資料を収集すること―北海道開拓記念館のアイヌ民族資料の収集を例に―」『第23回北方民族文化シンポジウム報告書』（財団法人　北方文化振興協会　2009）
藤本強『もう二つの日本文化　北海道と南島の文化』（東京大学出版会　1988）
北海道開拓記念館編『常設展示資料目録―1972―』（北海道開拓記念館　1973）
北海道開拓記念館編『'91要覧』（北海道開拓記念館　1991）
北海道開拓記念館編『北海道開拓記念館　常設展示改訂事業報告』（北海道開拓記念館　1994）
本多俊和・葉月浩林「アイヌ民族の表象に関する考察―博物館展示を事例に―」（『放送大学研究年報』第24号，pp. 57-68，2006）
町村金吾「年来の夢を実現―関係者に感謝して―」（『北海道開拓記念館』pp. 3，建築画報社　1971）
町村金吾「開拓記念館建設のこと」（北海道開拓記念館編『北海道開拓記念館10年のあゆみ』pp. 177-178，1981）
◎以下，＜注7＞に関する参考文献
大阪人権歴史資料館編『近代日本とアイヌ民族』（大阪人権歴史資料館　1993）
財団法人　アイヌ文化振興・研究推進機構編『海を渡ったアイヌの工芸　英国人医師マンローのコレクションから』（財団法人　アイヌ文化振興・研究推進機構　2002）
財団法人　アイヌ文化振興・研究推進機構編『アイヌからのメッセージ―ものづくりと心―』（財団法人　アイヌ文化振興・研究推進機構　2003）
山崎幸治ほか編『teetasinrit tekrukoci 先人の手あと　北大所蔵アイヌ資料―受けつぐ技―』（北海道大学総合博物館／北海道大学アイヌ・先住民研究センター　2009）

11 | 北米の博物館
──カナダ,アルバータ州の博物館を中心に

出利葉浩司

《目標&ポイント》 博物館の展示というと,「学芸員が」つくるものと思われてはいないだろうか。あやまりではないのだが,実際には,博物館学芸員だけではない,館外の人びとと共同でつくり上げることがある。だから,つくる人が異なれば,価値観も異なり,「展示物」やそれについて「いいたいこと」も異なることになる。ただ資料を陳列すればよいというものではない。このことに気付いた博物館は,どのように対応してきたのだろうか。この章では,博物館展示は一つではなく,その背後には,さまざまな意見の交換(議論)があることを知ろう。

《キーワード》 先住民,文化の展示,神話,ティピ,先住民の意見,伝承活動,儀式,語りの主体,博物館資料,先住民との共同作業

1. はじめに

まずは,カナダのアルバータ州カルガリー市にあるグレンボウ博物館(図11-1)の常設展示ブラックフット・ギャラリーの入り口をみていただきたい(図11-2)。タイトルの『Nitsitapiisinni: Our Way of Life』には,最初に「意味不明」の単語らしきものがあり,そのあとに明らかに英語とわかる単語がならび,「わたしたちの生活(のやり方)」と書かれている。

ブラックフット(Blackfoot)というのは,ロッキー山脈の東側,アルバータ州から合衆国のモンタナ州にまたがる大平原の北西部に居住する先住民である。Nitsitapi というのは,一般にはブラックフットとして

図11-1　グレンボウ博物館（外観）　　図11-2　グレンボウ博物館，常設展示入口（2003年撮影）

知られる人びとが，自らも含めてほかの先住民の人びとのことを呼ぶときに使う単語で，「真の人びと」という意味になる。

　なぜ，タイトルが先住民の言葉なのか。そしてそれが英語のタイトルより大きく，上に置かれているのか。また，英語のタイトルは，なぜ「わたしたちの…」ではじまるのか。このことは，この章が取り扱う問題に関連する。

　本論に入る前に，もう一つ，課題を提示しておきたい。「博物館に属する人類学者が，何らの挑戦も受けることなく『異文化』を代弁できた時代は過ぎ去った」（吉田　1999：4）。この一文は，吉田憲司の著書『文化の「発見」』の「はじめに」に書かれたもので，読み飛ばしてしまいそうである。しかし，日本語で書かれたこの一文は「人類学者」だけではない，国内の博物館にとっても重要な問題を提起している（注1）。

　グレンボウ博物館の展示室タイトルが，なぜこのようになっているのか，なぜ吉田はこのような発言をするのか。この章では，こうした問題を中心に考えていくことになる（注2）。

2. グレンボウ博物館で起こった出来事

　アルバータ州カルガリーで行われた1988年の冬季オリンピックにあわせて，グレンボウ博物館が企画した『精霊は唱う——カナダの先住民の芸術的伝統（The Spirit Sings: Artistic Traditions of Canada's First Peoples）』展が，同州北部の先住民族ルビコン・レイク・クリーの人びとからボイコットされるという事件が起きた。この事件は，カナダのみならず合衆国の博物館界に衝撃をもたらした。博物館展示について，熟考された批評を行ってきたジェイムズ・クリフォード（James Clifford）は，事件から約10年後の1997年に出版された著書『Routes』（毛利嘉孝ほか訳；『ルーツ　20世紀後期の旅と翻訳』2002）のなかでこの問題を論点の一つとして取り上げている。この事件は，この章にとって重要な意味をもつと考えているので，その顛末をクリフォードから引用しよう。

　「この展覧会はカナダや海外のコレクションから大量の工芸品が一堂に会したもの」で，「ヨーロッパ人と初めて接触した時代におけるネイティブ・カナディアンたちの文化の，詳細かつさまざまな状況を展示すること」を目的としていた。「いくつかのネイティブ・カナディアンの集団を含む多くの人びとにとって，この展示会は成功だった」が，「アルバータ州北部のルビコン・レイク・クリー族は，彼らの係争中の土地返還要求を大々的に主張するために，政治的効果の高い冬季オリンピックのボイコットを呼びかけた」。そして，「この行為の焦点はグレンボウ博物館にあてられていた」。というのは，この展示会のメイン・スポンサーであったある石油会社は，「ルビコンが所有権を主張していた土地に，石油掘削のための穴を打ち込んでいた」

からであった。つまり，この展示会は，「一方でネイティブの文化の伝統や美を賞賛しておきながら，その文化と末裔たちの現在の生存を，同展のメイン・スポンサーが脅かしていた」ことになるとみなされたからだ（クリフォード　2002：pp. 234-235）。

このような出来事がきっかけとなり，「カナダ・ミュージアム協会（Canadian Museums Association）と先住民会議（Assembly of First Nations）は，ミュージアムと先住民に関する特別調査団を組織し」，報告書が提出され，「ネイティブの代表とミュージアムのスタッフとのあいだの共同作業のためのガイドラインが制定され」るに至っている（注3）。「先住民のアートと文化を扱う展覧会では，こうした真摯な共同作業がいまでは標準となっている」のである（クリフォード　2002：p. 235）。

それでは，先住民とともにつくる展示とはどういうものであろうか。博物館の展示は，観覧者の問いかけに応じてさまざまな回答を用意してくれるものである。そのような問題意識をもちながら，展示を検討してみると，これまで気付かなかったさまざまなことがみえてくる。

3.　先住民とともにつくる展示―グレンボウ博物館では

（1）どこから語り始めるか

カナダ北西海岸アラート・ベイにあるウミスタ文化センター（U'mista Cultural Centre）の責任者グロリア・C・ウェブスター（Gloria Cranmer Webster）に筆者の勤務する北海道開拓記念館（現在の北海道博物館の前身）をご案内する機会があった。2004年のことである。同博物館は北海道という島で起こった出来事を歴史の流れに添って展示している（第

10章参照)。日本国内におけるほとんどの歴史博物館がそうであるように、人類の古い部分は考古学の成果が展示されていて、それが北海道の先住民族であるアイヌの文化へとつながっていく。筆者は、カナダの先住民族であるクワクワカワクゥの出身であるウェブスター博士に、展示の感想をお聞きした。

ウェブスター博士の答えは、「アイヌの神話から始めてみてはどうか」というものであった。このことが意味することは、単に展示のおもしろさや珍しさを狙ってはどうかということではない。西洋近代の学問の流れをくむ考古学と、先住民が伝えてきた神々の語りが、展示する側である学芸員と、展示される側の人びととそれぞれにとって、どういう意味をもっているのかということである。

筆者は、アルバータ州に暮らす先住民の古老の女性が、「自分にとって、科学的事実より神話的事実のほうが大切だ」と言い切るのを聞いたことがある。理由は、「科学者は発見されたものによってのみ、意見を言う。発見されたものは、この土地でなにが起こったかについては物語るが、未来についてはなにも語らない。一方、われわれは、自然界の現象、動物の行動、天空の移り変わり、すべてのものの行動から、未来についてのメッセージを受けている。われわれは、夢、霊、そのほかのもの、すべての助けを受けて、メッセージを受けている。そして、このメッセージは、誰でも平等に受けることができる」からであるという(2003年8月、ロイヤル・アルバータ博物館における筆者のインタビュー)(注4)。

それでは、実際の展示ではどのようになっているのか。グレンボウ博物館の展示「ブラックフット・ギャラリー」をみてみよう(図11-3；以後、写真はすべて2003年筆者の撮影である)。この博物館では10年間かけて展示を準備し、2001年に公開している。入り口を入ったすぐの展示

物のタイトルは、『Other Beings in Our World』である。「われわれの世界にいるほかの生命」というような意味となろうか。ここに展示されているのはこの地域から発掘された考古学資料ではない。衣食住など人びとの日常生活に必要な道具類でもない。解説文は、「われわれの世界を、われわれと分け合っている生命は、天空、地上そして水の中や水辺に暮らしている」と始まり、「天空には太陽、その妻である月、息子である明けの明星があり、この家族がわれわれの祖先に、われわれが暮らすなかで彼らの助けが必要な時は、いつでもそれが行えるように重要な聖なる儀式を伝えた」と述べている。そして、先住民の神話的世界を形作るものが展示される。具体的な展示物については、たとえば『ksisk-staki BEAVER』のように、まず先住民の言葉が記されそのあとに英語名称が記される。

図11-3　グレンボウ博物館先住民展示は神話的世界から始まる

　その反対側には、先住民の住居であるティピが設けられている。その天井はいくつもの小さなランプが輝いており、あたかも星空を眺めているような雰囲気をつくり出している。そこでの説明も、『Sky Story』と題して「Look up the sky. Spomi-tapi-ksi (the sky beings) are part of our world. They are stars, Natosi (sun), kokomi-kisomm (Moon), …」と天空の物語が語られる。このティピのまわりにはベンチが置かれ、観覧者はしばしの間、すわって星空を眺め、神話の世界に思いをはせることもできる（図11-4）。

　このように、展示室を入ったすぐの場所で、まず伝説・神話的世界が

説明されている。このことが意味することは、伝説や神話が単なる文化の一つの要素として、たまたま最初に展示されているということではない。最初に展示されているものが、ブラックフットの人びとにとっての歴史でありまた生活の根底にある「哲学」であるからであろう。このことを、強く印象づけるためではないだろうか。

（2）先住民の語りの文脈における「博物館資料」

図11-4 展示『Sky Story』
〔グレンボー博物館展示物〕

　西洋近代の科学が説明する「事実」と、先住民の言い伝えが説明する「事実」とが対立するのは、歴史的説明だけではない。一つの博物館資料をどのように説明するかについても、この問題は表面化する。

　一般に、博物館は西洋近代に発達をみた学問により、そのシステムや内容が整えられていく。当然のことながら「資料（標本）」も、西洋近代の研究成果に基づき収集、分類、収蔵され、そして展示されていく。この論理でいうと、「植物標本」はあくまで生物学の守備範囲であり、「生物」というカテゴリーに分類される資料である。当然、生物学としての活用が期待されていることになる。

　グレンボウ博物館の先住民展示室では、ブラックフットの人びとのなかでの器物や生き物の意義が優先されている展示がある。有用な植物が展示されている『Plants』では、植物の利用についての先祖の知識がま

ず説明される。そして，たとえばサスカチューン・ベリーの展示では，ベリーの葉と実の標本展示の横に置かれたラベルには「*o-ko-nok* Saskatoon Berries」とあり，「この果実はわたくしたちにとって，大変重要なものです。わたしたちは，これをスープに入れて使ったり，潰して moki-maani を作るのに使ったりします。これを食べることで，この果実は血のめぐりよくし，血行障害から守ってくれるのです」とある。ここには，薬効についての「西洋の科学に基づいた」説明もなければ，種や属などの植物学的な説明もない。もちろん学名も記されてはいない（図11-5）。

図11-5　展示『Plants』。先住民の立場で植物が分類され説明される。〔グレンボー博物館展示物〕

4. 先住民の価値観を取り入れる
―ロイヤル・アルバータ博物館では

　ここで，アルバータ州の州都エドモントンにあるもう一つの博物館，ロイヤル・アルバータ博物館（図11-6）の展示も見ておくことにしよう。

　『Syncrude Gallery of Aboriginal Culture』という名前のホールがこの博物館の先住民展示室となっている。この展示は，計

図11-6　ロイヤル・アルバータ博物館（外観）

画策定から5年をかけて，1997年に公開している。シンクルードというのは，この展示のスポンサーで，石油掘削を行っている企業である。

この博物館は，筆者が勤務している北海道博物館と姉妹博物館の提携があり，この展示室を担当したスーザン・ベリー学芸員に，展示段階での先住民の人びととの連携がどのように行われたのか，論考を発表していただいたことがある（ベリー　2005）。ここでは，ベリー博士の論考も参考にしつつ，筆者の「観察」記録をもとに，いくつか気付いた点を述べてみよう。

（1）先住民が大切にしたいこと

ここの展示室には，中央部に大きな円形の広場がある（図11-7）。この円形の広場は，その形が円形である意味や，そこが広場であることが明記された説明があるわけではない。だから早足で見て回った来館者は，おそらくこの事実に気がつかないだろうと思う。しかし，展示資料

図11-7　展示室中央部にある円形の広場。ティピのデザインが採用されている。〔ロイヤル・アルバータ博物館展示物〕

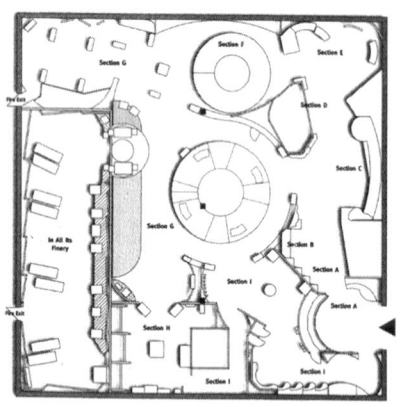

図11-8　シンクルード先住民ギャラリー平面図

や解説文だけではなく，展示室全体の様子を注意深く見てみると，この展示室全体のいたるところに「円形」または「半円」が用いられていることがわかる（図11-8）。

　ベリー博士によると，展示室全体の「設計は『円』という重要な概念をふまえたものです。多くの先住民文化において，『円』は神聖な形であり，統一，継続性，生き方の象徴とされています。この環状の順路沿いに，歴史を追って物語が展開していきます」（ベリー　2005：301）という。

　展示室の設計にあたっては，さまざまなケースや資料の配置デザインが考えられたはずである。それらは，正誤の判断はできない，すなわち「これでなければならない」というものではなかったことが想像できる。そこでは，学芸員やデザイナーなどのさまざまな価値観がぶつかりあう。そのようななかで，先住民の価値観が採用されたのである（注5）。

（2）伝承活動の場としての博物館

　この円形の中央広場は，じつは，先住民の住居ティピの円錐形をモチーフとして採用したものでもある。内部に背もたれつきのシートがめぐっており，足を投げ出してすわることができる。内部への入り口は4箇所あり，通常は開いているが，完全に閉じることも可能なようにできている。同博物館の職員によれば，4箇所にしたのはこの数字が先住民にとって意味のある数字であるからだという。そしてこの4箇所の入口からは，展示室内のどこへでもアクセスできるようになっている。

　重要なことは，この「ティピの内部」空間が，儀式の場ともなることである。周囲のシートは，先住民が「腰掛け」に使うバックレストを模したデザインとなっている。筆者は，このティピの中で行われた先住民の儀式に参加する機会を得た。近郊に住むクリーの古老が司祭を務め

る。参加者は，先住民の小学生団体，文化人類学を担当する学芸員のほか，クリーの伝統を学ぼうとする先住民の人びとであった。そのほか，古老から治療を受けようとする婦人の参加もあった。

　つまり，この広場は，単に観覧者に「展示」を見てもらい，文化を理解していただく「展示室」というだけではなく，先住民の人びとにとっての儀式の「継承の場」ともなっているということである。

　なお，このティピの内部にも展示ケースがあり，神とつながるための道具であり，儀式において重要な役割を果たす喫煙具（パイプ）が展示されている。この点も注意しておいてよいだろう。

（3）資料をどのように展示するか

　個々の資料を展示する時にも，先住民の意見を尊重している。たとえば，上述した喫煙具の展示がそうである。われわれが喫煙具であるパイプを展示するときには，それが喫煙具であることがわかるような展示を心がける。分解して展示することは，個々の部品の働きを示したいとき以外は，ふつう行わない。また，背景色には，展示物が際立つものか，あるいは，目に優しく鑑賞の妨げにならない色合いを選ぶことがほとんどである。

　ところが，展示の指導にあたった先住民の古老は，パイプの軸と火皿部分を「別々に」展示すること，さらにその下には緑色の布を敷きセージの小枝を添えることを提案したという（図11-9）。パイプの火皿部分は女性をあらわし，軸部分は男性をあらわしている。この2つが一緒になるのは儀式の時だけである。緑の布を敷き，セージの小枝を添えるのは，緑という色やセージの香りが罪を浄めてくれるものであるからであり，これらをいっしょに使うことで，パイプの置き場を浄めることができるからであるという。このような先住民に伝わる考え方がもとになっ

図11-9 パイプの展示。火皿と軸を別々に展示している。〔ロイヤル・アルバータ博物館展示物〕

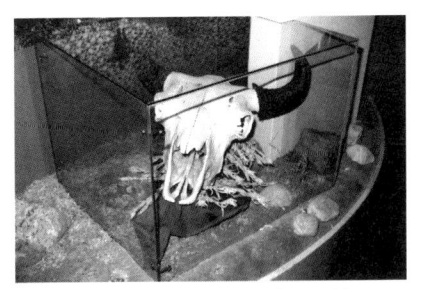

図11-10 緑色布とセージの小枝は，ほかのケースでもみられる〔ロイヤル・アルバータ博物館展示物〕

ている（図11-10）（ベリー　2005：308）。

　博物館資料は，単なる収集品ではないし，また研究資料としての役割しかもたないわけではないということだろう。資料が本来おかれていたコンテキスト，つまり先住民の考え方をどのように取り入れるかは，つねに考えなければならない問題なのである。

（4）資料は誰のものか

　博物館が展示するものは，先住民の歴史や文化だけではない。図11-11は，先住民の住居であるティピを展示した部分に置かれた写真とその説明である。3人の男女が写っている。左端の男性は，顔立ちからしてヨーロッパ系の人物であることがわかる。人類学を担当する博物館職員がティピに関する「調査」を行って

図11-11 ティピ譲り渡しの儀式を行ったときの写真〔ロイヤル・アルバータ博物館展示物〕

いるところだろうか？

　説明を読めば，この写真は，学芸員 Eric Waterton が，Bob Black Plume と Mrs. Rices とのあいだで，「黄色のカワウソ」のティピの譲り渡しの儀式を行っている時のものであるという．それに続けて，ティピのデザインが重要で，それは所有者に帰属するものであり，所有者の許可なくデザインをコピーしたり使用したりすることは許されないものであることが書かれている．この写真では，ティピのデザインの所有権が，ワタートン学芸員を経て，博物館に移ったことも説明される．

　このティピ譲り渡しの儀式は，博物館側，先住民側双方にとって，2つの意味で重要である．一つは，もちろんデザインの権利の問題で，州立の博物館といえどもこのこととは無関係には存在しえないということである．もう一つは，この場面が「現代」であるということである．ティピのデザインの継承が，けっして過去のものではないということがわかるのであるが，その儀式に博物館が関係していることで，観覧者は，この儀式が先住民社会内部だけで伝えられているものではなく，民族集団の範囲を超えて行われるものであることを認識するのである．なにより今，展示を見ている観覧者自身にとって「身近な」ものであることが理解されるであろう．

　このことは，先住民の文化が，文化的な境界を乗り越えて「ヨーロッパ社会」に影響を及ぼしていることも暗に示唆している．つまり，資料の収集（所有権の移動）が，博物館側の論理だけではない，先住民側の論理でも行われていることを示しているとみることができる．

(5) 誰が，誰に，なにを語るのか

　ここでふたたび，グレンボウ博物館先住民展示室入り口の一人称の語り『Our Way of Life』に戻ろう．このタイトルは，これからの展示を

語るのは「誰か」ということが，きわめて明瞭に語られている。それだけではない。この展示室の解説文を注意して読めば，「一人称」の語りが多いことがわかるだろう。入り口を入ったすぐの解説文「Hello Our Relatives」は，これから観覧しようとする人びとを，「わたしたちの」仲間と呼びかける。そしてこれから語られることが「This is our story」（わたしたちの物語）であり，これから語られる伝統や価値，文化，そして歴史は「It is about our traditions, our values, our culture, and our history.」すなわち他ならない「わたしたち」であることが宣言されている。

　解説文の主語は，先住民（First Nations）あるいは集団名「ブラックフット」でもなければ，展示されている器物や文化要素（たとえば「この弓は…」「狩猟活動は…」）ではない。あくまでも「わたしたちの…」で始まる。このことは，注意してよいだろう。

　さらに，語りの「時制」が，「現在形」で語られている場面があることにも，注意すべきである。これは，「これからもという含みをもった今現在」のことを強調していると受け止めてよいだろう（注6）。

5．終わりに─この章のまとめ

　ミシェル・エイムズ（Michael Ames）やクリフォードが提起する問題は重要である。長くなるがここで引用し，まとめとしたい。「ミュージアムというものは，適切なインディアンの部族共同体の許可なしに，その工芸品の展示会を組織することができるのだろうか？」「『文化的財産』を管理することにおいて必要とされているものは何であろうか？」「計画段階における協議と参加はどのようなものが適切なのだろうか？」あるいは，「ネイティブのアートや文化，あるいは歴史を扱う展

覧会であれば，かならずその一部として，現在の政治問題や社会闘争に注意を払わなければならないのだろうか？」「ミュージアムは，政治的中立性を主張できるのだろうか？」「公的であれ私的であれ，自分たちのスポンサーの活動に対してミュージアムはどのように説明する責任があるのだろうか？」（クリフォード　2002）

　こうした問題は，北米の博物館だけの問題ではない（注7）。たしかにエイムズの論文は1991年（Ames 1991）であり，クリフォードの著書『Routes』は1997年に刊行されたものだ。しかし，20年も前のことだと，かたわらに置き注意を払う必要のない問題ではない。博物館は，ただ資料をケースの中に並べ，そこに説明を加えればよいというのではない。また，先住民にも意見や考えがあることを知っていさえいればよいということでもない。展示する側，される側の問題として，われわれは，つねにこのことを考えておく必要があるのではないだろうか。

（注1）吉田は，同じことを，第4章「民族誌展示の現在」のなかで繰り返し述べている点を注意しておきたい（吉田　1999：p. 207）。また，このような要旨の発言は吉田が初めてではない。海外では，すでにクリフォードが述べている（2003：p. 18）ことを，つけ加えておきたい。

（注2）この章の多くは，筆者がすでに発表した論考によっていることをあらかじめお断りしておきたい（出利葉　2005）。

（注3）Hill, Tom, and Trudy Nicks, eds. 『Turning the Page : Forging New Partnerships between Museums and First Peoples』Assembly of First Nations and Canadian Museums Association : Ottawa

（注4）もちろん，この女性は，近代的教育を受けた方である。歴史学も，考古学的事実もご存知であった。そのうえで，あえて「自分たちが伝えてきた伝説や神話の重要性」を力説されたのである。

（注5）先に検討したグレンボウ博物館先住民展示室のレイアウトも，「円形」「円錐形」が基本となっている。同博物館の Clifford Crane Bear 学芸員（2003年当時）

によれば，これはすべてのものはサークルの中にあるという先住民の考え方に基づいたものであるという（図11-12）。また，展示動線は左から右へまわるように設計されているがこれは太陽の運行に従ったものである。また大きな円形は4つあるが，それは四季にあわせたものであるという。

(注6) 実際，2つの博物館の展示室は，「現代」の部分で終わる（図11-13）。民族学展示における先住民文化の現在については，とくに本多俊和氏らが積極的に論じている。（本多ほか　2006，本多ほか　2007）
(注7) この問題は，展示活動だけの問題ではない。調査から資料の収集に至るまで，博物館活動全体の問題であることは，注意しておきたい。

図11-12　グレンボウ博物館のレイアウト模型

図11-13　先住民の現在〔グレンボウ博物館展示物〕

コラム　先住民と博物館　　　　　　　　　本多俊和
（放送大学客員教授）

　博物館は先住民がたどった歴史とその現状に関する知識を普及するとともに，先住民はどのような人びとかに対するイメージづくりにも大きな役割を果たしている。ところが，先住民を支配している，あるいはかつて支配していた国家によっては，展示の様子が異なっている。海外で植民地を経営していたヨーロッパ諸国の博物館では，（旧）植民地の先住民を取り上げる展示では，古い民族誌的な内容に徹して，植民地経営を肯定的に表象し，支配によって先住民が被った影響や苦しみに触れない傾向がある。それらの博物館では，先住民を過去に閉じこめ，現在を生きている現実が伝わらない展示になっている。

一方，先住民が国内に住んでいるカナダやアメリカの国公立博物館では，民族誌的な内容の展示に加えて，過去の過酷な政策によって生じた苦しみや文化的な破壊に対する反省，時には謝罪を込めた内容が目立つ。たとえば，国軍に追い詰められたことや，居住地から強制移住させられた事実をジオラマで表現し，先住民の視点に立って，苦難の局面だけではなく，先住民の伝統的な生活と文化を語り，その現状も紹介されている。

カナダ国立歴史博物館

2003年に開館したカナダ国立歴史博物館（Canadian Museum of History，2013年までは「文明博物館」）では，先住民の展示に関して11条からなる綱領に，ステレオタイプを排して，先住民の視点に立ち，文化遺産を尊重し，先住民がカナダ国に及ぼしてきた影響を示す趣旨が明示されている。

その目標に達すべく，先住民の現在とのかけ離れた展示を改め，イギリスやフランスからの移住者とならんで，先住民もカナダの「建国の民」と位置づける展示になっている。主流社会に関する展示に匹敵する広さを先住民に関する展示にも割り当て，先住民が経験してきた植民地的な歴史，そして日々変わる現代を忠実に見せるために定期的に展示を更新するようになっている。過去に閉じこめるような展示から，先住民が歩んできた歴史を先住民の立場を加味した視点から展示し，独自の歴史と伝統をもって先住民が現代を生きている様子がよくわかる展示に変わっている。

先住民の代表者と協議して，先住民の歴史と現代にまだあるステレオタイプを排除するという運営綱領に沿って，先住民に関する情報は適宜に更新されている。都市在住者を含めてカナダのすべての先住民の歴史的変遷，ヨーロッパ人の侵入とその影響，不平等条約，強制移住や指定居住地の様子などを示し，さらに先住民が直面している課題に焦点を当てた展示構想である。

2004年に開館した国立アメリカ・インディアン博物館（National

Museum of the American Indian) はカナダ歴史博物館に類似した趣旨で運営されるが，ここではアメリカ・インディアンのたどってきた歴史の展示よりも，その多様性に重点をおいた展示が多い。それでも，アメリカ・インディアンの苦難に満ちた歴史を無視しているわけではなく，開館の辞では，ブッシュ大統領（当時）はアメリカ・インディアンの歴史は不公平に満ちたものであり，その歴史と言語，文化を尊重して自治権を支持すべきという趣旨を述べた。印象的な展示は，ヨーロッパから北アメリカ大陸への侵入が本格化した16世紀当初にあったと推定される300以上の言語のうち，現在，話者が一人もいなくなった数百の言語名を刻んだ壁画である。

国立アメリカ・インディアン博物館（左）と米議会

　北アメリカの以上の国公立博物館のほかに，先住民自ら経営する博物館が100以上ある。それらの博物館は規模も内容も千差万別であり，民族芸術性を強調する館，地元の自民族の学習を中心に運営される館，精神生活をめぐるスピリチュアリティを重視する館，さらに，先史時代から「開拓」や強制就学，強制移住までの歴史を紹介したうえ，「Today and Tomorrow」展示で締めくくる館がある。

　日本では，2020年に北海道白老で設立される「国立アイヌ文化博物館（仮称）」の準備が進められている。現状では，北海道を中心にアイヌ民族に焦点を当てた数カ所の博物館はあるが，調べた限りではアイヌ民族がおかれている現状をつぶさに伝える博物館はなく，アイヌ民族が直面している課題がわかる展示が不足している。

　日本とカナダ，アメリカの歴史的背景と先住民政策の間に大きな違いがあるので，同列に論じることができないが，博物館展示に関するさらなる工夫が期待される。

参考文献

クリフォード，ジェイムズ(毛利嘉孝ほか訳)『ルーツ　20世紀後期の旅と翻訳』(月曜社　2002)『Routes Travel and Translation in the Late Twentieth Century』(Harvard University Press　1997)

クリフォード，ジェイムズ(大田好信ほか訳)『文化の窮状　二十世紀の民族誌，文学，芸術』(人文書院　2003)『The Predicament of Culture Twentieth-Century Ethnography, Literature, and Art』(Harvard University Press　1988)

出利葉浩司「アルバータ州にある二つの博物館の先住民族展示について―博物館民族学の視点から―」『18世紀以降の北海道とサハリン州・黒竜江省・アルバータ州における諸民族と文化―北方文化共同研究事業研究報告』(北海道開拓記念館，pp. 203-242，2005)

ベリー，スーザン「博物館建設における地域社会との連携：シンクルード先住民ギャラリーの事例」『18世紀以降の北海道とサハリン州・黒竜江省・アルバータ州における諸民族と文化―北方文化共同研究事業研究報告』(北海道開拓記念館，pp. 299-333，2005)

本多俊和・葉月浩林「アイヌ民族の表象に関する考察―博物館展示を事例に―」『放送大学研究年報』(第24号，pp. 57-68, 2006)

本多俊和・謝　黎「博物館における先住民族表象―外国の博物館展示事例から―」『放送大学研究年報』(第25号，pp. 95-107, 2007)

吉田憲司『文化の「発見」―驚異の部屋からヴァーチャル・ミュージアムまで』(岩波書店(岩波人文書セレクション) 2014) (原著　1999)

Ames, Michael「Biculturalism in Exhibitions」『Museum Anthropology』15 (2)：pp. 7-15 (1991)

・ⒸGovernment of Alberta-Royal Alberta Museum
　Arranged through Japan UNI Agency., Inc.　Tokyo

12 | 南米の博物館
　　　　―ペルーにおける考古学と博物館

　　　　鶴見英成

《目標＆ポイント》 本章ではアンデス文明の文化遺産を膨大に抱えるペルー共和国を対象として，国家，個人，研究者などさまざまな主体による博物館の運営と展示活動について概観する。考古資料の性質，研究の進展・動向，社会状況などが博物館展示のあり方に大きく影響する。
《キーワード》 アンデス文明，考古資料，ナショナル・アイデンティティ，天野コレクション，遺跡博物館，クントゥル・ワシ遺跡，発掘，盗掘

1. はじめに―アンデス文明の遺産

　アンデス文明は南アメリカ大陸中央アンデス地域に展開した古代文明である。現在のペルー共和国（図12-1）はその中核部にあたり，壮麗な建築遺跡や土器・黄金製品・織物など多様な考古遺物を抱えている。ペルーの考古学博物館の特徴を知るためには，アンデス文明の遺した物質文化の特徴，そして現代ペルーの社会状況を理解する必要がある。

（1）アンデス文明略史

　ペルーを中心に，エクアドル南部やチリ・ボリビア北部を加えた地域が中央アンデスである。海洋・砂漠・沃野・高原・ジャングルなど多様な環境が凝縮されており，あたかも地球のミニチュア版である。紀元前9000年頃そこに到達した人類は，ジャガイモ，ペルーカタクチイワシ，ラクダ科動物（リャマ，アルパカ）など地域に固有の資源を開発し，や

230

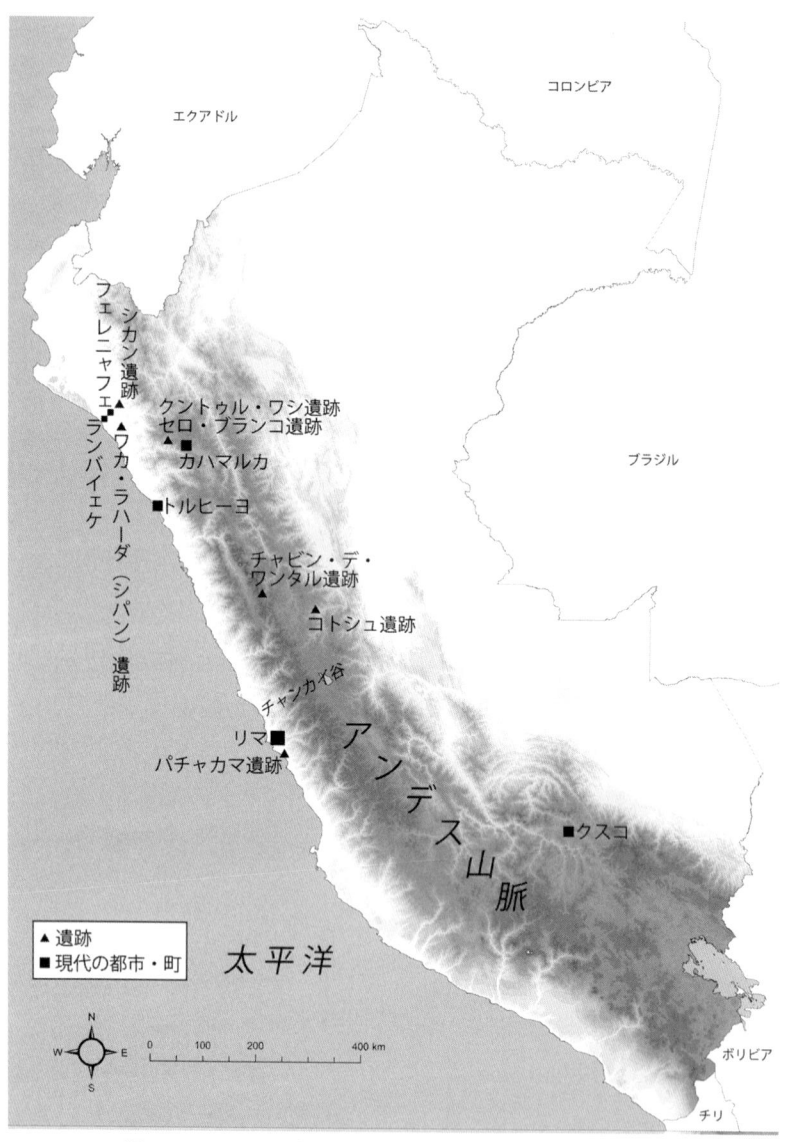

地名ラベル:
- コロンビア
- エクアドル
- シカン遺跡
- フェレニャフェ
- ワカ・ラハーダ（シパン）遺跡
- ランバイエケ
- クントゥル・ワシ遺跡
- セロ・ブランコ遺跡
- カハマルカ
- トルヒーヨ
- チャビン・デ・ワンタル遺跡
- コトシュ遺跡
- ブラジル
- チャンカイ谷
- リマ
- パチャカマ遺跡
- アンデス山脈
- クスコ
- 太平洋
- ボリビア
- チリ

凡例:
▲ 遺跡
■ 現代の都市・町

0　100　200　400 km

図12-1　ペルー全図および本章で言及する遺跡・地名

がてほかの大陸とは別の文明を産みだした。紀元前3000年ころ，各地に壮麗な神殿が建てられるようになり，それが村落の核となって大規模・複雑な社会が成立したため，紀元前3000-紀元前50年を文明の「形成期」と呼ぶ。やがて「地方発展期（紀元前50-600年）」には各地に地域文化が生まれ，なかには「シパン王」のような権力者をいただく「モチェ文化」など，国家であったと考えられる文化もある。それらが崩壊した後，「ワリ期（600-900年）」においてワリ帝国がおそらく中央アンデスの広範囲に政治的統一をもたらしたと考えられている。続く「地方王国期（900-1450年）」には北部の「シカン文化」や中部の「チャンカイ文化」のように再び各地に地方文化が栄えた。そして「インカ帝国期（1450-1532年）」にはインカ帝国が征服戦争を繰り返し，中央アンデスに広く影響を及ぼした。

（2）アンデス文明の美術

建築のみならず多様な工芸品がアンデス文明のきわめて早い段階，すなわち形成期に萌芽している。本章ではとくに織物，土器，黄金製品に焦点を当てよう。

ペルーからチリにかけての海岸砂漠は世界でも有数の乾燥地帯であり，土中に埋もれた食物の残滓やミイラ化した遺体，そして綿やアルパカ毛で織られた織物が発見される。神殿の成立よりやや早く，織りや染めの技術が萌芽し，時代とともに多様化した。とくにチャンカイの織物文化はきわめて多様な技法や文様で知られる。古代の織物を研究できるフィールドは世界でも稀であるが，保存の難しさが大きな課題である。

土器は織物より遅く，紀元前1800年ころ導入された。立体的な造形表現に優れた形成期やモチェ文化の土器，世界的にも稀な色数を実現したナスカ文化の多彩色土器など，美術的にも傑出した作品が多い。土器は

多様な特徴が観察できるため，時期差・地域差の指標として考古学の根幹を成す資料である。しかし盗掘品がきわめて多いため，美術品として広く愛好されつつも，学術的な有効利用が未だに不十分である。また巧妙な贋作(がんさく)も根深い問題である。

　ペルーは世界的な金産国である。精巧な黄金製品が製作され始めたのは紀元前800年ころで，本章で紹介するクントゥル・ワシ遺跡の出土品が代表例である。打ち延ばし，溶接，銅との合金など時代を経て次第に冶金(やきん)技術が発展し，多量の製品が生み出された。アンデス文明を象徴する人工物であるが，同時に貴金属ゆえの資産価値の高さが管理上の課題となる。

(3) 略奪・盗掘

　1532年，フランシスコ・ピサロの率いるスペイン兵の一団がインカ帝国最後の王位継承者アタワルパをとらえ，その身代金として膨大な黄金製品を接収した。飽き足らぬ彼らはアタワルパを処刑して首都クスコに進軍し，インカ帝国を滅ぼして彼らの黄金細工をことごとく略奪した。地上の黄金を取り尽くしたあと，ペルー各地の遺跡に眠る文化財を狙って盗掘が始まった。黄金製品は単純に資源としての価値しか認められず，多くは溶かして延べ棒にされた。やがて土器や織物などもヨーロッパの資産家たちの間で，珍奇な品として高値で取り引きされるようになる。1822年，ペルーはスペイン本国からの独立を果たして共和国となるが，盗掘は資源の採掘と同じく一種の産業として確立され，ペルー経済の一端を担った。大土地所有者のなかには考古学者としての自覚をもち，自身の土地からの出土品を研究・整理してコレクションする者もいたが，使用人に命じて無分別に領地を掘り返し，ただ物量を求めて無軌道に収集し，時に惜しげもなく売却する者もいた。盗掘は現在では法律

で禁じられているが，国中に分布する遺跡はあまりに多く，政府は保護はおろか全容の把握すらできていないのが現状である。生計を立てるほどの熟練した盗掘者は次第に減りつつあるが，一般市民のなかに習慣として根付いた盗掘行為は容易に一掃できるものではない（ペルーの盗掘の背景については関　2014を参照のこと）。

（4）考古学研究

　アンデス文明は，文字システムをもたなかったため，征服者がスペイン語で書き記した内容を除けば，考古資料からその歩みを復元せねばならない。単なる古物愛好ではなく，遺跡から層序に従って遺物を取り出し，物質文化の地域差や時代差を解明して古代史を復元する試みは，18世紀中葉より外国人考古学者によって始められた。1920年代より「ペルー考古学の父」と称されるペルー人考古学者フリオ・C・テーヨが，精力的にフィールドワークと資料収集を進め，アンデス文明史の枠組みを確立した。やがて工芸品のみならず動植物の残滓や，古環境を物語る地質的データなども考古学資料の一環を成すようになっていった。1960年代，東京大学の調査団がコトシュ遺跡で土器を伴わない「交差した手の神殿」を発掘し，「アンデス文明の神殿の登場は土器の導入より早い」ということを証明した。チャビン・デ・ワンタル遺跡に代表される，土器を伴う「チャビン文化」から神殿が生まれたという定説は覆り，アンデス文明の起源への関心が強まった。また同じ頃「放射性炭素絶対年代測定法」が実用化され，遺跡から出土した木炭などから年代を直接測ることが可能になり，アンデス文明の年表が具体的な年代値とともに構築され始めた。このことは，アンデス文明を世界のほかの古代文明と比較して理解するという機運につながり，世界史におけるユニークさに関心が寄せられるようになった。

(5) 考古資料と博物館

　すでに世に出てしまった盗掘品は，やむを得ず，文化省に届け出たうえで個人や博物館が所蔵することが認められている。「何がどこでどのように発見されたか」を正確に記録することが考古学調査の根幹であり，盗掘品は考古資料として本来失格である。しかしペルーではあまりにも盗掘の伝統が根深いため，盗掘品を完全に排除して古代史を論じることはできない。盗掘者は凡庸な品を遺跡にうち捨て，美術品として傑出したものを市場に流す。それらは各時代・各地域の美術様式を明快に体現した遺物が多い。1点だけにとらわれず複数点を参照して整合性をチェックし，出自の明らかな考古資料と比較し，時には科学的な分析を行い，考古学の議論に取り込んでいく必要がある。研究史上，頻繁に参照されてきたような盗掘品も数多い。

　一方発掘調査による出土品は，報告書の提出に先立って文化省に引き渡す規則となっており，原則的に文化省の保管庫に収められる。また文化省が認可した博物館に限り，発掘品の収蔵や展示を担当できる。考古資料は日常的でありふれた煮炊き用の土器のみならず，骨片や食料残滓など盗掘者が目もくれない資料を含む。それらがもたらす古代史研究上の意義は大きい。現在の考古学博物館は美術品のみならずそれらを研究成果とともに展示することが一般的である。

　ペルー文化省は考古遺物を保護しつつ，多くの国民がその出身地，ひいてはペルー国民としてのアイデンティティを確立できるようにする手段，それが博物館であるとしている (Ministerio de Cultura 2013)。またペルーは観光を重要な産業としており，アンデス文明の遺産を外国人の目にも魅力的なコンテンツとして整備しようとしている。ペルーでは公有の博物館（国立・州立・郡立・村立および遺跡博物館）と私有の博物館（個人・団体などの保有する私立博物館）という大別があるが，政府

は1992年に「国内博物館の国定システム（Sistema Nacional de Museos del Estado）」を制定し，国有・私有を問わず文化財の管理と公開を一元的に掌握できるようにした。ただし，加入していない館もまだ少なくない。

　以下，本章では3つの博物館を中心的に紹介する。国立の考古学博物館の中心であるペルー国立考古学人類学歴史学博物館（以下適宜MNAAHPと略称），私立博物館を代表する天野プレコロンビアン織物博物館（旧天野博物館），遺跡博物館の例であるクントゥル・ワシ博物館である。いずれも近年展示のリニューアルを実施しており，それぞれに求められている役割を現在進行形で読み取ることができる。

2. ペルー国立考古学人類学歴史学博物館

　ペルーの国土は広く，地方にも国立の考古学博物館が設置されているが，その内容は在地の古代文化を中心に構成されている。しかし首都リマの国立博物館はペルー全土の古代文化を網羅する。ペルー国立考古学人類学歴史学博物館（MNAAHP）はその代表である（小暮編　2011, Ministerio de Cultura 2014）。

（1）首都リマの国立考古学人類学歴史学博物館（MNAAHP）の由来

　MNAAHPはインカ帝国までの古代史のみならず，インカ征服後の植民地時代，スペインから独立し現代に至る共和国時代という歴史時代をカバーするが，それはこの建築の起源に関係する。建築の南東部の一角はもっとも古く，18世紀末の副王別荘であり，独立後に共和国政府が接収しシモン・ボリバルら独立運動の推進者らが別邸とした。このころから独立に関する資料や美術を保管・展示する機能が与えられた。19世紀

後半のチリとの戦争に際して政府が置かれるなどの経緯を経て，1928年にペルー初の国立博物館になった。このとき副王別荘の西側に，ヨーロッパ的な円形大広間と中庭を囲む2つの回廊が設けられ（図12-2），門扉などにアンデス文明の建築要素を取り込んだ「ネオインカ様式」が採用された（図12-3）。さらに収蔵庫と研究室の並ぶ北側の敷地と連結し，総合的な考古学・歴史学の研究拠点となったのである。創立を先導したのはペルー考古学の父フリオ・C・テーヨで，自身の墓所も敷地内にある。博物館自体がペルー史を象徴するモニュメントなのである。

なお1992年，旧国立銀行の7階建ての現代建築を改装した国民博物館（Museo de la Nación）がリマ市の別の地区に成立した。文化省やUNESCOなどのオフィスも設けられ，また音楽や舞踊などの文化的行事が催される総合的な文化行政の拠点である。また，リマ市郊外のパチャカマ遺跡に隣接する巨大なペルー国立博物館（Museo Nacional del Perú）の建設が進行中で，現行2館の考古遺物コレクションが大幅に移管される見込みである。

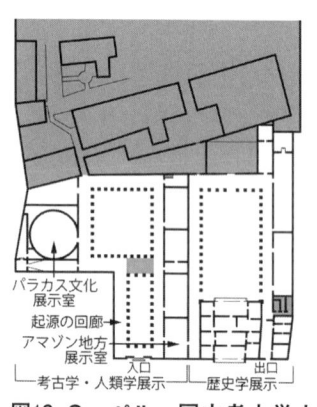

図12-2　ペルー国立考古学人類学歴史学博物館（MNAAHP）見取り図
〔MNAAHP 原図作製〕

図12-3　MNAAHP 外観

(2) 展示

　MNAAHP の展示は随時改変されてきたが，基本的に来館者は展示ケースが配置された2つの回廊をめぐり（図12-4左），さらにそこから個別の展示室に出入りする。最初の回廊は「起源の回廊」と銘打たれ，アフリカ・アジアの化石人骨レプリカから始まり，アメリカ大陸独自の石器や原産の動植物，そしてコトシュ遺跡「交差した手の神殿」の壁面を飾っていたレリーフ「交差した手」など，最古の神殿群の成立すなわち文明の誕生までを展示している。また順路の終盤に特別展のスペースがあり，2015年2月現在展開されている古代アンデスの楽器の特別展示は，音楽が人類にとって不可欠な文化要素であるとの文言から始まる。世界規模の人類史のなかで展示品とともにアンデス文明を紹介することは他館には稀であり，ペルーの古代文化の総体を提示するという館の目的の表明といえる。また第2の回廊は形成期からインカ期まで，編年に沿いつつさまざまな地方文化を紹介しているが，比較的知名度の低いカハマルカ文化には専用の大型解説パネルが添えられ，またアンデス文明の地理的周縁に相当するアマゾン地方については独立した展示室が設けられている。国民のアイデンティティを確立するというペルーの国立博物館の使命が，このようにペルー全土をカバーする展示構成に表出している。

図12-4　MNAAHP の回廊（左）および円形大広間（右）

2013年，第2の回廊の西側に位置する円形大広間（図12-4右）の大規模改修が完了し，パラカス文化の展示室としてリニューアルオープンした。回廊より高層になっていた円形大広間を上下に仕切り，2階建ての建築としたのである。ペルー文化省は博物館展示の情報量を増やすことを意図しており，この改装は展示面積の増加に貢献している。さらに従来の博物館が一般国民への教育施設として不十分であったとの反省に立ち，学童向け館内ツアーなどを制度化するとともに，このパラカス展示室に新たな展示デザインを導入している。館内照明は明るく，解説パネルや調度は色鮮やかで，モノトーンに近い従来のペルーの博物館のイメージに挑戦している（図12-5）。ミイラの観察から再現されたフェイスペインティングを現代のモデルに施した映像など，映像展示も各所に設置されている。さらにハンズオン可能な土器レプリカ展示，考古資料と無縁なモダンなデザインのキッズコーナーなど，幅広い来館者を想定して快適な展示体験を提供するようデザインが意図されている。パラカス文化展示室の開室以降，ほかの展示室への抜本的な見直しは行われていないが，同様以上の抜本的改装を行うと展示担当者は語っている（Ángel Vidal and Falcón 2015）。

図12-5　MNAAHP のパラカス文化展示室。右は織物の展示に添えられた，糸を模したカラフルなオブジェ。

3. 天野博物館・天野プレコロンビアン織物博物館

（1）個人コレクションと私立博物館

　ペルーで盗掘された考古遺物はしばしば国外に流出してしまうが，国内の資産家が収集し，自宅等に収蔵しているケースもある。しかし個人が閉鎖的に管理するコレクションは散逸の危険性を伴い，また貴重な文化遺産が日の目をみずに埋もれる恐れがある。文化省はその管理状況の把握に務め，蒐集家の死去に際して遺品の一括寄贈を受けるなど，散逸を防いでいる。もっとも望ましいのはラファエル・ラルコ・エレーラ考古学博物館（リマ）やホセ・カシネリ・マセイ考古学博物館（トルヒーヨ）のように，私立博物館として設備を整えることである。私立博物館はある程度盗掘品を扱わざるを得ないが，盗掘品の重要性は先述のとおりであり，贋作を排除しつつ万全の管理を行う優れた学芸員と設備が求められる。本章では日本人移住者・天野芳太郎(1898-1982)が創立した天野博物館，および改装後の天野プレコロンビアン織物博物館を紹介する。

（2）天野博物館の沿革

　天野芳太郎は1928年にパナマに商社を設けて以来，コスタリカ，チリなど中南米諸国で多角的に事業を展開した実業家である。第二次世界大戦の後はペルーで魚粉・漁網の会社を起こしたが，生来の歴史・考古学好きのため，事業の合間をぬって遺跡めぐりと遺物収集・研究に没頭するようになった。とくにリマ市の北およそ100kmに位置するチャンカイ谷に足しげく通い，地方王国期チャンカイ文化の工芸品の収集・研究に力を注ぐようになった。学会や蒐集家の関心が低かったチャンカイ文化は，天野の貢献により次第にメジャーとなり，国立博物館にチャンカイ文化の展示コーナーができたという逸話がある。1956年，東京大学助

図12-6　天野博物館外観

教授の文化人類学者泉靖一の訪問を受け，意気投合した両者は協力し合ってそれぞれ新たな活動を展開した。泉は58年より東京大学アンデス地帯学術調査団を組織して日本で初めて新大陸考古学を開始し，コトシュ遺跡で「交差した手の神殿」を発見するなど，その後の日本のアンデス考古学の基盤をつくった。そして天野は会社を売却して研究に専念し，64年にリマに天野博物館を開館させた（図12-6）。なお天野博物館と東京大学の連携によって日本でもアンデス文明の展覧会や報道が増え，次第に日本社会における関心も高まっていったのである（西野・鶴見編 2015，在日ペルー大使館編　2015）。

（3）天野プレコロンビアン織物博物館の展示

　天野博物館の見学は完全予約制で天野が直接解説し，望むならば訪問者は自分の手で遺物に触れることができた。天野の没後もスタッフが天野の解説内容を受け継ぎ，この方針を維持した（天野・義井　1983）。しかし創立50年を迎えた2015年，施設と什器を大幅に改変して展示内容を

リニューアルし，天野プレコロンビアン織物博物館と改称して再出発した（図12-7 a）。

建築改装の主眼は，警備システムやバリアフリー対応を進めて現在の建築法に合致させることであるが，低層階を3階建てに改装することで展示スペースはほぼ倍増し，また研究室や収蔵庫の床面積を大幅に増やした。同時に館名の変更にみるように，天野コレクションをとくに特徴付ける織物に展示を特化させ，保存のために湿度や光量などを仔細に管理できるよう設計されている。旧来の展示スペースは間取りが大幅に変更され，通史的な構成で順路が設けられた。各文化を代表するような土器や石彫などを少数織り混ぜつつも，全面的に織物の展示となってい

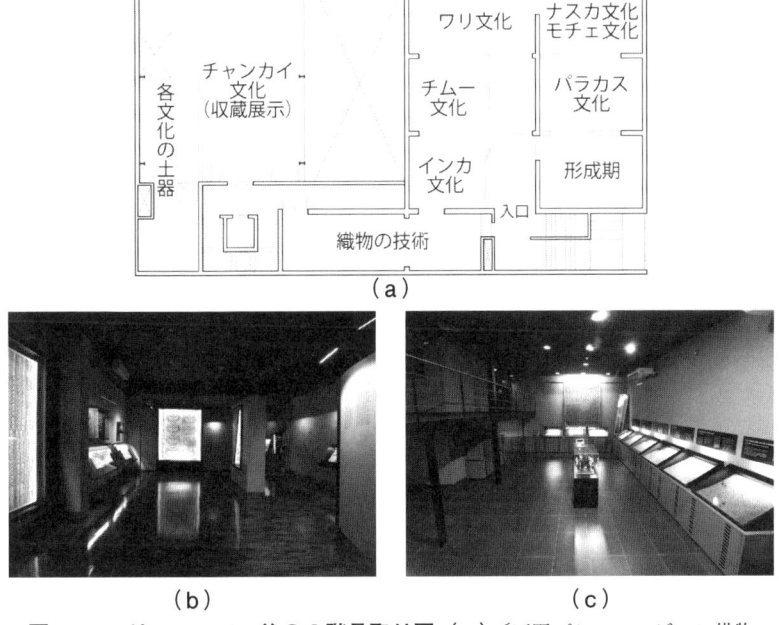

図12-7　リニューアル後の2階見取り図（a）〔天野プレコロンビアン織物博物館原図作製〕，**織物展示室（b），チャンカイ文化収蔵展示室（c）**

る。織物の技術の解説や，紡錘車など関連する道具もまとめて展示されている（図12-7 b）。そして高層化により新設された東側2階のスペースは，天野コレクションを代表するチャンカイ文化に焦点を当て，上下2層に分かれた大型の収蔵展示室となった（図12-7 c）。スタッフによる解説ツアーを申し込めば，キャビネットに収蔵された多数の織物を見ることもできる。またこの新設区画の一隅に創始者の来歴について小展示を設けている。

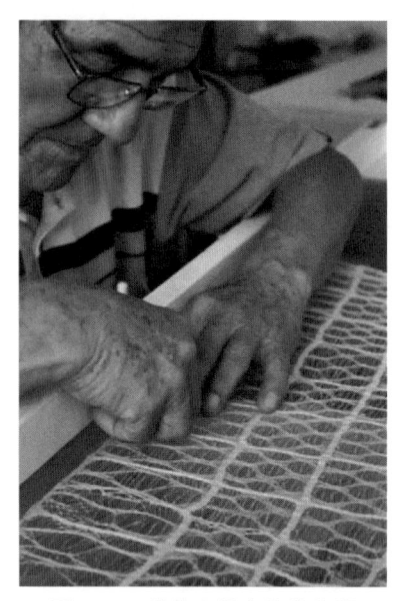

図12-8　織物の保存修復作業
〔天野プレコロンビアン織物博物館撮影〕

　3階は収蔵庫・書庫・研究室にあてられ，大幅に拡張された研究室は織物を中心としてスタッフによる修復保存が進められている（図12-8）。古代の織物は脆弱になったものも多く保存はきわめて難しいが，かつて天野芳太郎は自身で織物の洗浄・保存方法を工夫した。織物というコレクションの要を博物館の基幹とすべく，多大な努力が払われている。

4. クントゥル・ワシ博物館

　遺跡に隣接し，その遺跡での発掘調査による出土品を展示するのが遺跡博物館（Museo de sitio）である。考古学プロジェクトと密接である点，地元社会が関心を寄せる点，対外的には遺跡とセットで観光地を形成する点などに特徴がある。

（1）遺跡博物館

　一般に出自不明のすぐれた土器や黄金製品の名品の多くはおそらく本来は死者への副葬品で，墓地遺跡で盗掘された可能性が高い。一方，発掘調査が多く行われるのは墓地ではなく，大規模な建築遺跡である。増改築の過程を解明することで，考古学の重要課題である年代について議論できる点，古代社会において高い関心を集めていたと想定される点など，大建築は考古学者の関心に合致するからである。

　建築の内部から美麗な工芸品が出土する事例がないわけではない。地元の郷土史家などの尽力により，非公式な出土品（工事の際に予期せず発見された遺物など）を村役場や小中学校の一角に簡易的に展示した事例は多い。しかし正規の発掘調査による出土品は先述のように政府に厳重に管理されるため，正式な遺跡博物館とは原則として公立の堅牢な設備であり，政府が腰を据えて取り組まない限り容易には成立しない。建設を推進する一つの大きな要因は観光地としての発展性にあり，壮観な大規模建築はその条件を満たしやすい。しかしそういった遺跡が人口密集地に近いとは限らない。交通事情の悪さは観光開発の障害となるし，寒村に金銭的価値の高い資料，とくに貴金属を置くことは保安上の問題がある。シパン王墓博物館はワカ・ラハーダ（シパン）遺跡出土の膨大な黄金製品など宝飾品を展示するが，人口の少ない遺跡近郊ではなく，人口密集地ランバイェケ市に創立された。のちに遺跡の隣にワカ・ラハーダ＝シパン遺跡博物館も創立されたが，出土した植物残滓や建材などの発掘で解明された古代文化像が主題であり，王墓博物館とは違って黄金製品はほとんど展示されていない。同じく希少な貴金属製品を多量に保有する国立シカン博物館も，人家のまばらなポマ森林保護区のシカン遺跡の至近ではなく，フェレニャフェという町にある（篠田コラム参照）。チャビン・デ・ワンタル遺跡は UNESCO 世界文化遺産に指定さ

れた重要な遺跡であるため，アンデス山中の小村にありながら早くから文化省の考古学者が常駐する資料室が併設され，2003年に大規模な国立チャビン博物館が建てられた。とはいえ貴金属製品は展示・収蔵されていない。

以下紹介するクントゥル・ワシ博物館はまったく異質なケースとして，遺跡博物館の今後を考えるうえで示唆的である。

（2）クントゥル・ワシ遺跡の調査と博物館の沿革

クントゥル・ワシ遺跡はペルー北部カハマルカ県に位置する。フリオ・C・テーヨの門弟らが1946年と55年に部分的に発掘し，石彫や黄金製品を伴う大神殿であることが確認されていた。大貫良夫らの東京大学古代アンデス文明調査団が1988年より調査を開始し，以来発掘は2002年まで12シーズンを数える長丁場となった。大規模建築・金属器・土器などの重要な資料が膨大に得られたのみならず，年代測定，人骨・獣骨分析など自然科学との学際的連携も進展し，クントゥル・ワシをめぐる社会の過程は詳細に解明された。北部ペルーの形成期遺跡としてもっとも充実した調査成果といって良い。

また1989年と90年に発掘された黄金製品は予期せぬ結果をもたらした。地元クントゥル・ワシ村はインフラや治安上の不備の多い小村であったが，村人たちは黄金を地元で保管したいと強く希望し，一方ペルー政府は首都リマでの管理を当然のこととした。調査団は双方と調整を重ね，日本での巡回展および外務省の草の根無償援助によって資金を調達し，94年に遺跡のふもとにクントゥル・ワシ博物館（**図12-9**）を建設したのである。時の大統領アルベルト・フジモリが出席して盛大な開会となった。97年にはペルー警察の派出所が併設され，制服警官が常時数名警備に当たっている。

図12-9 クントゥル・ワシ博物館外観

　調査団のサポートのもと村民のNPOであるクントゥル・ワシ文化協会が博物館を運営し，それに伴って上下水道や電気や舗装道の敷設など，村の環境は大幅に改善されることになった。博物館を通じて考古学の研究成果が地域開発に結びついたのである。ペルー政府の分類に従えば国有ではなく私有博物館となるが，一村落の住民有志が運営しながらも希少な黄金製品を保有するなど，ほかに類をみない施設である（大貫2000，加藤・関編　1998）。

（3）展示
　クントゥル・ワシ博物館は3階建てである。1階には遺跡で出土した石彫群が展示されているほか，椅子とAV機器が設置され，来館者は遺跡紹介のビデオを見たのちガイドを伴い上階に登る。2階は土器・石器・骨角器などの展示室（図12-10），3階は独自に警備システムを備えた墓副葬品の部屋，通称「黄金展示室」で，200点以上の黄金製品が展示されている（図12-11）。パネルの追加など展示には随時手を加えられてきたが，2014年の開館20周年式典にあわせてリニューアルされた。展

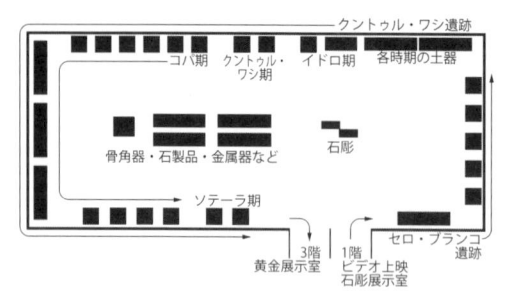

図12-10　リニューアル後の2階見取り図（左）と会場写真（右）
〔中橋アレキサンダー真理／JICA 原図作製・撮影〕

図12-11　3階の「黄金展示室」（左）と代表的な収蔵品「十四人面金冠」（右）
〔クントゥル・ワシ調査団撮影〕

示には遺跡を発掘した研究者たちの視点が大幅に取り入れられている。クントゥル・ワシに先駆けて実施されたセロ・ブランコ遺跡の発掘成果にはじまり，クントゥル・ワシ遺跡で解明された建築と土器の変遷が資料とともに解説されている。また博物館と文化協会の沿革について，村民自身で推敲を重ねたパネルが設置され，さらに調査団とともに汗をかいた発掘調査の日々や，博物館とともに変わりゆく村の姿を切り取った写真をスライド上映している。これらの展示は観光客に対して地元社会の貢献を示すだけでなく，村民たちにとってはクントゥル・ワシの文化

図12-12 レプリカの展示「蛇のレリーフ」

図12-13 破損した土器を着脱式の専用台座に載せる

遺産を, 自身の記憶と結びつけて強く意識する場になっているといえる。

クントゥル・ワシ博物館にはその来歴ゆえに, 日本からの国際協力が継続している。「希有の会」という支援団体が組織されているほか, 現在はJICAの海外青年協力隊員が常駐し, 博物館運営への助言, インターネットを通じた情報発信, 展示デザインの更新に貢献している。また東京大学の学術成果の一端として, 東京大学総合研究博物館も展示協力をしている。クントゥル・ワシ博物館1階に展示ケース1台を寄贈し, 調査団史を物語る「交差した手」レプリカや, 現在では埋め戻され鑑賞できないクントゥル・ワシ遺跡の壁面装飾「蛇のレリーフ」レプリカの展示を開始した（図12-12）。また底部を欠損した土器に対し, 割れ方にあわせた専用台座を作成した（図12-13）。土器の内部には製作技法を物語るさまざまな成形痕があるが, 石膏などで塞ぐと観察できなくなってしまう。台座に載せるだけなら取り外し自由で, しかも本来の器の形状を示すことができる。このようにクントゥル・ワシ博物館の展示は研究者からの提案を取り入れ, また文化協会メンバーが「最新のデータを反映して遺跡模型をリニューアルしたらどうか」といった提言をするなど, 両者の密接な協力のもと構築されている。

5. まとめ

　アンデス文明が黄金という経済的価値の高い工芸品を特徴とすること，征服という歴史的経緯に基づく盗掘の伝統，観光資源の開発というペルー社会の現代的課題，こういったさまざまな要素が博物館のあり方を規定している。博物館展示はこのような前提に立ち，可能な限りの発展性を模索せねばならない。首都の国立博物館はさまざまな地域文化に配慮しつつ，自国の古代文化を世界規模の人類史のなかに位置づけようとしていた。出自不明の資料を相当数扱う宿命にある私立博物館には，コレクションの特性を活かした展示計画と，それを支える高度な学芸員活動が求められていた。クントゥル・ワシ博物館のような遺跡博物館は研究者の貢献および主体性のある地元社会との連携が不可欠であった。

コラム　ランバイエケの国立シカン博物館　　　　篠田謙一
　　　　　　　　　　　　　　　　　　　　　（国立科学博物館副館長）

　シカン文化は，9世紀から14世紀にかけてペルーの北海岸ランバイエケ地方に栄えたが，その存在を明らかにしたのは，日本人考古学者島田泉を中心としたシカン文化学術調査団の長年にわたる調査である。とくに1991年に行われたロロ神殿東の墓の発掘では，大量の黄金装飾品を含む1.2トンもの副葬品や王と思われる人物を含む多数の人骨などが発見され，世界的に注目される。その後，調査団はロロ神殿周囲の発掘を続け，現在では半世紀前にはその存在すら知られていなかったシカン文化について，数多くの事柄が知られるようになっている。
　国立シカン博物館は，この調査研究によって明らかとなったシカン文化を紹介するために，日本政府の財政的な援助を受けて2001年

国立シカン博物館

遺跡から出土した土器の収蔵庫
(この博物館に収蔵されている資料は,すべて調査発掘によって得られたもので,出土地も出土状況をも明らかなものである)

 3月にシカン文化の中心地に近いフェレニャフェという町に設置された。年間4万人ほどの来館者があり,展示場のほかに,出土品のための収蔵庫(**写真**)や分析のための各種の機器,研究者用の宿泊施設が併設されている。シカン文化に関する国際レベルでの研究センターとしての機能をあわせもっており,ペルー内外の多くの研究者が訪れて収蔵品の分析や研究を行っている。

 この博物館の展示の特徴は,単に発掘品を見せるだけではなく,考古学や人類学の研究によって明らかとなった当時の技術や社会構造などを紹介しているところにある。たとえば金属の加工や土器の製作技術などは,当時の工房の様子をジオラマで再現して説明し(**写真**),来館者は出土品の背後にある当時の社会の状況まで実感できるように工夫されている。このような展示には,来館者の多くを占める地元の住民や学校の生徒たちに,自分たちにつながる過去の人びとの生活を伝えるという狙いもあり,彼らのアイデンティティの強化に役立つことが期待されている。また,シカン文

ジオラマを使った展示
(金属加工の方法を再現している)

化に関する知識を伝えると同時に,考古学や人類学という学問が実際にどのような研究を行い,何を目指しているのかを説明するとい

う目的もある。普及活動のプログラムなども積極的に取り入れており，地元の学校関係者による当時の王族の再現やシカンの音楽会などのための場所を提供している。博物館はこのような活動を通じて，地元住民の自律的な文化活動の振興に資することも期待されている。

　この博物館の設置目的の一つに，この地域の共同体への経済的な貢献もある。マチュピチュやクスコ，ナスカといった誰もが知るペルーの文化地区とは異なり，北海岸は首都リマからも700キロ以上離れていて，外国人のツアーコースからは外れている。そのため注目すべき文化遺産をもちながらこれまでは観光開発から取り残されていた。豊かとはいい難い農村共同体に，観光の振興によって直接的・間接的に利益が配分されることも，博物館を誘致した地元の願いの一つであり，シカン博物館はフェレニャフェ郡の文化遺産や自然遺産をもとにした観光事業に関するマスタープランを作成する役割ももっている。シカン博物館は以上のような多岐にわたる役割を期待されている。

参考文献

天野芳太郎・義井豊『ペルーの天野博物館　古代アンデス文化案内（岩波グラフィックス15）』（岩波書店　1983）

大貫良夫『アンデスの黄金』（中公新書　2000）

小暮孝司編『ペルー国立人類学考古学歴史学博物館（朝日ビジュアルシリーズ：週刊一度は行きたい世界の博物館　19）』（朝日新聞出版　2011）

加藤泰建・関雄二編『文明の創造力　古代アンデスの神殿と社会』（角川書店　1998）

在日ペルー大使館編『ペルー古代アンデス文明の研究における日本人の貢献』（在日ペルー大使館　2015）

関雄二『アンデスの文化遺産を活かす　考古学者と盗掘者の対話（フィールドワーク選書6）』（臨川書店　2014）

西野嘉章・鶴見英成編『黄金郷を彷徨う　アンデス考古学の半世紀』（東京大学出版会　2015）

Ángel Vidal, Miguel and Víctor Falcón La nueva sala Paracas del Museo Nacional de Arqueología, Antropología e Historia del Perú. *Arkinka ; revista de arquitectura, diseño y construcción* 230 : 94-103. 2015

Ministerio de Cultura. *Guía de museos del Perú*（segunda edición）. Lima : Q&P Impresores S.R.L. 2013

Ministerio de Cultura *Museo Nacional de Arqueología, Antropología e Historia del Perú*. 2014

13 | ヨーロッパの博物館
―ミュージアム展示の新たな方向性

高橋 貴

《目標&ポイント》 ミュージアムがヨーロッパで始まり,明治新政府による国づくりの一環として日本に取り入れられたことはよく知られている。では両者は同じものだろうか。ヨーロッパでは民族,移民,差別,個人など身近なテーマを取り上げ,市民参加や情報公開も積極的に行われている。ここではドイツ,イギリス,ベルギーのミュージアムの展示から何がみえるか検証する。

《キーワード》 負の遺産,ナチス,日常性,個人,移民,偏見,ヨーロッパ民族学,市民参加,情報公開

1. 負の遺産

どこの国でも長い歴史のなかで負の遺産を抱えている。それをどのように展示するか,時に社会問題になることが少なくない。以下に2つの例を取り上げる。

(1) 奴隷貿易の展示

ロンドン・ミュージアムの分館に,素朴だが,大きなインパクトのある展示がある。それは『砂糖と奴隷制』というタイトルがつけられている。いわゆる三角貿易にかかわる展示である。展示ボードは1枚で,そこにアルファベットと数字がびっしりと並んでいる(図13-1)。一つの例をみると,'マーキュリー(船名),236(トン),ジョン・ベル(船

図13-1　奴隷貿易船リスト
〔ロンドン・ミュージアム所蔵〕

長)，Wm コロー（船主），1791年11月9日（ロンドン出港日），ケープ・コースト（奴隷積出地），394（奴隷人数），セント・ビンセント（奴隷入港地）'とある。この船は1790年（奴隷人数不明），1793年（奴隷459人），1795年（328人）にも航海しており，3回の航海で計1,181人の奴隷をアフリカからカリブ海に輸送した。ほかの船も1～3年に1回航海している。この表によれば，1791年には23隻がロンドンを出港している。このうち9隻の奴隷数が不明で，残りの14隻で計3,470人の奴隷を運んでいる。1隻当たり248人になる。翌1792年も23隻がロンドンを出港した。こうした動きはいわゆる奴隷船の一部でしかないが，この一覧からはそのすさまじさが伝わってくる。しばらく沈黙して眺めざるをえなかった。これは展示効果といえるもので，視覚に訴える情報のインパクトはやはり大きい。隣のパネルには，1700年代からのロンドンにおける金融と商業の発展は人道主義に対する重大な犯罪のうえに成り立っている，西アフリカの社会は修復不能なほどに破壊された，とある。砂糖栽培による利益は莫大なものだった。1781年には5万5千トンの砂糖が

奴隷農場からイギリスに送られた。今日の価値に換算して利益は1億2,600万ポンドに上る。人口統計によると、ジャマイカの白人1万8千人に対して黒人奴隷は16万7千人であった。奴隷1人の経済価値は5千ポンドであったという。

(2)「第三帝国」の展示

ドイツ・ニュルンベルクのゲルマン国立博物館に「第三帝国」と題された展示室がある。そこではナチスが好んだ絵が展示されている。冒頭の説明パネルによると、1937年から1944年まで毎年、ミュンヘンで大ドイツ芸術展が開催され、「ドイツ芸術」とみなされた作品が展示された。しかしいずれもありふれた審美眼で描かれ、国家民族主義を喧伝する作品ばかりだった、とある。ナチスが「血と土」の理念を掲げてアーリア人種の優越を説いたことはよく知られている。ナチスは「退廃芸術」を一掃する一方、理想とするロマン主義的な芸術を積極的に推進した。

図13-2は『小麦畑の少女』(1935) である。手前に花が咲き、奥に小麦畑が広がるところにスカート姿の少女がにこやかにたたずむ。頭には花冠をつけ、手には花を持っている。この絵のテーマはハイマート（故郷）である。1900年ごろ、ハイマートは国家民族主義者にとって尽きせぬアイディアの宝庫だった。絵を見ると、いかにもきれいな空気

図13-2 『小麦畑の少女』
〔ゲルマン国立博物館所蔵〕

のなか，純真な乙女がいる。一つの理想的な世界が描かれている。

　このほかいくつかの絵が並ぶ。収穫した小麦の前で4人の男女が思い思いに休息する『収穫時の休憩』(1938)，遠くにアルプスの山並，古城，田園が広がり，手前に美しい壁絵の家々が並ぶ『チロルの市場』(1939)（図13-3），亜麻色の髪，はっきりした目鼻立ち，手足は長く，透き通るように白い細身の女性を描いた『ヌード』(1942)などである。いずれもナチスにとって理想的な風景や身体である。

図13-3　『チロルの市場』
〔ゲルマン国立博物館所蔵〕

　この風景や身体はわれわれが懐かしく，またあこがれさえ感じるものである。「故郷」や「春の小川」などの文部省唱歌にある美しくも懐かしい自然とよく似ているし，また茶髪，白い肌，長い脚，細身の身体へのあこがれは，われわれの身体観でもあるからだ。ヘルマントの表現を借りれば，これらの絵画には「ナチ芸術のユートピア的な要求」がある。「私利私欲に走る態度を乗り越え，真の民族共同体への道を切り拓く」姿がある。それがどうして悲劇につながったのか。ヘルマントは「それはまさしく，美しくないもの，つまりは非ドイツ的・非アーリア的要素の排除・抹殺の末に生み出される美」であったと結論づける（ヘルマント　2002：pp. 252-253）。「第三帝国」はわれわれに歴史の負の部分を直視させ，深く考えさせることを可能にする展示である。

2. 新しい展示の考え方

　このようにナチスはフォルク（民）やハイマート（故郷）を政治利用した。これに対して，1960年代からテュービンゲン大学のヘルマン・バウジンガーを中心に学問的な再検討が行われた。その結果，フォルクスクンデ（民俗学）から経験文化学への名称変更，フォークロアからより広範な概念であるフォークライフへの視座の移動とくに日常性や個人への注目，フォークロリズムの提唱，社会科学としてのヨーロッパ民族学への接近など，新たな学問的アプローチの必要性が叫ばれた（詳細は M. Scheer et al. eds. 2013 を参照されたい）。ここでは5つのテーマについて，どのようなミュージアム展示がなされているか，みていくことにする。①日常性，②個人，③移民，④偏見，⑤ヨーロッパ民族学である。ついで最近の動向として注目したい⑥市民参加，⑦情報公開についても取り上げる。

（1）日常性

　日常性を冠したミュージアムがドイツ，シュトゥットガルト郊外の小さな田舎町ヴァルデンブーフにある。日常文化博物館（Museum der Alltagskultur）である。丘の上にシュロス（城）があり，その建物がミュージアムになっている。ここで「タイム・ホッピング」という展示が行われている。その趣旨説明は「私たちが見るすべてのものは，かつて私たちが経験し考えたことやものと関係しています。これを私たちはタイム・ホッピングと名付けます。ここには19のタイム・ホップするものを展示しました。ほかにどんなものがあるか考えてください。ポイントは現代の生活をまったく新しい観点から眺めてみることです」とある。

　展示室には新旧の道具が対照的に置かれる。それぞれタイトルがつい

図13-4　タイム・ホッピング
〔日常文化博物館所蔵〕

ている。まず目についたのは，大量のプラスティック・スプーンに古いフォーク，スプーン，フォークが突き刺してある展示で，タイトルは『寿命』（図13-4）。説明によると，古いフォーク類は1970年代までシュトゥットガルトの家庭で毎日使われていた。これと現代の使い捨てのプラスティック食器が対比される。用途は同じでも，寿命がまったく異なる。現代の大量生産，大量消費の考え方が問い直される。

『プレステージ』では金糸の入った貴婦人の帽子と若者好みの金ぴかの車ホイールが対比される。貴婦人の帽子は結婚式などに使われるもので，既婚者かどうかや裕福さなどを表す。帽子もホイールも高価なステータス・シンボルだ。このほか廃材を入れた昔の物置とプレスされた鉄くずの塊が並ぶ『リサイクル』。おまると水洗トイレが並ぶ『清潔』，古い辞書とウィキペディアを開いたiPadを対置させた『知の集積』などがある。

ここで問われていることは柔軟な思考だ。現代と過去のあいだには少し見方を変えれば共通点も相違点も見つけだすことができる。形が違っ

ても同じ発想ということがある。膨大なアーカイヴに，複雑だが日常的に過ぎていく現代を参照させることの意義は少なくない。

（2）個人

　日常文化博物館には個人に対する興味深い展示もある。1894年生まれで，1977年に亡くなったある女性の住宅が復元されている。復元は単に建物だけでなく，個人的な生活も含まれる。そのために彼女の死の翌年，詳細な資料調査が行われた。そのデータをもとに，この展示は1989年に復元された。台所，寝室，客間，少女の部屋などである。台所には流しやかまどが置かれ，料理道具が並ぶ。

　シビルという女の子の部屋（図13-5）が復元され，次のように説明される。

　12歳のシビルが姉から引き継いだ部屋。1970年ごろ多くの若者が自分の部屋をもつようになった。彼女の場合にはさらにぜいたくに，寝室

図13-5　シビルの部屋
〔日常文化博物館所蔵〕

のほかにこの小さな部屋をもった。「ここはリラックスし，音楽を聴き，友達としゃべる場所でした。勉強の場でもあったし，ボーイフレンドと初めてキスをした場所でもあります」と2011年に彼女は語った。この部屋は1975年当時の状態に復元した。この年に彼女は18歳でこの家から出ていった。

　このような個人的な語りを含んだ展示は，ライフ・ヒストリーを可視化する。ふだんは他者が目にすることのない私的空間がリアルに浮かびあがる。そこからわれわれはある個人の友人関係，家族像，趣味，愛読書や，さらにその地域の文化的な特徴や時代背景までさまざまなことを感じることができる。個人的で具体的な資料は展示にリアリティをもたらすことができる。
　日常文化博物館には個人の思い出の品がたくさんあるが，一つだけ挙げておこう。ゴブラン織りのバッグ（**図13-6**）である。そこには2つの説明がある。一つは持ち主で「1887年生れの祖母が所有していたゴブラン織りのバッグです。彼女は刺繡，編み物，レース編みなどに情熱をもっていました」（医者65才）とある。もう一つは学芸員が「19世紀半ばに流行したもので，オリエント柄，左右対称柄，少ない色が特徴になっています」と注釈する。
　モノ自体はとくに珍しいわけではないが，思い出とともに見るとしばしば異なって見えてくる。モノに物語が加わることで，モノの放つ輝きが異なってくるからだろう。しかしその後の学芸員のコメントはどう

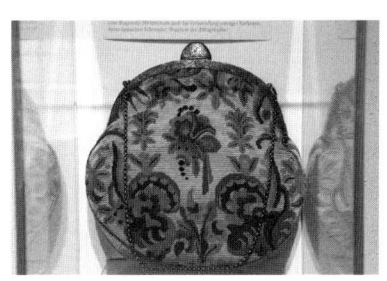

図13-6　ゴブラン織りのバッグ
〔日常文化博物館所蔵〕

か。客観的で冷静な説明は主観的な解釈を修正・補完する役割を果たすが，同時に豊饒(ほうじょう)な世界に冷水を浴びせるような面もある。

（3）移民

移民の家族に関した興味深い展示がロンドンのV&A子どもミュージアムで行われていた。イーストエンドに住む3家族の3世代にわたる生活がモノと各自のコメントで構成される。祖母，両親，娘のある家族は次のように証言する。

祖母「私はガーナ人です。自分でそう思っているから。だけど私は純粋なガーナ人とはいえません。私たちの文化，着るもの，食べ物はみな少しずつ変わってきました。家族も変化しています。私が思うに文化は水みたいなもので，私から娘へと流れていくのでしょう」。この祖母の発言は自分のアイデンティティをしっかりともちながらも，文化が変容し継承されていくものであることを的確に表現している。また次のようにも述べる。「ガーナ人の集まりがあるときはいつもガーナ人の服を着て行きます。服は明るくカラフルなもの。なぜってガーナは太陽の輝く明るい国だから。伝統服を着ることはとっても重要です」。

その娘である母親「母は服の仕立てをやっていて，花嫁衣裳をいつもつくっていました。だから私は花嫁の付き添い役を何回もやりました。ガーナ人はイベントに行くときにはいつもドレスアップします」「私は母から教わったガーナ料理が大好きでいつもつくって食べています。主人も義母さんがつくるポーランド料理が大好きです。私もつくってやりますが，どうでしょうか」。

父親「両親は私たちと遊ばなかった。母は買い物や掃除などでいつも忙しく働いていた。だから私たち兄弟も皿を洗ったり，部屋をかたづけたりして手伝ったものさ」。こうしたなにげない話のなかからもこの家

族の経歴や状況がある程度透けてみえる。しかし父親は両親についてさらに重みのある発言をする。「両親がポーランドを離れてイギリスに来た時はほんの数ポンドしかもっていなかった。ほかに何もなかったのですぐに働かなければならなかった。宿泊施設に住み，金をためてアパートに移り，50代半ばでやっと自分の家を購入したんだ」。2組の両親について父親は語る。「わたしの両親と妻の両親は伝統という点ではまったく違っている。しかし共通点もある。それは移民だということ。生きるために多くの困難を乗り越えてきた。その苦労はとてもことばでは表せないよ」。

　この両親から生まれた娘は，マジックと大きく書かれた箱のそばで「クリスマスプレゼントは両親から贈られるとクラスメートはいうが，うちの両親はお金がないからサンタさんから贈られると信じてきました」「父は私たちにマジックを教えてくれたし，母は料理を教えてくれました」。

図13-7　移民家族
〔V&A 子どもミュージアム所蔵〕

それぞれ短いことばではあるが，過不足なく家族の姿を証言している。移民として生きてきた家族の実像が表現されている。展示ケースにはサンタクロースの人形，掃除機，衣装，ゲーム，写真などが並ぶ。いずれも単なるモノではなく，家族が歩んできた道のりを内包している。その意味でこの家族の里程標といえるかもしれない（図13-7）。

(4) 偏見

移民にはしばしば偏見が伴う。これを正面からテーマにした展示がある。ドイツ，ケルンのラウテンシュトラウフ・ヨースト博物館の『偏見』（図13-8，13-9）である。これは当館学芸員とケルン大学の教員が協働でつくったもので，偏見に対して率直な疑問が投げかけられる。展示のアイディアは斬新で，観覧者たちは少々とまどいながらも興味深く見ている。展示は 30m² ほどの箱が会場になっている。箱の壁はこげ茶のような暗い色をしており，ところどころあわせて10個ほどの窓がある。箱の内部に入ると1つの窓の扉には「子どもか？」と大きく書いてある。そこにプロジェクターで映像が映し出される。黒人たちが子どものよう

図13-8　展示『偏見』
〔ラウテンシュトラウフ・ヨースト博物館所蔵〕

図13-9　扉を開けると「偏見」の真実の姿が映し出される
〔ラウテンシュトラウフ・ヨースト博物館所蔵〕

に表現されている。イラストもあれば動画もある。これまでさまざまな雑誌やテレビなどで表現されてきた幼児形の黒人の姿である。日本でいえば1960年代にブームになったダッコちゃんのようなキャラクターがつぎつぎと登場する。その扉を開けると，ハーフミラーの原理でガラスに映像が映し出される。大人の黒人女性が登場し，きちんと話をしている。そこに幼児性はみられない。つまり扉の表側の画像は偏見の世界を表し，内側は真実の世界を表す。観覧者は自分や社会の偏見をまず確認し，その後，真の姿に気づかされる，というわけである。ところで箱の外側には観覧者がおり，何もわからずに窓を覗きこむ。すると箱の中にいて真実を知った人と顔を見合わせることになる。ハーフミラーの映像があるので直接のにらめっこではないが，2人の顔の表情は違っているのかどうか。その答えはなんともいえないが，ひじょうに知的で哲学的な展示といえる。

　このほかにも「カニバリズムか？」「ワイルドか？」といった窓がある。「カニバリズムか？」では「ドイツ人も20世紀初めまでミイラの粉を食べていた」と明かされ，「ワイルドか？」ではドイツでもサッカーでの乱闘騒ぎがあるではないか，と指摘する。

（5）ヨーロッパ民族学

　移民問題とそれに伴う異文化接触は新たな展示をもたらすことになった。ベルリンのヨーロッパ文化博物館の展示『文化接触―ヨーロッパの生活』である。全体は4つのテーマで構成される。Ⅰ出会い，Ⅱ境界，Ⅲ日常生活における宗教，Ⅳヨーロッパ文化博物館とそのコレクション，である。これはさらに細かく13のサブテーマで構成される。それぞれ解説パネルと十数点ほどの資料が展示される。

　Ⅰ『出会い』では冒頭，オルテガ・イ・ガゼットが引用される。「も

し平均的なドイツ人から外来の要素をすべて取り去ったら，存在が不可能になることにショックを受けるだろう。私たちの内的な富の5分の4はヨーロッパ共通の財産なのだ」。見かけ上の違いにもかかわらず，ヨーロッパ人は多くの共通点をもっている。これは多くの出会いをとおしてもたらされたという。具体的にはメディアによる知識の普及，交易，旅行，移住，宣教活動，戦争，融和である。そうした交流が資料を交えてわかりやすく説明される。

Ⅱ『境界』。地理的なまとまりが文化の違いを生み，人びとは互いに差別化する。しかし境界は浸透性があり，人びとは互いに影響を及ぼしあう。ヨーロッパにおける文化的共通性は数多くあると述べ，その実態を明らかにする。

Ⅲ『日常生活における信仰』。人口7億人を超えるヨーロッパでは3つの一神教が信仰される。ユダヤ教（0.5％以下），キリスト教（75％），イスラーム教（5％）である。さまざまな宗教用具が展示される。なかでももっとも興味深く感じられたものがクリッペとよばれるイエス・キリストの生誕場面である。とくに19世紀末につくられた「エルツゲビルゲの機械仕掛けのクリスマス山」は長さ12mにわたり，328体の人形が配置されるという大掛かりなものであった。

(6) 市民参加

市民が積極的に展示にかかわる場面も各地のミュージアムでみられるようになった。

ロンドン・ミュージアムでは「ローマ時代のロンドン」という展示が行われている。そのなかで「私たちのロンディニウム」という試みがある。この企画には14才から24才までの男女150名以上が参加し，3年間にわたって作業が行われた。コンセプトはローマ時代のロンドン（これ

をロンディニウムという）と今日のロンドンとのつながりを考えること。共同作業のなかで新しい解釈や若者らしい発想がたくさん出された。その結果が芸術作品，デジタル資料，現代資料，詩，アニメーション，フィルムとともに展示される（図13-10）。

「ラテン語は生きている」では，ローマ時代の土製容器と数冊の本が展示される。土器の説明には「この容器は200〜275年ごろのもの。表面にラテン語で'UTERE'と記されている。これは私を使ってという意味」とある。本は，ケンブリッジ大学のラテン語の教科書や「Harrius Potter（ハリー・ポッター）」で，その説明には次のように書かれている。「多くの人はラテン語は死語になったという。しかしちょっと辞書を開けばわかるように多くの英単語はラテン語に起源をもっている。ラテン語は今でも教えられているし，ハリー・ポッターのようにラテン語に翻訳された小説もある。今では日常会話にラテン語は使わないが，それなくして社会は成り立つでしょうか」。

「製作者の印」ではローマ時代の瓦とブランドのバッグ，「ファッショ

図13-10　ローマ時代の足型ランプと現代のウサギ型照明具
〔ロンドン・ミュージアム所蔵〕

ンと機能」ではローマ時代のブローチと現代のファスナーやボタン,「偽物の輝き」ではローマ時代のガラスのイアリングとシャネルのイアリングが対比される。

(7) 情報公開

　ミュージアムの裏方を見せる展示もある。ここではイギリスのエクセターにある RAMM（ロイヤル・アルバート・メモリアル・ミュージアム）を取り上げる。資料の登録，保存にかかわる展示である。「過去を未来へ」というパネルにはミュージアムに入った資料はすべて登録され記録がつくられます，とある。"Document" のコーナーで，いくつかの資料台帳のコピーがそのまま展示されている。台帳には資料番号，名称，材料，時期，分類，寄贈者番号，写真，保存担当者，登録時期，処理，記述（ここが大きな余白で，スケッチ図，寸法，説明などが記載される）の欄がある（図13-11）。10点ほどの例があったが，いずれも詳細な図があったり，くわしく説明されたりしている。すべて手書きであ

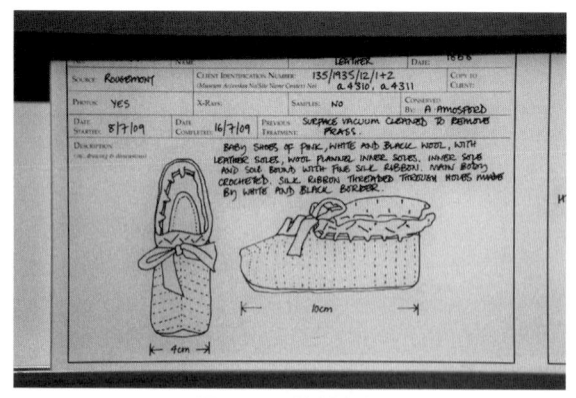

図13-11　資料台帳
〔RAMM 所蔵〕

り，担当者の個性や熱意が伝わってくる。

　当館ではもう一つユニークな試みがあった。それは収蔵庫，作業室の一部をガラス窓越しに見せるというものである。収蔵架がずらりと並び，一部の資料は見える。開口部は高さ，大きさがまちまちで小さな子でも覗くことができる。奥の机では職員が帰り支度をしている動きが見えた。ミュージアムの裏を見せるというこうした試みはこれからも行われていくに違いない。

　ベルギー，アントワープのMAS（Museum aan de Stroom）の収蔵資料は47万点ある。このうち18万点以上が収蔵展示されている（図13-12）。資料は木箱かクッションに入れて収納している。温湿度調整も当然なされている。展示室は左右に収蔵棚，正面に金網がある。収蔵棚はスチール棚で，資料の大きさに合わせて棚板は上下する。そこに1から数点の資料が展示される。各資料にはタグがつく。タグにはたとえば「アフリカ AE. 1968.0019.0003 彫刻」とある。アフリカの彫像であることと資料番号がわかるようになっている。タグの下部にはバーコードもあり，

図13-12　MASの収蔵展示

これで資料管理がなされる。タグは柔らかい布ひもで資料にくくられており，資料を傷つけないようにとの配慮が感じられる。棚の下部は引き出しで，開けると中に資料，写真，本などがある。説明があり，資料を近くで見ることもでき，関心があればここでより多くのことを学ぶことができる。この部屋の正面は金網が張られている。その奥に絵画が展示ボード上にびっしりと並ぶ。収蔵庫らしい演出ではある。しかし金網にキャプションがあり，入館者は作品の内容を理解することができる。この金網はもっと続き，奥に収蔵棚が立ち並ぶ。中は暗いのでよく見えないが，たくさんの資料がケースや段ボールに入れて置かれている。出口に近いところでは資料の登録，修復，収蔵などの作業を写真で紹介している。この展示室は作品や資料を見る，という立場からはあまり意味のないところかもしれない。しかしミュージアムの裏方作業に関心をもってもらい，合わせて収蔵問題も一部解消させようとの工夫である。しかも見学コースの最初（上階から見る場合には最後）のところにあり，MASの裏方公開への熱意が感じられる。この点だけでも意欲的で斬新なミュージアムといえる。

参考文献

ヴェーバー=ケラーマン，I., A.C. ビマー，S. ベッカー　河野眞訳『ヨーロッパ・エスノロジーの形成　ドイツ民俗学史』（文緝堂　2011）
坂井洲二『ドイツ民俗紀行』（創土社　2011）
高橋貴「ミュージアムにおける分類，展示，交流」（展示学48号，日本展示学会　2010）
高橋貴「ミュージアムから見るドイツの民俗」河野眞編『ドイツ語圏に見る民藝と民俗』（愛知大学フォークライフ研究会　2014）
バウジンガー，H. 河野眞訳『フォルクスクンデ　ドイツ民俗学』（文緝堂　2010）
ヘルマント，J. 識名章喜訳『理想郷としての第三帝国―ドイツ・ユートピア思想と大衆文化』（柏書房　2002）
森明子編『ヨーロッパ人類学』（新曜社　2004）
Scheer, M., T. Thiemeyer, R. Johler, B. Tsccofen (eds.) "Out of the Tower" Tübinger Vereinigung für Volkskunde e.V. 2013

- Used by permission of Germanisches National Museum
  through Japan Uni Agency., Inc.　Tokyo
- ⓒLandesmuseum Wurttemberg, Stuttgar
  Arranged through Japan Uni Agency., Inc.　Tokyo
- V&A Museum of Childhood
  ⓒCourtesy of the Victoria and Albert Museum, London
  Arranged through Japan Uni Agency., Inc. Tokyo
- Used by permission of Rautenstrauch-Joest-Museum
  through Japan Uni Agency., Inc.　Tokyo
- Courtesy of the Museum of London
  through Japan Uni Agency., Inc.　Tokyo
- Image used with permission from Royal Albert Memorial Museum & Art Gallery, Exeter City Council'
  through Japan Uni Agency., Inc.　Tokyo

14 | アフリカの博物館
―南アフリカの野外博物館を中心に

亀井哲也

《目標&ポイント》 ともすれば展示する側というよりも展示される側としてみられがちなアフリカで、どのような展示が主体的に展開されているかを、展示における今日的な問題を紹介するとともに、事例を挙げて説明する。
《キーワード》 植民地、独立、国民意識、国立博物館、カルチュラル・ヴィレッジ、観光、アフリカ美術

1. はじめに

(1) 日本より古いアフリカの博物館の歴史

　日本でのアフリカのイメージは、砂漠、ジャングル、そしてサバンナといった豊かな自然環境と、紛争や貧困といった深刻な社会問題のいずれかに偏る傾向があり、およそ博物館に関して見るべきものがあるのかという感想をもつかもしれない。しかし、日本に博物館が創設されるよりも半世紀も前に、アフリカ大陸には博物館が創られている。1825年、当時イギリス領であったケープタウンに南アフリカ博物館が創設されている。これは、サハラ砂漠以南のアフリカにおける最古の博物館でもある。
　現在この館はイズィーコ南アフリカ博物館（図14-1）と呼ばれ、1999年にケープタウン周辺の博物館を融合した南アフリカ・イズィーコ博物館群を構成する主要な博物館の一つとなっている。その展示は、動物学、古生物学、鉱物学、地質学、考古学そして人類学等からなり、自然

図14-1　イズィーコ南アフリカ博物館

史博物館の系統となる。南アフリカ共和国には現在300以上の博物館があり，そのうち19世紀中に創設された博物館は，ここ以外にも五指に余るほどある。

（２）植民地経営と博物館

　19世紀から20世紀半ばまでのアフリカは植民地時代である。これに先立つ大航海時代には奴隷供給源としてみられてきたアフリカが，その産出物に価値を見出され，ヨーロッパ諸国の略奪の場となった時代である。これまでも多くの研究者が博物館と植民地経営のかかわりについて述べているが，アフリカにも同じように当てはまる。博物館を足場として，領域内の鉱物資源の分布，農業に適した土壌，畜産に向いた気候などが，調査そして研究された。もちろん，これによりリンネやビュフォンらの博物学の影響を受けた当時の研究者たちが，未知の土地の自然物の採集と同定そして分類に精力を注いだことや，その成果を否定するも

のではない。19世紀後半に生まれた人類学や民族学や言語学も、最先端科学としてアフリカを含む世界各地の植民地の調査にあたっている。人類学者や言語学者が、人びとの言葉や習慣、社会組織、法、経済、宗教などを調べて得た成果が、植民地における統治政策の基礎資料とされていったことは事実であるが、当時収集された資料が今では博物館の貴重な収蔵資料となっていることもまた事実である。先人たちがアフリカ大陸、そしてアフリカの人びとのもつ可能性を探求し、その後の発展に寄与した側面もあることをふまえつつ、植民地時代に博物館や関連諸科学が作為不作為は別として果たした負の側面を、21世紀のわれわれはしっかりと認識する必要がある。

(3) 独立と国立の博物館

　1960年。この年は、ヨーロッパ諸国による植民地支配から17もの国が独立を果たしたことから、「アフリカの年」と呼ばれている。この前後に創設された国立の博物館がアフリカには数多くある。

　西アフリカのガーナ共和国では、1957年の独立を祝う催しの一つとして、独立する前の日にガーナ国立博物館を開館した。南部アフリカのボツワナ共和国は1966年に独立し、翌年に大統領令でボツワナ国立博物館設立を決め、1968年に開館している。植民地時代に旧宗主国が創設した博物館を母体にして、国立博物館を設立した国もまた数多くある。たとえば、西アフリカのマリ共和国の国立博物館は、植民地支配下の1953年にスーダン博物館として創設されたが、1960年の独立に伴い、マリ国立博物館（図14-2）と改名している。

　独立後に創設、改名された国立の博物館が果たした大きな役目は、新国家における国民意識の創出である。地図上ではっきりとわかる不自然にまっすぐなアフリカの国境線は、周知のとおり、西欧諸国による植民

図14-2　マリ国立博物館

地分割の跡である。民族の居住にかかわりなく策定された国境は，多くの民族を分かつとともに，その内には複数の民族を抱えもした。こうしたなか，新しい諸国家が運営する国立博物館には，多民族共生のなかで独立国家を維持するための展示をつくる役割が付与された。

　1961年独立のタンザニアの場合，1940年にイギリス支配下で開館した博物館を1963年に拡張し，タンザニア国立博物館として再出発させている。2003年には5つの国立博物館を統合し，「国立博物館と住居文化」という組織を創設している（タンザニア・ユネスコ国内委員会）。この名称は，1967年創設のヴィレッジ・ミュージアム（図14-3）をも含むためである。タンザニア各地の住居22棟をダルエスサラーム郊外に集めたこの博物館は，新生国家の多様性を示しながら各々の文化の個性を認めようというメッセージをはっきりと表出した展示を展開している。こうした施設を，マルチ・カルチュラル・ヴィレッジという。次節では，こうした住居の展示に焦点を当てた博物館，カルチュラル・ヴィレッジに

図14-3 ヴィレッジ・ミュージアム（タンザニア）

ついて説明する。

2. カルチュラル・ヴィレッジ

(1) 住まいの展示のメリット

　筆者が主として調査している南部アフリカには，カルチュラル・ヴィレッジという範疇(はんちゅう)で括(くく)られる博物館施設がある。その特徴は，民族の文化や暮らしぶりを紹介するために，その居住家屋を復元展示し，歌や踊り，諸職の実演，ところによっては食事を提供するという点である。
　住居を展示するメリットは何か。ほかの生物と人間の違いを語る時に，われわれは道具をつくり，使い，そして保管する生き物であるという。こうした道具のうち，人が自分あるいは家族のためにつくる最大の道具が住まいである。住まいにはその人の，さらにはその人が所属する集団の知恵や知識や技術が最大限に駆使される。すなわち，住まいはそ

の民族の文化の集積物といえる。文化人類学を背景として民族文化を紹介しようとする博物館において，住居そのものも展示として重要であるが，さらにその内部にさまざまな生活道具を配置し，暮らしぶりを展示できる点が何よりもリアリティを醸し出すうえで重要である。

　カルチュラル・ヴィレッジには2種類ある。前述のタンザニアの事例はマルチ・カルチュラル・ヴィレッジと呼び，ひとところに複数の文化の住居を復元し，各文化の相違や類似を比較してもらおうとするものである。もう一つは，特定の民族を対象としたもので，いうなればモノ・カルチュラル・ヴィレッジと表現することもできるものである。

(2) 南アフリカ共和国，ンデベレ社会の事例

　本稿では，ンデベレという一つの民族の文化を紹介している3つのカルチュラル・ヴィレッジを取り上げ，設立の背景や展示方針の違いに焦点をあてて比較検討する。

　南アフリカ共和国のトランスヴァール高原に居住するンデベレ人は，もともとウシを飼う牧畜民であったが，19世紀末オランダ系移民アフリカーナー（かつてはボーアと呼ばれた）との戦いに敗れ，土地や財産を失い，農場や鉱山，工場での労働を生業とするようになった。家族単位あるいは集落単位で白人と近接して暮らし，その影響を強く受けた点が，南アフリカのそのほかの民族と大きく異なるところである。20世紀半ばからは，住まいに色あざやかな幾何学模様の壁絵を描くようになり，5色のストライプ模様の毛布ときらびやかなビーズワークの装身具を身につける民族衣装と相まって，その装飾性の豊かさが国内外で注目されるようになった。アパルトヘイト制度下の南アフリカ共和国において，1975年クワンデベレ（「ンデベレの地」を意味する）というホームランドを設立し，1981年に自治政府としての認可を受けた。全世界で南

アフリカ白人政府だけが認める「国家」、いうなれば擬似国家クワンデベレの成立である。ただし、この時にも領域内には多数の他民族が居住し、けっしてンデベレだけの「国家」ではなかった。現在の人口はおよそ100万人で、全人口の2％ほどの少数民族であるが、ンデベレ語は南アフリカ共和国の11ある公用語の一つとなっている。

① コドゥワナ文化村（旧ンデベレ伝統村）

　クワンデベレ自治政府がカルチュラル・ヴィレッジの建設を決めたのは1988年である。1980年代、アパルトヘイトが世界中から非難されるなかで、ンデベレの装飾文化が海外から高い関心を払われるようになった。1986年、ンデベレの壁絵を取り上げた写真集『ンデベレ』(Courtney-Clarke 1986)が出版された。ほぼ前後して『アフリカン・アート』(Jeffery 1986)や『ナショナル・ジオグラフィック』(Schneider 1985)にもンデベレに関する記事が大きく掲載された。このような時期に、2年の準備期間を経て1990年に開館したカルチュラル・ヴィレッジは、ンデベレ伝統村と命名された。現在はコドゥワナ文化村と改称している。

　展示は、およそ200年さかのぼった壁のない時代から、水性ペンキの壁絵をもつ現在のタイプまで、ンデベレの家屋の変遷（図14-4、14-5、14-6）をたどるとともに、一つの家族が敷地内に家屋をどう配置していたかを再現してもいる。ンデベレ社会では、夫婦、息子、娘はそれぞれ別の家屋に住み、複数の家屋で一つのホームステッドを形成していた。家屋が大型化した現在でも、この習慣は垣間見ることができる。家屋はすべて新築である。版築（はんちく）により建てられるンデベレの家屋は、構造上移築に耐えるものではなく、また新築すること自体に意味がある（後に詳述する）。

　敷地内には、民族衣装をまとったンデベレ女性が常駐し、壁絵の描画

図14-4　壁の無い時代のンデベレ人の展示家屋

図14-5　自然顔料で壁絵を描いた時代の展示家屋

図14-6　水性ペンキの壁絵をもつ展示家屋

やビーズ細工作りを実演し，ダンスを披露する。キュレーターを称するガイドが展示を説明してくれもする。スタッフが制作したビーズワークを販売する土産店もある。展示室では，さまざまなンデベレの装身具，調理具，飲食具，楽器，そして呪具など民族誌的生活資料を展示している。2014年末に訪問した折には，2つの企画展示が催されていた。アフリカ全体を紹介する展示と南アフリカの楽器を紹介する展示である。この館独自の企画ではなく，巡回展であった。

　このカルチュラル・ヴィレッジの設立目的として，以下の3点がある。

1）リバイバル（復興）

　ンデベレの文化や古い建築技術を甦(よみがえ)らせ，失われつつあるものを保存する。各時代の住まいの姿を新築で再現した理由もここにある。その意味では，コンサベイション（保全）といい表したほうが適切かもしれない。200年前の総草葺(ぶ)き家屋は，住むことも新たに建てることもされていない。考古学的調査から規模や柱の間隔に関する情報を得たり，よく似た総草葺き家屋を今も建てている民族から建築技術を学んだりしたという。壁絵に関しても，描画の素材が自然顔料から工業製顔料，そして水性ペンキへと移り変わっており，その顔料の調達方法や配合方法，壁の下地造りの技法，そして描画技術といったことが，受け継がれるべき文化資源となっている。

2）エデュケーション（教育）

　かつてのンデベレ社会が営んできた暮らし，生活様式を次世代に伝達し，自分たちの文化として継承させる。家屋内部に入ることで，子どもたちは父祖の生活を想像することができる。また，民族誌的生活資料を網羅し，体系的に紹介した展示室でも，いにしえの様子を伝えることが可能である。ンデベレの子どもたちが学校でンデベレ語を学び，博物館でンデベレの暮らしを体験し，自らの文化を体得していくことが，クワンデベレ政府の狙いであった。

3）プロモーション（振興）

　壁絵をはじめとするンデベレの装飾文化というシンボルを示し，ンデベレという独自の文化をもつ民族を知ってもらう。来館を想定したのはクワンデベレ内の子供たちばかりではなく，外部からの観光客もであった。クワンデベレ政府は，壁絵をはじめとする装飾文化を，内外にンデベレという民族の存在を主張する表象として用いた。その表現装置として，カルチュラル・ヴィレッジを設立したのである。開館にあたり，展

示を文化局が担当し，来館者への対応を観光局が担った点は，観光客への意識が強かったことの証左となるであろう。また，開館された場所がクワンデベレの中心ではなく，域内でもプレトリアやヨハネスブルグに寄った所で，向かいに政府経営のワイナリーがあることも，観光客の招致を想定しての立地設定であったことをうかがわせる。

　このカルチュラル・ヴィレッジが開館した1990年は，後に大統領となるネルソン・マンデラが釈放された年であり，アパルトヘイト体制の瓦解が始まった記念すべき年でもある。1994年，暫定憲法の発効によりクワンデベレの領域は東トランスヴァール州に含まれることとなり，翌1995年ホームランド，クワンデベレ政府は消滅した。ホームランド政府を背景としたンデベレの文化行政は大きな方針転換を余儀なくされ，カルチュラル・ヴィレッジも単一の民族の名称を冠することを許されず，現在は前述したとおり，地名を冠したコドゥワナ文化村と改称している。

② ンデベレ文化村（旧南ンデベレ野外博物館）

　2つ目に紹介するカルチュラル・ヴィレッジは，1971年に南ンデベレ野外博物館として開館したもので，その立地する地名からボチャベロとも呼ばれている。現在はンデベレ文化村と改称している。ンデベレ文化村は，ヨハネスブルグから東へ約160kmのミドルバーグ市にあり，著名な観光地クルーガー国立公園へのドライブの休憩に格好の位置となっている。この辺りはもともとソトという民族の領域であったが，アフリカーナーが入植し，19世紀末に彼らに連れてこられたンデベレがそのまま白人経営農場にとどまり，多数居住する地域となった。当時のトランスヴァール州の白人政府は，19世紀の砦跡や宣教施設などの整備とともに，地域の主要な民族であるンデベレの文化を紹介する施設としてこ

こを建設した。

　ここでもンデベレのホームステッド様式の変遷を，現代から200年ほど前まで展示している。ンデベレ文化村の展示をつくった研究者が前述のコドゥワナ文化村の建設にもかかわっているため，両者の展示構成はよく似たものとなっている。民族衣装をまとった女性が常駐し，さまざまなアトラクションを行う点も，土産店，展示室がある点も同じであるが，かつてンデベレ文化村には文化人類学や考古学を専門とする研究者が常駐していた点が大きく異なっている。

　ンデベレ文化村は，1990年代に州政府からミドルバーグ市役所に所管が移ったが，その後土地権返還法に基づく申請を受け，民間所有の施設となった。しかし，ほどなく経営に行き詰まったという。2014年12月，久しぶりに訪問したンデベレ文化村は開店休業状態であった。展示家屋に寝泊まりしていたスタッフの失火で，一部の展示家屋の屋根は焼け落ちていた。残骸は取り払われていたが，展示としてはもはや成立していなかった。博物館経営の責務ということを考えさせられる事例である。

③　マポコ・ンデベレ村（旧シュピールマン・クラール）

　最後に取り上げるマポコ・ンデベレ村は，1953年に一般公開を始めたカルチュラル・ヴィレッジで，3つの事例のなかでもっとも古い。もともとの名称は，シュピールマン・クラールという。クラールとは村，集落という意味で，その住民を率いていた長の名がシュピールマンであったために，この名称がついた。かつては首都プレトリア北西10kmほどのところにあったが，1948年より始まった一連のアパルトヘイト政策により，強制移住の対象となり，プレトリア北西およそ50kmの現在の地に移った経緯がある。現在はンデベレのかつての王の名前にちなんで，マポコ・ンデベレ村と改称している。

ここの特徴は，実際の住居が来訪者の観覧対象の展示物だという点である。300mほどの長さのある広場に沿って10数軒の壁絵をもつ家々が立ち並んでいる（図14-7）。

　南アフリカの裕福な白人家庭には，20世紀前半より自家用車が普及しはじめている。移住前のマポコ・ンデベレ村は，白人が多く住む地区から程近いところにあり，日帰りのドライブの訪問先としてはうってつけの場所であった。移住後も，1970年代までは白人の観光客でにぎわっていた。この当時のマポコ・ンデベレ村を撮影した写真は複数の文献や絵葉書で確認でき，その注目度の高さがうかがい知れる。カラフルな壁絵の前でポーズをとる民族衣装をまとった女性たちは，カメラの格好な被写体となった。帰りがけにはビーズワークをお土産に購入し，リビングに飾る小旅行の記念品となった。この時点で，ンデベレ人の装飾文化はすでに観光資源化されていた。

　しかし，アパルトヘイト政策の進行により，1977年，この地はツワナのホームランドであるボプタツワナに組み込まれることとなった。ボプタツワナ政府は域内を白人が往来するのを嫌い，幹線道路にこのカルチ

図14-7　カラフルな壁絵の家屋と小塀が並ぶ

ュラル・ヴィレッジへの道標の設置を許さず，観光は廃れていった。

1997年，南アフリカ BMW とペンキメーカーの援助を得て，住民が壁絵をすべて描き直し，再出発をはかったが，2014年12月現在，観光客の波は戻っていない。

(4) 観光と自文化の表象

この3つのカルチュラル・ヴィレッジには観光という共通項がある。①では，アパルトヘイト下で疑似国家の「国立」博物館として歩み始めたカルチュラル・ヴィレッジが展示に託した3つの要素が，観光客の(外部の)視線による自文化の見られ方を強く意識したものであり，その視線は旧来の文化を知らないンデベレの若い世代をも含み，まさしくアイデンティティ創出を目的とした施設であったことがわかる。②の既存の観光ルートに乗って観光客を誘致しようとしたカルチュラル・ヴィレッジの姿は，日本の温泉街を後背地とした小テーマパークや種々の小規模な博物館・美術館を想い起こさせる。③の事例は，アパルトヘイト下でほかの民族に取り囲まれた少数民族が運営するカルチュラル・ヴィレッジの盛衰から，民族文化の観光資源価値とともにその見世物的要素が生じた過程を知ることができる。

3. アフリカでの展示上の新たな試み

最後に，南アフリカ共和国ヨハネスブルグにあり，いくつもの博物館をもつ総合大学，ウィットウォータースランド大学が2012年に開館した通称 WAM (Wits Art Museum) (図14-8) を事例に，アフリカの博物館界における新たな展示の試みを紹介する。

(1) アフリカ美術：芸術と器物の融合

　WAM は美術館であり，博物館である。その収蔵品は，1920年代からの収集にまでさかのぼる民族学および社会人類学をベースとしたものと，1950年代から収集を開始した美術史をベースにしたものと，そして1978年以降のスタンダード銀行の資金により収集したものを主たるものとし，およそ9,000点となっている。

　いま WAM の収蔵品をいずれも「もの」と表現した。ここに1980年代以降活発に議論されている文化の表象にかかわる問題点があり，それぞれを「民族誌資料」，「美術作品」と書き記さなかった。本稿では紙幅の関係で，論の展開よりも，議論の紹介に力点を置いて説明する（吉田 2014）。

　まず，アフリカで生み出された「もの」すなわち物質文化を，あるものを「アート（美術）」，別なものを「アーティファクト（器物）」とする分類行為への議論がある。1989年，「アート／アーティファクト：人類学コレクションにおけるアフリカ美術」という展覧会が，ニューヨークのアフリカ美術センター（現，アフリカ美術館）で開かれた。この時まで博物館・美術館の学芸員は，属する館の立場に従って，疑問に思うことなく分類をなし，展示を行ってきた。客観的な表象の装置と信じてきた展示が，実は新たに意味を創り出す装置であることに気づかせてくれたのがこの展覧会である。WAM はそうした分類を乗り越え，一つの

図14-8　WAM の全景

館で収蔵し，展示として融合させる試みを始めている。

（2）さまざまなアート

　現代芸術（モダン・アート）へのアフリカ美術の影響は，ピカソの例を出すまでもなく史実としてよく知られている。当時，アフリカ美術はオセアニア美術とともに「未開芸術（プリミティブ・アート）」と表現された。それは，西欧，近代，文明といった言葉の対にあり，後進，未発展，さらには原始といった言葉と同義に扱われた。ここにひそむ差別意識は21世紀の現在，看過できるものではない。1984年に開催された「20世紀美術におけるプリミティヴィズム：『部族的』なるものと『モダン』なるものとの親縁性」展（ニューヨーク，近代美術館）（ルービン 1995）は，ジェイムズ・クリフォードらから厳しい批判を受けた（クリフォード　2003）。

　WAMの収集は，民族文化が色濃い「エスニック・アート」，美術マーケットに乗って売買される「ファイン・アート」，アフリカの同時代作家の「コンテンポラリー・アート」，そして土産物屋や路上で販売される「スーベニア・アート」にいたるまで幅広い。しかし，こうした名称や分類にそれほどの意味はなく，すべてアフリカ美術の範疇であり，WAMの収集範囲となっている。きわめて昔ながらの形をしていて，旧来からの用途に使われながら，素材はサイザル麻から廃品のプラスチック製幅広テープになったバスケットなどは，まさしく21世紀のハイブリッドなアートとしてみることも，現代に生きる人びとの暮らしを生き生きと紹介するものとしてみることもできる。

（3）作者の名前の付与

　美術館では作者名は展示に必須の要素である一方，文化人類学や民族

学を背景とする博物館では，作者を調べることなく収集することがかつてはよくあった。使用痕(こん)のある資料に価値があるとされ，資料の収集は作り手ではなく使い手のところで行うことが好まれた。使用者は製作者を知らず，収集者も作者不詳を前提とした収集を当然とした。

　こうした考えは展示のうえに反映され，作者名のある美術館と作者名のない博物館という展示の違いがあたりまえになっていった。しかし今日，「アート」と「アーティファクト」の別も，諸々のアートの違いもなくなり，博物館でも作者名を付けて展示することが，広まっている。

　プレトリアにあるディソング国立文化歴史博物館の入口の壁には，前述のンデベレの壁絵が展示されている。1997年の展示直後に訪ねた時，鮮やかな美しい壁絵の脇には，除幕者とスポンサーの名前を記載したプレートがあるのみであった。壁絵は，「無名の，あるいはンデベレという民族のもの」という扱いであった。2006年に訪ねたところ，壁絵のわきには名前と略歴と写真で4名の女性を作者として紹介するパネルがあった。まさに前世紀と今世紀の意識の変化が表されていた（図14-9）。

図14-9　作者紹介のあるンデベレの壁絵の展示

4. まとめ

　本章では，最初にアフリカの博物館の歴史の古さを述べたが，第3節で説明した展示をめぐる今日的な課題への姿勢にもみられるように，先進的試みがいろいろなされており，日本の博物館や学芸員が学ぶべき点も多い。

　またアフリカの博物館の歴史には植民地主義の影があることを説明したが，現在進行形の課題としては文化財返還問題がある。植民地時代に欧米の大博物館に収蔵された文化財は，本来どこにおさまるべきなのだろうか。現場主義といって，もともとその文化財があった場所こそが，あるべき場所だという意見もある。実際にイタリアは，1937年に持ち去った約2千年前のオベリスクを，2005年にエチオピアに返還している。エチオピアを例外として新しい国の多いアフリカにおいて，博物館が国民意識，あるいは民族意識を作り出す装置として機能している面を本章では，強調したが，返還された文化財やユネスコの世界遺産などはその核になる可能性をもつものである。

　最後に，博物館展示論を学ぶ皆さんには，展示というものがけっして客観的に存在するのではなく，すべからく学芸員の意図を反映し，新たな意味を創造する装置として機能し，強いメッセージ性をもつものであることを理解し，これからの展示観覧において気にとめていただきたい。また，学芸員として展示制作にあたる際には，自分の考えを相対化して絶えず問い直しつつも，展示のもつこのメッセージ性を有効に使っていただきたい。

参考文献

クリフォード，ジェイムズ　太田好信他訳『文化の窮状―二十世紀の民族誌，文学，芸術』（人文書院　2003）（原著　1988）

タンザニア・ユネスコ国内委員会 web 誌 http://www.natcomreport.com/Tanzania/pdf-new/nation-museum Bagenyi, A., 2010, 'National Museum & House of Culture'.

吉田憲司，『文化の「発見」―驚異の部屋からヴァーチャル・ミュージアムまで』（岩波書店（岩波人文書セレクション）2014）（原著　1999）

ルービン，ウィリアム（編）吉田憲司他訳，『20世紀美術におけるプリミティヴィズム―「部族的」なるものと「モダン」なるものとの親縁性』（淡交社　1995）（原著　1984）

Courtney-Clarke, Margaret, *Ndebele : The Art of an African Tribe*, Rizzoli.（1986）

Jeffery, David, 1986, 'Pioneers in their Own Land', *National Geographic* 169-2.

Schneider, E. A., 'Ndebele Mural Art', *African Arts* 18-3.（1985）

WAM ホームページ。Wits は Witwatersrand 大学の略称である。http://www.wits.ac.za/wam/2826/

15 | アジアの博物館
―インドネシアとモンゴルの博物館を中心に

稲村哲也

《目標＆ポイント》 アジアの博物館の事例から，博物館の展示がもつ意味，「国民統合」などの政治性について考えよう。インドネシアとモンゴルとブータンとで，どのように異なるかを比較検討してみよう。モンゴルについては，社会主義・民主化と展示のかかわりについて考えよう。
《キーワード》 植民地，国民統合，社会主義，革命のイデオロギー，民主化，チンギス・ハーン，マイノリティ，チベット仏教，イスラーム

1. はじめに

　アジアの博物館といっても，国も博物館も多様である。ただ，多くの国が「被植民地化の歴史」と「多民族」という共通項をかかえており，それが博物館（とくに国立博物館）の有り様と関連している。そして，濃淡の差こそあれ，それらの国の国立博物館の基本コンセプトは，「ナショナル・アイデンティティの涵養」と「国民の統合」である。それは，アフリカの博物館に関して亀井が述べた「多民族共生と独立国家の維持」と共通している。その好例の一つが，インドネシアの国立博物館である。インドネシアは，戦後に，オランダ植民地の境界線をほぼそのまま引き継いで独立した，東西5,000キロに及ぶ1万数千もの島々からなる巨大な多民族国家である。独立後はナショナル・アイデンティティの

形成を推進し，国立博物館はその一翼を担ってきた。そこで，この章ではまずインドネシアを事例として取り上げる。

社会主義体制の国では，博物館は革命とそのイデオロギーの浸透のため，重要な役割をもってきた。モンゴルは，1990年から社会主義を廃し，民主化・市場経済化の道を進んできた。モンゴル国立博物館は，そうした体制変化を反映して，リニューアルされた。第3節では，モンゴルの国立博物館と，社会主義時代の展示が残されている地方の博物館を取り上げて比較し，社会主義と博物館，民主化と博物館のかかわりなどを考察する。

王国として独立を維持してきた国の博物館は，どのような特徴があるのだろう。それも興味深い問題である。そこで最後に，王制が続いているブータンの国立博物館について，その展示にかかわった栗田靖之氏にコラムを書いていただいた。

2．インドネシアの国立博物館

オランダ植民地時代のインドネシアで，1778年にオランダ人研究者たちが「芸術科学協会」を設立し，芸術と歴史学，考古学，民族学などの分野での資料収集と研究を蓄積していった。膨大な資料と研究成果が蓄積するなか，蘭領東インド政府は国立博物館の設置を決め，1868年にオープンした。

インドネシアは日本軍降伏直後の1945年8月17日に独立宣言を行い，オランダとの独立戦争を経て，1949年に独立が国際的に承認され，翌1950年に統一共和国としての体制が定まった。その時，ひとつのネイション（国民）としての「インドネシア人（バンサ・インドネシア）」が現実のものになったが，そのなかに異なる諸民族をどう位置づけるかと

いう問題が、課題として意識されるようになる（以後、鏡味　2012を参照）。ネイションを意味する「バンサ」に対して、各民族集団を意味する「スク・バンサ」といういい方が生まれ、「国民」と諸民族の関係性の概念設定ができたが、スカルノ大統領の時代（1945-1967）には、宗教や民族の違いによる地方反乱が相次ぎ、国軍によって鎮圧された。そして、次のスハルト大統領時代（1967-1998）には、国民の統合を阻害する恐れがあるとして、民族・宗教・人種にかかわる活動や報道が厳重に監視された。しかし、「民主化」のうねりのなかで1998年にスハルト政権が退陣に追い込まれた後、強権的な国家運営への反動が一挙に噴出し、大きな国政改革が推進された。地方自治や言論自由化が進められ、民族・宗教にかかわる活動も自由となり、2000年の人口センサスで、建国以来初めての民族別人口の集計も行われた。その結果1,000を超えるスク・バンサが明らかになった。

　国立博物館は、大統領宮殿に近いムルデカ広場の独立記念塔の向い側に位置する。コロニアル様式の立派な建物は、植民地時代の象徴であり

図15-1　インドネシア国立博物館外観

ながら，いまは（植民地の境界線を引き継ぐ国家の）国民統合のモニュメントとして威風あたりを払っている（図15-1）。

　国立博物館には，現在10万点以上の文化財・資料が収蔵され，その一部が展示されている。インドネシアの歴史は，通史として展示されているわけではない。考古遺物・文化財・宝物と，民族資料が博物館の展示の中心をなしている。中庭を囲む中心部に，先史時代の考古遺物と，ヒンドゥー教・仏教の石彫などの文化財が展示されている（図15-2）。左手奥の展示室にアジア各国の貴重な陶器類，そして右手の長い展示空間に，諸民族の民具が展示されている。民族展示は，地域ごとにコーナーが設けられ，各コーナーでは，生業用具（狩猟具，農具など），生活用具，土器，装身具，祖霊像，仮面，呪術などジャンル別に展示がなされている（図15-3）。

　貴重な考古遺物・文化財は国民の共有財産であり，遠い祖先の存在の証である。アンダーソンのいう「想像の共同体」のシンボルとして，つまり本当かどうかはわからないが，共通の祖先・共通の歴史を想像（あるいは創造）させるモニュメントとして，「国民」の目に示される。一方，展示場に展開される多様な民族資料の数々は，インドネシアの今ある多様な民族文化の個別性を認めながらも，その共存を象徴する記号群

図15-2　インドネシア国立博物館
　　　　石彫展示コーナー

図15-3　インドネシア国立博物館
　　　　民族展示

図15-4　博物館で学ぶ児童と引率の先生

である。

博物館訪問中に，先生に引率された生徒たちが見学に来ていた。生徒たちにとって，博物館は，歴史や文化を学ぶとともに，「国民」意識を養う場であるに違いない（図15-4）。

3. モンゴルの博物館
―社会主義から民主主義・市場経済への変革のなかで

　1921年に清朝からの実質的独立をなしたモンゴルは，ソビエト連邦の影響のもとに社会主義体制をとる。1950年代末には，ソ連のコルホーズに倣（なら）った家畜の集団化によるネグデル（農牧業組合）が設立され，遊牧システムが大きく変化した。大規模な銅鉱山の開発など，国営による鉱工業の開発も進められた。一方で，ソ連のスターリン体制下では，モンゴルでも政治的粛清が横行し，また，伝統文化や宗教が弾圧された。しかし，ソ連でペレストロイカが始まると，モンゴルでも経済社会の改革が始まる。そして，1989年末に起こった民主化運動を契機として，翌1990年には史上初めて自由選挙が実施された。そして初代大統領が就任し，本格的な政治・経済改革が開始された。国名もモンゴル人民共和国からモンゴル国に変更され，社会主義が公式に放棄された。中央の管理による計画経済・社会主義体制から，市場経済・民主主義への移行は，当初は大きな社会的混乱を引き起こした。しかし，首都ウランバートルは，鉱業の活況も手伝い，市場経済下で急激に発展した。遊牧は，ある意味

で，四季に応じて自由に移動する，個人経営の昔のシステムにもどった。社会主義時代に禁じられていたチンギス・ハーンの像が議会の正面に建立された。そして，抑圧されていた宗教（モンゴル人の場合は主としてチベット仏教）が急速に復活し，さまざまな伝統文化も復興した（石井・鈴木・稲村　2015）。

（1）モンゴル国立博物館──民主化後のリニューアルされた博物館

　首都ウランバートルの中央広場「スフバートル広場」に隣接して国立博物館がある（図15-5）。この博物館の前身は1924年に設立された。現在の建物は1971年に「革命博物館」として設立されたものである。民主化後，「革命博物館」は「モンゴル歴史博物館」と名前を変え，1998年に「モンゴル国立博物館」として全面的にリニューアルされた。

　博物館のコレクションは，石器時代から現代までの考古・歴史資料，民族資料など約5万点である。

　展示フロアーは3階に分かれ，9の常設展示室と特別展示室からな

図15-5　モンゴル議会（正面にチンギス・ハーン像）。議会の左に国立博物館が見える

る。

　展示の内容は歴史と民俗で，1階はモンゴル古代史（石器時代から青銅器時代まで）と古代国家（紀元前3世紀の匈奴から，突厥，ウイグル，契丹の紀元12世紀まで）（図15-6），2階はモンゴルの多様なエスニック集団の民族衣装と装身具（図15-7），3階はモンゴル帝国から現代までの歴史と文化である。2階への階段の正面には大きなチンギス・ハーンの肖像が飾られている。

　最大の見所がモンゴル帝国の展示である。3階に上がって，左手にさらに3段の階段を上がると，その展示室に導かれる。奥の正面に，モンゴル帝国の兵士とスルデ（紋章旗）の実物大ジオラマが展示され，その背景に大きな戦闘の図が描かれている。壁面ケースには，馬具，武器，帝国の印章などが展示されている。その先には，投石器が展示され，その背景にも戦闘の図が描かれている。展示室は室内照明を落とし，壁面は黒で，展示や背景の絵にスポットが当てられ，照明が荘厳な雰囲気をつくり出している（図15-8）。

　この展示室のあと，3段下りたフロアーの壁面ケースにモンゴル帝国期の土器・陶器が展示され，その奥のコーナーでは，現代の伝統文化として，チベット仏教寺院模型，シャマニズム，チベット仏教，楽器，伝

図15-6　モンゴル国立博物館の考古展示

図15-7　モンゴル国立博物館の民族衣装展示

統の遊びの展示などがある。次の展示室では，ゲルを中央に配し，遊牧生活の民具の展示が続く。

次は，清朝時代からの歴史展示である。清朝の展示では，印章，文書などの歴史資料とともに，満州人による拘束・拷問具などが展示され，

図15-8　モンゴル国立博物館のモンゴル帝国展示

続く革命への布石となっている。次の展示は独立宣言（1911年）の後の活仏ボグド・ハーンの時代である。ここでは当時の文化とモンゴル独立までの戦いが主たるテーマとなっている。その次は，社会主義時代である。ここでは，革命の戦いとともに，近代化・産業化や教育などの発展を示すとともに，1930年代の大量粛清など負の側面も展示されている（図15-9）。

最後の展示室は，民主化以後の現代である。1988・89年の民主化運動から，1990年の民主化の達成，それ以後の民主化・市場経済化の過程を，主として写真パネルで構成している。

この展示室だけは天井が格子となっており，短期のリニューアルがしやすい構造となっている。また展示ケースも4面の独立ケースで，全体にモダンな雰囲気となっている

図15-9　モンゴル国立博物館の社会主義時代の成果を示す展示

図15-10 モンゴル国立博物館の民主化後を表す展示

（図15-10）。

1990年代前半，まだ博物館がリニューアルされる前に訪問した時の記憶などから判断して，清朝時代から独立・社会主義時代までの展示の多くは，以前の展示がかなり再利用されているようにみえる。ただし，30年代の粛清は，当然民主化後につけ加えたものである。また，民俗展示の多くも，古い展示の再利用である。つまり，リニューアルによる新たな展示は，主として，古代の歴史展示，チンギス・ハーンとモンゴル帝国の展示，そして，民主化後の展示である。チンギス・ハーンとモンゴル帝国は，現在のモンゴルのナショナル・アイデンティティの最大の象徴であり，急激な発展，近代化の道をたどるモンゴル人の希望の象徴ともなっている。

（2）バヤンウルギー博物館—モンゴルのカザフ民族地域の博物館

　モンゴルのマイノリティ（少数エスニック集団）が注目されることは少ないが，実際にはモンゴルに約20のエスニック集団が存在する。人口の9割を占めるモンゴル系も，17ほどの集団に分かれ，人口の約7割を占める「ハルハ」のほか，「ドゥルブド」，「バヤド」，「ブリヤート」，「ウリヤンハイ」などの諸集団に分かれる。残り1割はチュルク系で，そのうちの最大の集団が「カザフ」で，モンゴル人口の約4％を占める。カザフの人口は，1990年代に約12万人に達していたが，1991年に独立したカザフスタンへの集団移住の結果，約10万人前後に減少した。カザフ

図15-11　カザフが生活するバヤン
　　　　　ウルギー地方

図15-12　カザフ遊牧民のユルタ
　　　　　（天幕）と家族

は，モンゴルの西端のバヤンウルギー県に集住しており，県の人口約9万人のうちカザフがその90％以上を占めている（図15-11，15-12）。

バヤンウルギー博物館（図15-13）を2006年と2015年に視察した。社会主義時代には各県の県庁所在地に博物館と劇場が建てられたが，この博物館も社会主義時代に建てられたものである。

3階建ての建物の1階には，主として自然史の展示があり，地域に生息する動物の剥製(はくせい)などが展示されている。2階が歴史展示で，3階が伝統的な生活や信仰の展示である。地域の住民や児童にとって，地域の自然・歴史・文化を伝えられ学ぶ貴重な場となっている。3階の民族文化の展示では，カザフの大きなゲルの展示やさまざまな民具に加え，バヤンウルギー県におけるマイノリティであるドゥルブド，ウリヤンハイ，トゥバなどの民族衣装も展示されている。

この博物館の展示が興味深いのは，民主化後に一部の展

図15-13　バヤンウルギー博物館

示が加えられたものの，社会主義時代に作られた展示が，ほぼそのまま残っていることである。つまり，社会主義時代の「革命博物館」の展示コンセプトと雰囲気を色濃く残しているのである。さらに興味深いのは，それがマイノリティ地域の博物館だということである。

　2階の最初のコーナー（図15-14）では，（当時の生活における進歩の象徴と思われる）ミシンの展示とともに，小さな壁面ケース（右から2番目）にモスクの絵とコーラン，別のケース（右端）にチベット仏教の仏画と仏具が展示され，その上に，遊牧生活の絵や，カザフのユルタ（天幕）と家族の絵が展示されている。この展示をなにげなく見れば，この地域の民族の生活と文化を表すと受け取れる。チベット仏教を信仰するモンゴル民族とイスラームを信仰するカザフ民族の共生と解釈できるかもしれない。しかし，このコーナーには次のような解説文が添えられていた（2015年現在では撤去されていた）。

　「1912年極西，極東部のエスニック・グループが，モンゴルの共通の

図15-14　カザフとモンゴル系民族との社会主義的統合を表す展示

目的のために結びついた。彼らの文化がモンゴルの共通の目的のために結びついた。彼らの文化がモンゴルの一部となった。西部にはたくさんのエスニック・グループがいる。コシュード，ドゥルブド，トルグード，トゥバ，ミャンガッドである。彼らと，カザフという最大のコミュニティーが，過去と未来の国家の希望の重要な一部を形成している」。

要するに，極西モンゴルの主要な民族であるカザフが，東のモンゴル系諸集団と共同して，社会主義モンゴル国家の一員となったことを強調しているのである。

一国社会主義の理論によれば，国家は「ひとつのウンデステン（ネイション）と多くのヤスタン（エスニック集団）」によって構成される。ヤスタンはウンデステンの一部としての「部族」と訳されることが多い。ネイション（nation）という英語は，国民とも民族とも訳せる言葉である。ウンデステンもその2つの意味が合致した概念である。

ウンデステンとヤスタンは，先に述べたインドネシアの国民形成における「バンサ」と「スク・バンサ」の関係性に近いが，モンゴルの場合，事情はもう少しややこしい。モンゴル帝国は広大な版図を広げ，そこで多くの民族を吸収し，政治的・人工的な騎馬集団を再編したという歴史的背景がある。そのため，「モンゴル民族」は，そうした下部集団を起源とする，ハルハ（現モンゴル国のマジョリティ），ドゥルブド，バヤド，ブリヤートなどの多くのエスニック集団に区分される。エスニック集団のメンバー同士は，一定の慣習，方言，そして歴史を共有している。

長い説明を要したが，つまるところ，小さな展示コーナーは，カザフという民族（ないしエスニック集団）が社会主義的「モンゴル国民＝モンゴル民族」のもとに統合されたことを意味しているわけである。

このコーナーの一画（右上）には，醜く太って描かれた，清朝時代の

貴族や僧が，貧しい遊牧民を搾取する絵が展示されており，革命前夜を象徴している（図15-15）。別のコーナーでは，清朝時代の拘束具・拷問具が展示されている。このような「清朝」「貴族」「宗教」を悪とする展示は，社会主義下の博物館における共通アイテムだったといえる。

続いて，2枚の絵が展示されている（図15-16）。上の絵は，モンゴル政府がレーニンを歓迎する図である。その解説には，独立と革命の英雄スフバートルの言葉として「僧侶たちと中国軍と資本主義の軍が三方の国境で世界を脅かしている。ロシアの同盟軍とともにわれわれの穢れのない草原を守らなければならない……」とある。また，下の絵は，モンゴル独立軍の英雄が民衆に迎えられる図であるが，そこには「1921年7月6日赤軍の兵士たちが労働者階級を解放し，独立を宣言した。7月11日新政府が正式に設立された」とある。

別のコーナーでは，ロシアのソビエト議会，モンゴル人初の宇宙飛行士がロシア人宇宙飛行士と並ぶ写真などとともに，宇宙飛行成功の記念切手やメダルなどが展示され，革命と独立の輝かしい成果と，モンゴルとソビエト連邦の連帯が表現されている。勲章を胸につけた俳優協会の

図15-15　清朝の貴族や僧侶による遊牧民搾取を表現する絵

図15-16　英雄スフバートルとレーニンの絵（上）とモンゴル独立軍が民衆に迎えられる図

重鎮と女優の写真も添えられており，そこから，演劇も社会主義革命のプロパガンダとして重要な位置を占めていたことが読み取れる。

次のコーナーでは，「ロシア白軍（ロシア皇帝軍）に対するモンゴル・ソビエト連合軍の戦闘地図」「独立戦争で使われた鉄砲」，「新たに建設された学校，幼稚園，病院，図書館などの写真」「建設業，木工業，食品業，ウール産業」など，革命の成果がさまざまなテーマで展開される。

図15-17　民主化後につくられた「粛清の部屋」の展示。右上の名板に氏名，エスニック集団，出身地，死亡年が刻まれている。

このように，バヤンウルギー博物館は，社会主義時代の展示をほぼそのままの形で残している。ただ，1階に「粛清の部屋」が追加され，1930年代のロシアのスターリン政権期に粛清されたバヤンウルギー県の多くの人びとの名前が記され，社会主義時代の全体主義・恐怖政治に対する批判が表明されている（**図15-17**）。

バヤンウルギー博物館は，いまや「社会主義下における博物館」の展示を伝える希少な存在である。できれば，博物館そのものを展示ごと保存し，リニューアルの場合には，別途新館を建てて新たな展示を制作して欲しいと思うところである。

コラム　ブータン国立博物館　　　　　　　　　　　　　　栗田靖之
　　　　　　　　　　　　　　　　　　　　　　　　　（国立民族学博物館名誉教授）

　ブータン王国が歴史に登場するのは，1907年以降のことである。当時インドを統治していたイギリスは，通商関係を求めてチベットに，ヤングハズバンドが率いる武装使節団を送った。その時，ブータンのトンサ地方の領主ウゲン・ワンチュックが同行し，イギリスとチベットの間の仲介役を果たした。この使節団が帰国したのち，イギリスはウゲン・ワンチュックがブータン全土の国王になることを薦め，その結果ブータン王国が成立した。第二代国王の時代までは，鎖国政策をとっていたが，1952年に即位した第三代国王以降，徐々に国を開き，諸外国に独立国としての承認を求めたのである。当時，ブータンはまさに国家としての整備の道を歩み出したところであった。その時，国家を形成する省庁，議会，裁判所などの重要な政府機関の一つとして，国立博物館が設立されたのである。博物館には，第二の町であるパロを見下ろす山の中腹にある建物があてがわれた。この建物は，1752年に建設された土壁でできた円形の7階建であった。タ・ゾンと呼ばれるこの建物は，本来パロ地方における行政と僧院を兼ねた城郭パロ・ゾンの物見の塔として建設されたものである。この歴史的建造物を利用して，1968年，博物館が創立されたのである。

ブータン国立博物館全景

　当初の収蔵品は，国王の収集品を中心としたものであった。展示物は，考古学的遺物，歴史的文化財，鉱物，動物，植物の標本，民具類，織物，伝統的舞踏で用いられる仮面や衣装などが展示されていた。そのなかでも，とくに大きな位置を占めていたのは，ブータン人の精神的支柱となっているチベット仏教に関する仏像，仏具，タンカと呼ばれる仏画である。博物館の最上階には，ブータンの仏教史を象徴する

高僧などの4体の像が展示されているが，ブータン人の来館者は，それを展示品として見るのではなく，信仰の対象として，その前で五体投地の礼拝を行い賽銭をあげている。

収蔵品のなかに歴代の国王が収集した小銃のコレクションがある。そ

ブータン国立博物館・展示場

のなかに，1958年，時のネルー・インド首相が，初めてブータンを訪問した時，ブータン国王に贈った小銃があった。小銃の台座には「ブータンのマハラジャへ」との銘が刻まれていた。それを見て，ブータン国王は，その小銃を受け取ることを拒否した。というのは，マハラジャは，インドにおける地方の藩王を意味し，1947年にインドが独立した時には，560ほどの藩王国があったが，やがてはインド共和国に併合されていったのである。ブータン国王はインドの藩王ではない。もしその小銃を受け取ると，自らがインドの藩王であることを認めたことになり，ブータンの王位も領地も，将来インドに併合されることになってしまう。そのためにブータン国王は，その小銃の受け取りを拒否したのである。しかしどういう経緯があったのか，その小銃は国立博物館に収蔵され，一時は展示されていた。

社会の近代化とともに，ともすれば散逸してしまうこれらの収集品を，全国からこの国立博物館に集め適切に保存，管理をしようとする姿勢は評価できる。しかしその一方で，一ヵ所に文化財を集中して管理することは，その博物館が不測の災害に襲われた時には，すべてを失ってしまう危険性もある。新興国の博物館は，内部あるいは外部からの火災，盗難などに十分な防御がなされているとはいい難い。収蔵品の保管に関しても，温湿度の調整，展示品の退色対策，防虫対策などは，満足に行われていないのが実状である。かつて博物館の位置する山の斜面の枯草が燃え，その火が博物館に及ぶのではないかと心配されたこともあった。

そこで内部からの火災の危険を少なくするため，ブータン政府は，展示場の照明器具の全面的な改良を計画した。その当時，展示

場の照明器具は，白熱電球や蛍光灯を用いていた。白熱電球からは熱が，古いタイプの蛍光灯からは紫外線が出て，展示物に悪い影響を与えていた。そこで日本政府に対して館内の配線や照明器具を一新する援助を要請した。その結果，1998年，文化無償協力としてこの要請が実現することになった。すべての照明器具が12ボルトの低電圧のものに一新され，配線が改善されて漏電による発火の危険は大きく低減された。

2011年9月，インド・アッサム州を震源とした地震では，博物館自体が危険にさらされる事態が発生した。博物館の外壁に大きな亀裂が生じて，大規模な改修を行う必要が生じ，長期間の閉館を強いられたのである。幸い収蔵品には大きな被害が生じることはなかった。

日本からの文化無償協力が行われていた当時の博物館長リンポチェ・ミャク・ツルック氏と私は，ブータンにおける博物館の将来像について話し合い，長期計画を策定して，博物館を所管するブータン文化保護委員会に提出した。そのなかで，文化財を一つの国立博物館に集中して管理するのではなく，それぞれの分野の博物館を建設し，その特化した博物館に資料を分散して収蔵，展示することの重要性を指摘した。この考え方に沿って，首都ティンプーにテキスタイル博物館と伝統的な庶民の暮らしを紹介する伝統文化博物館が建てられた。

パロの博物館には，新しい展示棟が建設された。また民間の篤志家によって，古い農家を博物館として，農民の生活を展示紹介する農民博物館もできている。これらの動きは，文化財の保存と同時に，観光資源としての博物館の価値に，人びとが気づきはじめた証でもあった。

国立博物館は，保存技術や展示企画に関する人材の育成にも力を注いだ。その試みの一つとして，大阪の国立民族学博物館が行っている博物館学国際ゼミナールに職員を派遣し研修させた。今までの博物館は，宝物拝観の場であると考えられていたが，新しい博物館の展示場は，来館者が展示場を見ることによって触発され，モノを

通じての対話を行う場であると考えられている。対話を促す展示を進めるためには，学芸員が展示にストーリーを与えなければならないし，そのためには定期的に特別展を開き，展示に対する企画力を磨かなければならないと，ブータンの学芸員たちと話し合った。

　それとともに，これからの博物館の使命として，モノとしての文化財の収集や保存だけにとどまらず，近代化に伴って失われていく民具の製造技術，各地方の祭りや民俗芸能を，動画や映像記録として残していくことの重要性も認識されるようになった。このような活動を支援するために，国立民族学博物館からは映像の専門技官をブータンに派遣し，技術指導が行われた。

参考文献

石井祥子・鈴木康弘・稲村哲也（編）『草原と都市　変わりゆくモンゴル』（風媒社 2015）

鏡味治也「序　インドネシアの国民意識と民族意識」鏡味治也（編）『民族大国インドネシア　文化継承とアイデンティティ』（2012）

索引

●配列は五十音順，＊は人名を示す．

●あ 行

アーティファクト　285
アート　285
RAMM　266
アイスバーグ作戦　163
アイデンティティ　234
アイヌ・コタン　33
アイヌ語　199
アイヌ文化　191
アイヌ民族博物館　206
アイヌモシリ　36
アジア太平洋無形文化遺産研究センター　53
アシエンダ　46
網走市郷土博物館　206
アフリカ展示場　109
アフリカ美術　283
アマゾンの生き物文化　115
天野コレクション　241
天野博物館　239
天野芳太郎＊　237
アメリカ・インディアン　227
アンデス文明　229
生き物文化　108
石垣市立八重山博物館　182
石垣やいま村　182
イズィーコ南アフリカ博物館　270
泉靖一＊　18, 240
遺跡博物館　243
一人称の語り　223
イデオロギー　289
いのちのことば　176
移民　260
インカ（帝国）　231

インターメディアテク　136
インディオ　47
インドネシア　288
インドネシア国立博物館　290
V&A子どもミュージアム　260
ヴィレッジ・ミュージアム　273
宇宙ミュージアム TeNQ　135
ウミスタ文化センター　213
梅棹忠夫＊　18
映像展示　197, 238
映像の工夫　103
江上波夫＊　19
エミシ　154
MAS　268
MNAAHP　235
円覚寺　165
黄金製品　229
大貫良夫＊　18, 244
岡田幾松＊　49
沖縄慰霊の日　162
沖縄海洋文化館　183
沖縄県立博物館　167
沖縄県立博物館・美術館　168
沖縄県立平和祈念資料館　173
沖縄国際海洋博覧会　173
沖縄戦　162
沖縄全戦没者追悼式　162
沖縄民政府　164
沖縄民政府立首里博物館　165
沖縄民政府立東恩納博物館　164
屋外展示　168
織物　231, 241
音声ガイド　68

●か　行

ガーナ国立博物館　272
解説文の主語　223
階層構造　14
科学的事実　214
学芸員　65, 190, 286
学術展示　132
学術標本　126, 130, 134
拡張現実感　85
革命　289, 295
カザフ民族　296
価値観（学芸員・デザイナー・先住民）　219
カナダ・ミュージアム協会　213
カナダ国立歴史博物館　226
鹿野勝彦*　21
カムイノミ　39
萱野茂*　33
萱野茂二風谷アイヌ資料館　36, 204
萱野志朗*　36
カルチュラル・ヴィレッジ　274
環境人類学　108
観光　282
企画展　89, 115
企画展示　13, 121
儀式の場　219
季節展示　13
ギャラリートーク　67
九州国立博物館　56
旧首里城正殿鐘　164
九博　56, 62
驚異の部屋　12
強制動線　14, 22, 196
京都・大学ミュージアム連携　139
京都国立博物館　53
京都大学総合博物館　136

空間構成の工夫　101
空間軸展示　13
空間メディアとしての博物館　15
クラーク博士*　125
暮らしの展示　200
グラフィックの工夫　101
グレートジャーニー　91
グレートジャーニー展　89
グレンボウ博物館　210
黒田記念館　55, 61
グロリア・C・ウェブスター*　213
クントゥル・ワシ遺跡　244
クントゥル・ワシ文化協会　245
クントゥル・ワシ村　244
ケ・ブランリ美術館　123
継承の場（としての展示室）　220
形成期　231
警備システム　241
希有の会　247
ケースの工夫　105
ゲルマン国立博物館　254
研究現場展示　135
現在形の語り　223
現代の活動　193
小石川植物園　125
小石川分館　135
工芸品　200
考古学研究　233
考古資料　234
交差した手　237, 247
交差した手の神殿　233
口承伝承　199
構造展示　13
高等弁務官　167
國學院大学考古学陳列室　126
国史館　150

国民意識　272, 286
国民の統合　288
国民博物館　236
国立アメリカ・インディアン博物館　226
国立印刷局博物館　54
国立科学博物館　54, 76, 88
国立近現代建築資料館　54
国立近代美術館　54
国立国際美術館　54
国立シカン博物館　243, 248
国立新美術館　54, 122
国立西洋美術館　54
国立チャビン博物館　244
国立博物館　53
国立民族学博物館　54, 107, 304
国立歴史民俗博物館　54, 145
小島道裕*　150
個人　258
個人の特定　193
コドゥワナ文化村　276
コトシュ遺跡　233
コンセプト　14, 17, 131, 142, 147
コンセプト優先型　64
コンテキスト　221

●さ　行
サイト・ミュージアム　156
作者名　285
沙流川歴史館　205
参加体験型展示　77
参加展示　13
三次元プリンター　85
ジェイムズ・クリフォード*　212, 284
シェルパ　40
ジオラマ　13, 138, 153, 294
シカン（文化）　231, 248

時間軸　194
時間軸展示　13, 22
市場経済化　289, 295
静岡科学館　79
史跡博物館　156
自然（科学）系博物館　12, 71
自然史博物館　271
時代性　191
実演展示　13, 45
シパン（王）*　231
シパン王墓博物館　243
市民参加　264
市民参画　157
市民博物館　157
社会主義　289, 292, 299
社会的状況　193
社会的な課題　193
社会や文化の変化を説明する展示　192
写真の使用　193
集合展示　13, 23
収蔵展示　267
自由動線　14, 23, 170
修復保存　242
住民証言　175
首里市立郷土博物館　164
障害者差別解消法　74
城柵　154
常設展示　13, 121, 171, 194
常設展示場　109
象徴展示　13, 151
情報公開　266
照明の工夫　105
植民地　288
植民地経営　271
資料の収集（所有権の移動）　222
資料の説明　216

Syncrude Gallery of Aboriginal Culture　217
人文博物館　12
神話的事実　214
神話的世界の展示　215
吹田市立博物館　156
スーザン・ベリー＊　218
スミソニア自然史博物館　123
生活史　147
政治性　16, 149
生態展示　13
『聖霊は唱う―カナダ先住民の芸術的伝統』展　212
先住民　225
先住民族サミット　36
先住民族サミット in アイチ　38
先住民の意見（展示における）　220
総合展示　13, 170, 199
総合展示室　168
総合博物館　12, 199
総合博物館化　126
総合文化展　55
想像の共同体　291

●た　行
大学博物館　125
体験展示　13
第三帝国の展示　254
題簽　67, 191
立ち位置（博物館の）　198
建物優先型　62
WAM　282
玉陵　165
多民族　288
タンザニア国立博物館　273
単体展示　13

地域設定　96
地域密着　145
チセ　34
知多市歴史民俗博物館　158
知多木綿　159
知の蓄積と継承　128
チベット仏教　43, 294, 302
チャビン・デ・ワンタル遺跡　233, 243
チャンカイ（文化）　231, 239
チンギス・ハーン　293
珍品陳列館　12
通史　196
通史展示　196
対馬丸記念館　180
ディソング国立文化歴史博物館　285
テーマ　14
テーマ相互の連関　192
テーマ展示　147, 199
デザインの権利　222
展示　11, 65, 101
展示解説　67
展示改訂　186
展示ケース　66
展示構成　111
展示コンセプトの具現化　66
展示される側　224
展示室のレイアウト　224
展示照明　66
展示ストーリー　171
展示する側　224
展示品選定　97
展示品の入れ替え　199
展示品の調達　99
伝統的技術の展示　200
天理大学海外事情参考品室　126
東京国立博物館　54

索 引 | 311

東京大学総合研究資料館　134
東京大学総合研究博物館　134, 247
東京大学理学部博物場　125
東京文化財研究所　53
盗掘（品）　232, 234
動態展示　13
東博　54, 58
東北歴史博物館　152
東洋館　55, 59
登録博物館　167
土器　229
特別展示　13
特別展　88
独立行政法人国立文化財機構　53
奴隷貿易の展示　252

●な　行
中城御殿　165
名古屋大学博物館　127
ナショナル・アイデンティティ　288, 296
ナチス　254
那覇市歴史博物館　181
奈良国立博物館　53
奈良文化財研究所　53
南山大学人類学博物館　140
南山大学附属人類学民族学研究所陳列室　126
南部戦跡　173
日常性　256
日常文化博物館　256
日本展示場　112
ニューヨーク自然史博物館　123
ネイション　299
ネオインカ様式　236
ネパールの仏教寺院　40

●は　行
背景色（展示物の）　220
配置デザイン（ケース・資料）　219
ハイマート　256
南風原町立南風原文化センター　179
博物学　271
博物館施設の数　72
博物館数の推移　73
博物館の分類　12
発掘　234
発話者　201
バヤンウルギー博物館　296
バリアフリー　171, 241
ハンズオン　13, 141, 238
ハンズオン展示　86
比較・対照展示　13, 23
美術館と博物館の相互交流　121
ひめゆり平和祈念資料館　180
表慶館　56
平取町立二風谷アイヌ文化博物館　204
フィールド・サイエンス　129, 132, 137
ブータン王国　302
ブータン国立博物館　302
フォルク　256
福岡県立アジア文化交流センター　57
複合現実感　85
複製　190
負の遺産　252
部門展示　170
部門展示室　168
ブライアン・M・フェイガン*　91
ブラックフット・ギャラリー　210
フランクフルト民族学博物館　123
フリオ・C・テーヨ*　233
プロセス展示　13
プロパガンダ　301

文化交流　57
文化交流展　62
文化財返還問題　286
文化人類学　107
『文化の「発見」』　211
分類展示　13
平常展　55
平常展示　13
平成館　55, 60
平和の礎　176
壁画復元　42
蛇のレリーフ　247
ペルー　46, 229
ペルー国立考古学人類学歴史学博物館　235
ペルー国立博物館　236
ヘルマント＊　255
偏見　262
放射性炭素絶対年代測定法　233
法隆寺宝物館　55, 61
ホセ・カシネリ・マセイ考古学博物館　239
北海道開拓記念館　186
北海道旧土人保護法　34
北海道大学総合博物館　125, 130
北海道博物館　186
北海道立アイヌ民族文化研究センター　199
北海道立北方民族博物館　207
ボツワナ国立博物館　272
ボランティア　159
本館（東博）　55, 58

●ま　行
マイノリティ　296
マネキン　190
摩文仁　162
マポコ・ンデベレ村　280
マリ国立博物館　272
マルチ・カルチュラル・ヴィレッジ　273
マンダラ　44
ミシェル・エイムズ＊　223
ミニチュア　104
民主化　289
民主化運動　295
民族学　107
民族学博物館　123
みんぱく　107
無形文化研究　199
無形文化に関する展示　200
明治大学刑事博物館　126
明治大学博物館　141
メッセージ　11, 15
メッセージ性　16
メッセージ伝達行為　198
メンテナンス　84
モース＊　125
模型　190
モノ・カルチュラル・ヴィレッジ　275
モノで語る　14, 68
モノに語らせる　14, 68
モノの収集　110
モバイルミュージアム　135
モンゴル国立科学技術大学　129
モンゴル国立大学　129
モンゴル国立博物館　293
モンゴル帝国　294
文部省博物館　54

●や　行
野外民族博物館　17, 32
ユニバーサル・ミュージアム　141

ユニバーサルデザイン　86
ユネスコ　273, 286
ヨーロッパ文化博物館　263
ヨーロッパ民族学　263
吉田憲司＊　211

●ら　行

ラウテンシュトラウフ・ヨースト博物館　262
ラファエル・ラルコ・エレーラ考古学博物館　239
ラベル　191
ランバイエケ地方　248
リトルワールド　18, 32
リニューアル　71, 289, 293
リニューアルの形態　75
リニューアルの目的　75

リベラリズム　132
琉球政府立首里博物館　166
琉球政府立博物館　166
『ルーツ　20世紀後期の旅と翻訳』　212
歴史系博物館　57, 145, 199
歴博　145
レプリカ　104, 247
ロイヤル・アルバータ博物館　217
ロイヤル・アルバート・メモリアル・ミュージアム　266
露出展示　141, 166
ロンドン・ミュージアム　252, 264

●わ　行

ワカ・ラハーダ＝シパン遺跡博物館　243
ンデベレ　275
ンデベレ文化村　279

分担執筆者紹介

(執筆の章順)

井上　洋一（いのうえ・よういち）
・執筆章→3

1956年	神奈川県に生まれる
1985年	國學院大學大学院博士課程後期単位取得
現在	東京国立博物館　副館長
専攻	考古学，博物館学
主な著書	「博物館資料の活用」『博物館学Ⅰ＊博物館資料論（新博物館学教科書）』（学文社　2012）
	「銅鐸」『弥生時代 下 講座 日本の考古学6』（青木書店 2011）
	「弥生時代の青銅器の生産形態」『生産と技術の考古学』（朝倉書店　2008）

近藤　智嗣（こんどう・ともつぐ）
・執筆章→4

1986年	法政大学文学部卒業
1988年	上越教育大学大学院学校教育研究科修了
	出版社勤務，放送教育開発センター助手，メディア教育開発センター助教授（准教授）を経て，
現在	放送大学　教授
	総合研究大学院大学文化科学研究科　教授
	博士（情報理工学）（東京大学）
専攻	映像認知，バーチャルリアリティ，展示学，コンテンツ開発
主な著書	「博物館における情報機器の活用」『展示論』（雄山閣 2010）
	「映像制作技法：企画から編集までのコツ」『博物館情報・メディア論』（ぎょうせい　2013）
	「没入型複合現実感展示におけるガイド機能の評価」『日本バーチャルリアリティ学会論文誌』Vol. 17, No. 4, pp. 381-391（2012）
	「骨格復元の新旧学説を対比する複合現実感展示解説とその評価」『展示学』第50号，pp. 60-69（2012）

関野　吉晴（せきの・よしはる）・執筆章→5

1949年　東京都に生まれる
1976年　一橋大学法学部卒業
1982年　横浜市立大学医学部卒業
現在　　武蔵野美術大学　名誉教授
専攻　　文化人類学，外科学
主な著書『南米大陸』（朝日新聞社　1991）
　　　　『グレートジャーニー「原住民」の知恵』（光文社文庫 2003）
　　　　『インカの末裔と暮らす』（文英堂　2003）
　　　　『グレートジャーニー全記録Ⅰ移動編』（毎日新聞社 2006）
　　　　『グレートジャーニー全記録Ⅱ寄り道編』（毎日新聞社 2006）
　　　　『グレートジャーニー人類5万キロの旅1—5』（角川文庫 2010）
　　　　『海のグレートジャーニー』（クレヴィス　2012）

池谷　和信（いけや・かずのぶ）・執筆章→6

1958年　静岡県に生まれる
1971年　東北大学理学部卒業
1990年　東北大学大学院理学研究科博士課程単位取得
現在　　国立民族学博物館民族文化研究部教授，総合研究大学院大学文化科学研究科教授，博士（理学）
専攻　　地球的な視野から人類と生き物のかかわりを研究
主な著書『人間にとってスイカとは何か』（臨川書店　2014）
　　　　『山菜採りの社会誌』（東北大学出版会　2003）

園原　謙（そのはら・けん）
・執筆章→9

1958年　沖縄県に生まれる
1982年　琉球大学社会学科　社会学専攻社会人類学コース卒業
現在　　沖縄県立博物館・美術館　博物館班（主任学芸員）
専攻　　近現代沖縄の文化史（文化財保護史，博物館史）
主な著書『三線の型の正型と名器の音色分析』（琉球三線楽器保存育成会）
　　　　平成25年度博物館企画展『三線のチカラ─形の美と音の妙─』（沖縄県立博物館・美術館）

出利葉　浩司（でりは・こうじ）
・執筆章→10・11

1954年　福岡県に生まれる
1978年　北海道大学文学部卒
現在　　北海学園大学非常勤講師，客員研究員
専攻　　アイヌ民族誌，博物館民族学
主な論文「民族学的情報伝達装置としての博物館─その研究の方向への視座─」（北海道開拓記念館研究紀要）
　　　　「博物館展示はなにを伝達するのだろうか？─学芸員はなにを語ろうとしたのか？開拓記念館アイヌ文化展示のコンセプト─」（北海道開拓記念館研究紀要）
　　　　展示会『お茶の間からリビングへ─家族をとりまく道具の変化─を企画して─現代を展示するのに，なぜWiiとiPodは必要だったのか』（共著　北海道開拓記念館研究紀要）
　　　　Trade and the paradigm Shift in Research on Ainu Hunting Practices；『Beyond Ainu Studies』（M. Hudson et al. eds.）所収（Univ. of Hawai'i Press）

鶴見　英成（つるみ・えいせい）
・執筆章→12

1972年　東京都に生まれる
2008年　東京大学大学院総合文化研究科課程博士取得
現在　　東京大学総合研究博物館助教，博士（学術）
専攻　　アンデス考古学，文化人類学
主な著書・論文
　　『黄金郷を彷徨う―アンデス考古学の半世紀』（共編著　東京大学出版会　2015）

　　Un gato con muchas vidas: un petroglifo Arcaico Tardío en el valle medio de Jequetepeque. *Mundo de Antes* 8: 141-157.（共著　2015）

　　「北部ペルー踏査続報―ワンカイ，ワラダイ，ラクラマルカ谷からの新知見」『古代アメリカ』17：101-117.（2014）

　　El estudio de agrupaciones espaciales de centros ceremoniales Formativos: el caso del Complejo Hamacas del valle medio de Jequetepeque. In *El centro ceremonial andino: nuevas perspectivas para los períodos arcaico y Formativo*（*Senri Ethnological Studies* 89）, edited by Y. Seki, pp. 201-223.（2014）

高橋　貴（たかはし・たかし）
・執筆章→13

1947年　東京都に生まれる
1971年　国際基督教大学教養学部卒業
現在　　愛知大学名誉教授
専攻　　文化人類学，ミュージアム論
主な著書
　　『ドイツ語圏に見る民藝と民俗』（共著　愛知大学民具陳列室研究報告第2輯）
　　『扇の文化』（共編著　あるむ）
　　『新修豊田市史　別編民俗Ⅰ，Ⅱ』（共著　愛知県豊田市）
　　『展示論』（共著　雄山閣）
　　『民俗学の視座』（共著　光出版）
　　『葬送儀礼と祖霊観』（共著　光出版）
　　『探検博物館』（共著　あいうえお館）

亀井　哲也 (かめい・てつや) ・執筆章→14

1964年　栃木県に生まれる
1992年　埼玉大学大学院文化科学研究科修士課程修了
　　　　野外民族博物館リトルワールド学芸員およびマネージャーを経て，
現在　　中京大学現代社会学部教授
専攻　　文化人類学，博物館学，アフリカ地域研究
主な著書・論文
「「建国」と壁絵―南アフリカ共和国ンデベレの事例から―」，端信行（編），『二〇世紀における諸民族文化の伝統と変容9：民族の二〇世紀，pp. 161-184』（ドメス出版 2004）
「文化遺産の創造と継承―ンデベレの壁絵と博物館」『民博通信』No. 108, p. 14, 吉田憲司（編）（国立民族学博物館2005）
「博物館の住まい展示と民族藝術：南アフリカ　ンデベレの事例から」『民族藝術』24, pp. 121-127（民族藝術学会 2008年）
"Ndebele Decorative Cultures and their Ethnic Identity", Yoshida, K. & J. Mack (eds.), *Preserving the Cultural Heritage of Africa : Crisis or Renaissance?*, UK ; James Curry, pp. 140-151 (2008)

編著者紹介

稲村　哲也（いなむら・てつや）　・執筆章→1・2・7・8・15

1950年　静岡県に生まれる
1981年　東京大学大学院社会学研究科単位取得
　　　　野外民族博物館リトルワールド研究員，愛知県立大学教授，放送大学教授等を経て，
現在　　放送大学特任教授
専攻　　文化人類学
主な著書　『リャマとアルパカ─アンデスの先住民社会と牧畜文化』（単著　花伝社　1995）
　　　　『メキシコの民族と衣裳』（改訂再版）（単著　京都書院　1997）
　　　　『ヒマラヤの環境誌─山岳地域の自然とシェルパの世界』（共編著　八坂書房　2000）
　　　　『世界遺産6　ラテンアメリカ─ペルー，グアテマラなど─』（総合解説　毎日新聞社　2001）
　　　　『続生老病死のエコロジー─ヒマラヤとアンデスに生きる身体・こころ・時間』（共編著　昭和堂　2013）
　　　　『遊牧・移牧・定牧─モンゴル，チベット，ヒマラヤ，アンデスのフィールドから』（単著　ナカニシヤ出版　2014）
　　　　『都市と草原─変わりゆくモンゴル』（共編著　風媒社　2015）

放送大学教材　1554875-1-1611（テレビ）

新訂　博物館展示論

発　行　　2016年3月20日　第1刷
　　　　　2019年9月20日　第2刷
編著者　　稲村哲也
発行所　　一般財団法人　放送大学教育振興会
　　　　　〒105-0001　東京都港区虎ノ門1-14-1　郵政福祉琴平ビル
　　　　　電話　03（3502）2750

市販用は放送大学教材と同じ内容です。定価はカバーに表示してあります。
落丁本・乱丁本はお取り替えいたします。

Printed in Japan　ISBN978-4-595-31613-5　C1330